大宋
300年

海纳百川 ◎ 著

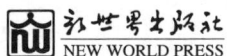

图书在版编目（CIP）数据

大宋 300 年 / 海纳百川著 . -- 北京：新世界出版社，
2025. 4. -- ISBN 978-7-5104-8059-1

Ⅰ. K244.09

中国国家版本馆 CIP 数据核字第 2025US7579 号

大宋 300 年

作　　者：	海纳百川
责任编辑：	董晶晶
责任校对：	宣　慧　张杰楠
责任印制：	王宝根
出　　版：	新世界出版社
网　　址：	http://www.nwp.com.cn
社　　址：	北京西城区百万庄大街 24 号（100037）
发 行 部：	（010）6899 5968（电话）　（010）6899 0635（电话）
总 编 室：	（010）6899 5424（电话）　（010）6832 6679（传真）
版 权 部：	+8610 6899 6306（电话）　nwpcd@sina.com（电邮）
印　　刷：	天津旭非印刷有限公司
经　　销：	新华书店
开　　本：	710mm×1000mm　1/16　尺寸：170mm×240mm
字　　数：	346 千字　　　　　　　印张：24.25
版　　次：	2025 年 4 月第 1 版　2025 年 4 月第 1 次印刷
书　　号：	ISBN 978-7-5104-8059-1
定　　价：	69.00 元

版权所有，侵权必究
凡购买本社图书，如有缺页、倒页、脱页等印装错误，可随时退换。
客服电话：（010）6899 8638

目录

壹 宋太祖赵匡胤："被迫"披上黄袍的皇帝

迷茫的青春 / 002

一战成名 / 006

笼络文武 / 009

天赐良机 / 012

陈桥兵变 / 015

龙椅有刺 / 018

二李之乱 / 021

杯酒释兵权 / 024

南征北战 / 027

北伐失败 / 030

仇恨之桥 / 033

消灭南唐 / 036

皇位之争 / 038

烛影斧声 / 044

贰 宋太宗赵光义（赵炅）：不择手段的"贤君"

阴险毒辣的二弟 / 048

平定南方 / 053

首次北伐 / 054

二次北伐 / 059

逼死德昭 / 063

　　陷害廷美 / 065

　　安排后事 / 071

| 叁 | 宋真宗赵恒：粉饰太平的守成之主

　　吕端不糊涂 / 084

　　新皇帝，新气象 / 089

　　都城保卫战 / 091

　　澶渊之盟 / 093

　　东封西祀 / 099

　　传奇皇后刘娥 / 102

　　天禧党争 / 109

　　半个女皇 / 111

| 肆 | 宋仁宗赵祯：虎头蛇尾的改革家

　　清算刘娥势力 / 122

　　桀骜不驯的郭皇后 / 125

　　宋夏战争 / 128

　　庆历新政 / 132

　　混乱的晚年 / 138

| 伍 | 宋英宗赵曙：活在皇太后阴影里的王者

　　养子登基 / 148

　　第二位垂帘听政的宋朝太后 / 151

　　濮议之争 / 154

　　饮恨早逝 / 156

|陆| 宋神宗赵顼：在改革中左右摇摆的纠结者

政治天才王安石 / 162

党争对手司马光 / 172

熙宁变法 / 175

守旧派的复仇 / 178

充满挫败感的晚年 / 185

|柒| 宋哲宗赵煦：短寿的理想主义者

奶奶与孙子同朝执政 / 190

守旧派的清算 / 192

祖孙关系恶化 / 195

拨乱反正 / 198

避免垂帘听政 / 202

|捌| 宋徽宗赵佶：不该成为皇帝的艺术青年

特殊的继承人 / 208

六贼辅政 / 212

修仙、好色两不误 / 221

引狼入室 / 227

被逼退位 / 230

九年阶下囚 / 234

|玖| 宋钦宗赵桓：反复无常的伪君子

匆忙登基 / 238

靖康之耻 / 239

北宋覆灭 / 249

| 拾 | 宋高宗赵构：残害忠良的败家皇帝

特殊的登基 / 256

南逃杭州 / 262

尴尬的政变 / 266

岳飞崛起 / 273

海上避难 / 281

卖国贼的不归路 / 285

卖国称臣 / 290

残害忠良 / 293

侥幸小胜 / 299

主动禅位 / 303

| 拾壹 | 宋孝宗赵昚：南宋第一明君

一位特殊的储君 / 306

孝道要尽够 / 309

夭折于内讧的北伐 / 311

明知不可为而为之 / 314

凄惨的晚年 / 316

| 拾贰 | 宋光宗赵惇：被老婆逼疯的皇帝

白胡子的皇太子 / 320

可怕的悍妻 / 322

"被"当太上皇 / 327

| 拾叁 | 宋宁宗赵扩：活在外戚集团阴影下的帝王

诛杀功臣 / 332

庆元党禁 / 337

开禧北伐 / 340

遗愿被改 / 345

| 拾肆 | 宋理宗赵昀：引狼入室的掘墓人

夺回实权 / 350

养虎为患 / 352

宋蒙开战 / 353

宋朝的掘墓人 / 355

| 拾伍 | 宋度宗赵禥：荒淫无度的智障者

自幼智力低下 / 362

贾似道专权 / 363

英年早逝 / 364

| 拾陆 | 宋恭帝赵㬎：从皇帝到高僧

铲除贾似道 / 366

常州大屠杀 / 367

遁入佛门 / 369

| 拾柒 | 宋端宗赵昰：被吓死的十岁儿童

　　临时即位　/　372

　　内陆沦陷　/　373

　　海上夭折　/　374

| 拾捌 | 末代皇帝赵昺：被劫持的殉国者

　　崖山海战　/　376

　　被迫殉国　/　377

　　尾记　/　378

壹 宋太祖赵匡胤：『被迫』披上黄袍的皇帝

⑧ 迷茫的青春

赵匡胤祖籍涿郡（今河北涿州），于后唐天成二年二月十六日（公元927年3月21日）诞生在洛阳夹马营（今河南洛阳瀍河桥东）。

他的父亲名叫赵弘殷，当时是后唐王朝一个级别不高的小军官。

别看赵弘殷军职不高，作战却十分勇猛，曾经带领仅仅五百名骑兵，在黄河沿岸增援后唐皇帝李存勖。李存勖发现这个小伙子打起仗来不怕死，在关键时刻帮过自己，对其十分欣赏，将他留在洛阳掌管禁军。

后唐王朝灭亡后，赵弘殷又为后汉王朝效力。在一次战斗中，赵弘殷被敌人的箭射中了左眼，不但没有退下火线，反而被激发出更强烈的战斗力，带着满脸鲜血冲锋，最终赢得了战争。自此，赵弘殷骁勇善战的威名天下皆知。

后来，赵弘殷又效力于后周王朝，跟随后周世宗皇帝柴荣征讨淮南，打了胜仗，立下战功，官至司徒，执掌禁军。

赵匡胤就生在这样一个名将家庭。

赵弘殷给儿子取的乳名很奇怪。用现在的话讲，赵匡胤的乳名与家庭背景形成了巨大的"反差萌"——他的乳名叫"香孩儿"。

作为一个男孩，又是骁勇善战的名将之子，为何反而取了这么一个女性气息浓厚的名字？

因为按照史书记载，赵匡胤出生时身体自带奇异的香气，这香气在屋子里飘了三天三夜都没有散尽。这种异象向世人表明，这个孩子天生与众不同，注定不是凡夫俗子。

古代史书对于皇帝母亲怀孕、皇帝出生之事常有神话般的描述，其目的是渲染皇帝与众不同，暗示他们带着不俗的使命而来，一出生就注定会当上天子。这是一种带有封建迷信色彩的宿命论，我们读到时不必当真，对这些"马后炮"的说法会心一笑即可。

言归正传，赵弘殷有个优点，那就是不偏执。

此话怎讲？通常来说，骁勇善战的武将容易瞧不起文人，而赵弘殷则克服了自身的职业认知偏见，他认为，儿子将来要有所成就，只像他这样当一名武将是不行的，还得有文化，学知识。

当时夹马营有一位很有名的文人，大家称之为"陈学究"。赵弘殷让小赵匡胤拜"陈学究"为师，到他开设的学馆中读书学习。后来，赵匡胤又拜在著名学者辛文悦门下，学习儒家经典。

身为武将之子，赵匡胤读书之余最感兴趣的便是习武，尤其喜欢效仿父亲，聚集一群小伙伴排列好战阵，模拟打仗。赵匡胤的武功也不错，擅长使用一根纯铁打造的棍棒，并练就了扎实的骑术。

有一次，有人拉着一匹尚未驯化的烈马经过赵匡胤身旁。赵匡胤听说这匹马性情刚烈而没人敢骑，他偏不信邪，连马鞍和笼头都懒得给马戴上，跨上马背，飞驰而去。

烈马哪肯屈服，向城门口疯狂跑去。眼看赵匡胤将要把脑袋撞在城门的门楣上，在场的人都吓傻了。没承想，赵匡胤骑着马来到城门口前，一个翻身，主动从马背上摔了下来。大家以为他会受伤，结果他什么事都没有，站起来抖了抖身上的泥土，再跑步追上马，从容跃回马背。就这样，这匹烈马竟然被赵匡胤驯服了。

通过这件小事能够看出，赵匡胤的性格中有勇敢胆大的一面。

赵匡胤所处的是一个战乱纷争的时代，改朝换代频繁，即使是在一个短命王朝内，皇帝的更换频率也非常高。他长大后意识到，像父亲那样一生不断地更换效忠的主人，到头来也不过如此。他不想重复父亲的命运，他想在乱世中开拓出属于自己的一片天地。

问题来了：想有大的发展，应该选择南下还是北上呢？

思来想去，赵匡胤最终选择了南下，目的地是复州（今湖北天门）。他决定投奔父亲昔日的同事、当时的复州防御使王彦超。

赵匡胤来到王彦超面前，拿出诚意，想要在他的手下大干一场。可是现实就是这么残酷，王彦超根本瞧不上他，觉得这个年轻人没啥前途。但又迫于其父赵弘殷的薄面，只好象征性地拿出一些钱交给赵匡胤，让他自谋生路去吧。

离开复州之后，赵匡胤拿着少得可怜的盘缠奔随州（今湖北随州）而去。这次，赵匡胤投奔的是父亲的另外一位老朋友——随州刺史董宗本。

董宗本比王彦超强多了，不仅收留了赵匡胤，还给他安排了一个基层职位，让他从头做起。赵匡胤原本想在随州好好表现一番，不幸的是，意外发生了。

董宗本的儿子名叫董遵诲，不知为何，打从见到赵匡胤第一眼起就瞧他不顺眼。开会的时候，只要赵匡胤发表个人看法，董遵诲便狠狠地怼他；只要是赵匡胤赞同的，董遵诲便坚决反对。

赵匡胤是听命于董遵诲的，一旦形成这种对立关系，他的职业生涯也就宣告结束了。赵匡胤知道，董遵诲这么做，目的无非是让自己主动提出辞职。他血气方刚，懒得与之计较，提出离开。

离开随州之后，赵匡胤又奔襄阳（今湖北襄阳）而去。为了节省开支，赵匡胤敲开当地寺庙的门请求留宿。迎接赵匡胤的寺院住持是一位年龄很大的僧人，见到赵匡胤后他立马愣住了。

老僧一生阅人无数，有的人穿着得体，但是一眼望去没有精气神，全靠华丽的衣服强撑门面，而有的人刚好相反，即使穿着破衣烂衫也气度非凡，自内向外透着英雄气概。赵匡胤就属于后者。

两人彻夜长谈。老僧得知赵匡胤果然是带着野心独自出来闯荡，便告诉他："当今天下大势，南方政权稳定，北方战乱不堪。小施主想要成就一番帝业，自当去北方。"

赵匡胤下意识地点了点头，而后突然摇头说道："停！老人家，我哪敢成就什么帝业？"

老僧只微笑，不说话。

第二天早上，赵匡胤离开时，老僧拿出一大笔香火钱赠与他，并把寺庙里唯一的一头驴送给他代步。

赵匡胤谢过老僧，接过重金，骑上毛驴，踏上北归之路。

这一次，赵匡胤并没有投奔谁，而是来到军营，专程探望左眼刚刚负伤的父亲。

父子相见，心头别有一番滋味。此时此刻，父亲瞎了一只眼，儿子又四处碰壁，沦落到只能在寺庙寄宿，父子一起唏嘘感慨人生无常。

赵弘殷想留赵匡胤在身边，一来有个得力帮手，二来借助自己的影响力让儿子获得一份可以糊口的工作。但是，赵匡胤看着已经失去一只眼睛、日渐衰老的父亲，一个声音在他的耳畔回响："绝不走父亲的老路！"

就这样，赵匡胤拒绝了父亲的挽留，含泪离开，再次踏上寻梦的漫漫长路。至于目的地在哪里，他不知道，也不想知道，他只知道，只要去闯，就有无限的可能。

赵匡胤离开父亲之后，向西北前行，先在晋阳（今山西太原）短暂停留，而后抵达三秦地区（今陕西的陕南、陕北、关中地区）。不幸的是，赵匡胤一直没有找到适合自己施展拳脚的平台，只好调头往洛阳而去。

路经邺都（今河北邯郸临漳）时，有一个人引起了赵匡胤的关注，这个人便是在后汉担任枢密使的郭威。

赵匡胤发现郭威虽然手握兵权，但并不像别的将军那样积极效忠于朝廷，而是透着一股与众不同的反叛精神。赵匡胤觉得不妨先在郭威手下干着，看看前景如何。

果然，郭威不久之后便推翻了后汉皇帝，取而代之，建立了后周王朝。赵匡胤因战功被提拔为禁军的东西班行首，主要负责宫廷安保。由此可见，郭威对赵匡胤十分信任。

赵匡胤的职位不算高，但是有一个好处，那就是能够接触后周王朝的上层核心人物，这对于一个年轻人的职业前景是十分有利的。

当时，郭威的养子、开封府尹柴荣经常出入宫廷，赵匡胤出色的能力及不凡的气度给柴荣留下了深刻的印象。时间一久，两个人越来越熟，柴荣便向养父郭威提出把赵匡胤调到自己手下。

郭威没有多想，当即表示同意。

此时，包括赵匡胤、柴荣、郭威在内的任何一个人都没有想到，赵匡胤便是郭威、柴荣一手"培养"的后周王朝的掘墓人。跳槽到柴荣门下，是赵匡胤最关键的人生转折点。

❽ 一战成名

赵匡胤被太子柴荣纳入麾下没多久，郭威便去世了，柴荣顺理成章即位称帝，便是周世宗。

赵匡胤刚刚得到柴荣的信任，柴荣便荣登帝位，赵匡胤如同坐上了晋升的直升机。这比从基层慢慢向上爬，不知道要快多少倍！

柴荣不是昏庸的皇帝，他拥有远大志向，想要在有生之年统一全国。他执政下的朝廷，自然是利好武将，利空文人。

还没等柴荣坐热龙椅，北汉率先向后周发动战争，给柴荣这个新登基的皇帝送来一份特殊的"贺礼"。

柴荣决定御驾亲征，临走时点名要赵匡胤以副将的身份随军出征，当时的主将名叫张永德。

柴荣把这场战争看得很重。这是他当上皇帝后打的第一场仗，而且是外敌主动来犯，打赢了，大大有利于权力的巩固，打输了，则会降低新皇帝的威望，所以对于柴荣而言，只许成功，不许失败。

有意思的是，两边刚一开打，柴荣最看好的两个将军樊爱能、何徽竟然带着一千多人的军队向敌人投降了！

先头部队率先投降，这可是大事，极有可能引发全军覆没。一时间，全军上下包括柴荣自己都有些慌了。

这时，赵匡胤主动站了出来，先是劝慰皇帝不必慌张，然后针对下一步如何做提出了建设性意见。这是难能可贵的。通常来说，不出事的时候小嘴叭叭、说得一套一套的人非常多，而出了大事，还能不慌不乱且冷静分析的人却是少数。

赵匡胤建议，把剩下的部队分成两部分，一部分由主将、赵匡胤的直接上司张永德率领，抢占旁边的制高点，自高处向下以弓箭火力压制敌军，另一部分则由他这个副将亲自率领，从正面向敌军发起冲锋，硬碰硬，狠碰狠，决一死战！

读者朋友，赵匡胤的建议颇有值得研究之处，请您认真品味一下。

张永德负责带人站在高处射箭，而赵匡胤负责以血肉之躯冲锋陷阵。他把相对安全的工作交给了上司张永德，把最难啃的骨头（正面迎敌）留给了自己。不难发现，赵匡胤的做法和人们通常的做法是截然相反的。通常来讲，人们遇到难事，会本能地甩锅，撇清自己，把烂摊子和危险推给别人，赵匡胤却选择了冲锋陷阵，无异于送死，难道他傻了吗？

非也。赵匡胤的逻辑是，主动选择最危险、最难的工作，如果做好了，一定会快速获取领导的信任，至于加官晋爵，那还叫事儿吗？

万一输了呢？甚至死了呢？

对于赵匡胤而言，敢赌，自然就没想过会输、会死。

所以说，干大事的人得有一颗坚挺的心脏。"欲戴王冠，必承其重。"有没有什么方法既能戴着王冠，还能感觉轻一点呢？那就只能戴个塑料的山寨货了。但戴塑料皇冠的人，还算皇帝吗？付出越多，收获越大，这是人生铁律。

张永德一看赵匡胤的建议挺好，便带着弓箭手去抢夺制高点了。赵匡胤则对士兵振臂高呼："主危则臣死，为主上拼死一战的时候到了！"喊完口号，他便率先向前线冲去。

张、赵二将离开之后，柴荣问身边的人："我们也别闲着，做点什么呢？"枢密副使魏仁浦建议道："陛下，您可以趁机偷袭北汉皇帝刘崇的大营，来一场王者对王者的巅峰之战！"柴荣首肯，亲自带队直奔北汉皇帝的老巢而去。这对后周士兵是极大的鼓舞，局势发生了扭转。

柴荣的偷袭导致北汉军队立刻撤退，赵匡胤没费多大劲就赢得了战争。接着，他乘胜进攻北汉都城晋阳，试图把整个北汉拿下。

晋阳防守严密，攻城的难度非常大，军队损失严重，赵匡胤的左臂也被流箭射中。他带伤继续冲击城门，但始终无法攻入。

赵匡胤并不知道，不远处柴荣正看着自己，眼睛早已湿润。柴荣发现，这个小青年有大局观，又不怕死，遇事第一个冲在前面，对如此爱将焉能不珍惜？

柴荣当即下令赵匡胤撤兵，他宁可不要这北汉的晋阳城，也不能失去赵匡胤。

班师回朝后，一战成名的赵匡胤成为大红人，被柴荣破格擢升为殿前都虞候，领严州（今广西来宾）刺史，几个月后又升永州（今湖南永州）防御使。

其实，这些都是虚的头衔。真正的实权来自柴荣交给赵匡胤的一项特殊任务——全面主持整顿禁军。

此时的柴荣并没有意识到，让赵匡胤全面主导军队改革，使他有了悄悄培养党羽，进而架空自己这个皇帝的绝佳机会。

讲到这里，我们忍不住回想：在寺庙的那个晚上，老僧和赵匡胤彻夜长谈，到底给赵匡胤做了怎样的人生规划呢？

笼络文武

赵匡胤是如何进行军队改革的呢？

首先，把军队里的老弱兵力统统剔除，扩充精壮兵力，力求队伍年轻化、精锐化。

其次，扩建殿前司。

何为殿前司？皇帝的军队由两个司统辖，分别是殿前司、侍卫亲军司，合称"两司"。两个司平级，但是各自统辖的军队有所不同。殿前司统辖的军队人数少，也参与对外战争，但主要负责皇帝安全，与皇帝关系更近；侍卫亲军司统辖的人数要远远多于殿前司统辖的，是打仗时的主力军队，但相对来说，与皇帝关系较为疏远。

赵匡胤做的工作是扩大殿前司统辖军队的规模，提升其战斗力。

整个过程中，赵匡胤搞的是增量，而不是减量。

所谓增量，是指不对既有部门、岗位进行削减，而是增加新的部门、岗位。减量是指，砍掉既有部门、岗位，让一部分实权人物直接丢失权力与地位。搞增量会让很多人得到提拔，而搞减量会让很多既得利益者失去权力和利益。因此前者能够获取更多人的支持，后者容易给自己树敌。

赵匡胤搞的是增量，他只对老弱士兵进行削减，而这部分人原本也不想再上战场拼命，让他们退伍还乡反而投其所好。他对殿前司则扩大规模，增加各种新的管理岗位，大量少壮派军官获得提拔。这一波新被提拔的人，不一定感恩皇帝，但是一定感恩赵匡胤。

夸张的是，赵匡胤不仅晋升他们，还私下里同他们结拜为兄弟。石守信、王审琦、韩重赟、李继勋、刘庆义、刘守忠、刘廷让、王政忠、杨光义都是后周王朝的少壮派将领，他们与赵匡胤史称"义社十兄弟"。

与此同时，赵匡胤把一直跟随自己打仗的下属们安插到各支军队的各个岗位上，比如罗彦环、郭延斌、田重进、潘美、米信、张琼等人，都是赵匡胤的小弟，先是被提拔，后又被四散安插出去。

至此，赵匡胤的触须伸到了后周军队的每个角落，这为他后来架空后周皇帝柴荣奠定了坚实的基础。此时柴荣却并没有意识到赵匡胤有如此野心，大大疏忽了。

赵匡胤当时担任殿前司下属的都虞候。其上还有好几个官位，分别是：副指挥使、正指挥使、副都点检及最高军事指挥官都点检。

虽然赵匡胤距离当上禁军首领还有好多级别要跨，但是他的精明安排却时时刻刻发挥着作用。他的党羽遍布禁军内，因此在有效指挥那些年轻的少壮派将军方面，职位高于他的人远不如他得心应手。

典型的是后周显德二年（公元955年），柴荣派兵征讨后蜀之事。队伍开到后蜀前线，两边打起了拉锯战，粮草持续消耗，却始终无法推进。柴荣改派赵匡胤前往辅助指挥。赵匡胤来到前线后，迅速调整排兵布阵，之前一直不能打胜仗的军队竟然一口气拿下了后蜀的秦、凤、成、阶四州。

这就是架空的力量——我确实地位比你低，但是你指挥不动的军队，我却轻松调用。

在收取了秦、凤、成、阶四州之后，野心勃勃的柴荣乘着胜势，于当年冬天决定发动对南唐的攻打。这次，柴荣要御驾亲征。

第二年春，赵匡胤跟随柴荣南下，首战便在涡口（今安徽怀远东北）打败了南唐一支一万多人的军队，斩杀南唐大将何延锡。

南唐两员大将皇甫晖、姚凤号称率领十五万大军，驻扎在清流关（今安徽滁州）迎战柴荣。柴荣派赵匡胤去啃这块硬骨头。

赵匡胤来到城下，与皇甫晖阵前交谈。让赵匡胤瞠目结舌的是，皇甫晖提出了一个特殊的要求："咱们两边儿别蛮打了，搞点高级打法。"

赵匡胤："什么是高级打法？"

皇甫晖："等我给你布个阵，看看你这个小兄弟能否破我的阵。你意下如何？"

赵匡胤笑了："哈哈，行，听大哥你的。"

皇甫晖摆好阵仗，等待赵匡胤破阵。

赵匡胤骑着战马，带头冲入阵内，直奔皇甫晖而来。

皇甫晖大骂："说好的咱两边对阵，你怎么不按套路打呢？"

皇甫晖还没缓过神儿来，赵匡胤已经来到他的面前，挥刀一砍，皇甫晖身首异处。

南唐将士一看，老大竟然被砍头了，那就放弃抵抗，投降吧。

就这样，这场战争以皇甫晖被杀、姚凤被活捉收场，赵匡胤的威名更加远扬。

消灭了皇甫晖、姚凤的部队后，赵匡胤又带兵到六合（今南京六合）东面，打败了南唐齐王李景达，斩杀一万多人。

这一次，柴荣升赵匡胤为殿前都指挥使，不久又加授其为定国军节度使。

前面讲到，都点检是殿前司一把手，都点检的下面是副都点检，然后是都指挥使。此时，副都点检一职空缺，因此赵匡胤事实上成了殿前司二把手。至此，赵匡胤对后周王朝武将的笼络已经十分稳固。

这时候，赵匡胤的父亲赵弘殷对他的教育开始发挥作用。

前文讲到，老赵是武将出身，但是他却克服职业偏见，敬重读书人。赵匡胤将对父亲的理念牢记在心，他笼络完武将之后，又开始拉拢文臣。

试想一下，假如赵匡胤是《将相和》里的廉颇，仗着自己是武将便鄙视文臣，那么他就不具备坐上龙椅的格局，最多止步于历史上的一代名将而已。

值得一提的是，后来帮助赵匡胤登上皇位的赵普，便是这时候被他笼络过来的。

在所有大臣里，有一个人赵匡胤却很害怕，不敢拉拢。这个人是谁呢？正是当朝丞相王朴。

天赐良机

赵匡胤为何怕王朴？

举个有意思的例子。已升任禁军统帅的赵匡胤，走到哪里都有一群侍卫前呼后拥，很有排面。有一次，有个殿直（皇帝侍从）刚巧在执行一项紧急公务，骑着马一不小心冲进了赵匡胤的队伍。

皇帝身边的一个服务人员竟敢冲撞堂堂禁军统帅，赵匡胤很生气，便跑到枢密院去投诉这个殿直。

当时的枢密使有两个人，一个是王朴，另一个是魏仁浦。那天，王朴刚巧不在，接待赵匡胤投诉的是魏仁浦。魏仁浦不敢得罪赵匡胤，当即下令调查核实，并答应赵匡胤，如果是真的，会对那位殿直狠狠处罚。

没多久，同为枢密使的王朴听说了此事，把赵匡胤叫来谈话。

赵匡胤以为他会像魏仁浦那样对自己客客气气的，岂料，王朴根本不给他面子，张嘴便道："您虽然有功劳，有名位，但严格说起来，您并没有到节度使、丞相的地位。那位冲撞您的殿直作为一名臣子，和您平级，大家一起侍奉君主，不存在您高于他的情况。"

赵匡胤一听，好家伙，我被冲撞了，我还有错了？他刚要开口反驳，王朴又说："退一步讲，您可是堂堂禁军首领，应该有容人的气度，不该这么斤斤计较。"

一通话将赵匡胤说得面红耳赤，不知道如何作答是好，只好唯唯诺诺地离开了。从此之后，赵匡胤见到王朴都尊敬有加。

赵匡胤之所以不敢反击王朴，不仅是因为嘴巴说不过，更重要的是，王朴的才华是所有人发自内心服气的，而赵匡胤很早就知道，要想坐上龙椅，不能得罪大知识分子。有个说法叫"五代人才，王朴为冠"，意思是，五代十国里，王朴的才华排第一。赵匡胤怎么敢粗鲁地对待他呢？

若干年后，赵匡胤登基，在大家的簇拥下走过周世宗时期的功臣阁。忽然，功臣阁的大门被风吹开，露出一张悬挂的画像。赵匡胤一看，正是王朴。他赶紧原地立正，表情严肃，整理仪容，恭恭敬敬地对着画像三鞠躬。

赵匡胤身边的人不理解，为什么对一个去世很久的前朝老臣如此尊敬？赵匡胤指着身上的龙袍说道："如果此人健在，朕岂能穿上龙袍？"

事实上，王朴仅仅活了五十四岁便去世了。如果王朴多活几年，坐镇朝廷，赵匡胤还真不一定能篡位成功。赵匡胤对王朴的画像鞠躬，既因敬畏，又因庆幸。

讲到这里，有一个问题：赵匡胤拉帮结派，作为一国之君的柴荣就没有发现吗？

是的，柴荣对赵匡胤绝对信任，从没觉得赵匡胤这么做是基于私心。与此同时，柴荣却对位高权重的张永德心生忌惮。

显德六年（公元959年），柴荣带兵攻打契丹，在行军途中捡到一块写有"点检作"三个字的木牌。前文讲到，殿前司的一把手叫作都点检。此时，担任殿前司都点检一职的正是张永德，也就是前面赵匡胤建议他带兵在制高点射箭的那名武将。"点检"二字很明显，就是指担任这个职位的人。"作"字该如何理解呢？柴荣苦思冥想，始终不得其解。

接下来，戏剧性的事情发生了。

柴荣带着军队刚刚收复了契丹占领的几个州，一向身体健康的他突然病倒了。柴荣感觉这次的病势凶猛，便下令班师回朝。大军快回到开封的时候，他已经病危。

柴荣又想起那块写有"点检作"的木牌，他猜想，难道这是上天在警示自己，担任点检一职的人会谋反？

宁可错杀，也不让一人漏网。柴荣趁着头脑还清醒，果断下令撤掉张永德的点检一职，换上他认为更加忠诚可靠的赵匡胤，然后永远闭上了眼睛。

听到任免消息的赵匡胤内心狂喜，差点笑出声来。他之前一直忌惮自己的顶头上司张永德，苦于无法对付他，没想到，柴荣临死前反而替自己干掉了他。

柴荣万万想不到，真正要谋反的是赵匡胤，而非张永德。谋反者的确是点检，只不过讽刺的是，谋反者是柴荣临死前亲自提拔的这位新点检。

柴荣去世后，他的儿子柴宗训即位，年仅七岁。

赵匡胤接下来会怎么做呢？

答案是：放下饭碗打厨子。

陈桥兵变

有个词叫"主少国疑"。主,指君主;少,指年幼;国,指朝廷;疑,指人心惶惶。这个词的意思是,小皇帝年轻,镇不住局面,朝堂上下人心惶惶。

柴荣去世后,后周就是主少国疑的状态。

柴荣死得突然,但是柴荣的旧臣并不都是吃素的,有一些人参悟到了"点检作"的真正内涵:不是旧点检,而是新点检要谋反!于是,便有许多忠于柴荣的后周旧臣私下商议,趁早把赵匡胤灭了,以绝后患。

赵匡胤闻到了异样的政治气息,加快动作向关键职位安插心腹。

前文讲过,副点检一职是空缺的,如今既然赵匡胤当上点检了,他便提拔发小慕容延钊担任副点检。

赵匡胤又任命王审琦担任殿前都虞候一职。王审琦是赵匡胤结拜的"义社十兄弟"之一,自家哥们儿,绝对死忠。殿前都指挥使则由石守信担任,这位更是赵匡胤的心腹。至此,殿前司系统全部沦为赵匡胤的自家后花园。

前文讲了,与殿前司并驾齐驱的是侍卫司。

赵匡胤一直在殿前司工作,不过,侍卫司有一个名叫韩令坤的人,早早被赵匡胤收买,被赵匡胤提拔任侍卫都虞候。侍卫马军都指挥使由高怀德担任,侍卫步军都指挥使由张令铎担任,这两个人原本和赵匡胤私交不深,但是赵匡胤主动与他们联姻,成为儿女亲家。

至此，殿前司百分之百听赵匡胤指挥，侍卫司至少一大半力量听赵匡胤指挥。两个大司被赵匡胤控制之后，小皇帝、皇太后也就被彻底架空了。

这时，偏偏一件有意思的事情发生了。

显德七年（公元960年）大年初一，大家欢庆新年的时候，北方的辽国与北汉合流，一齐南下侵犯后周。小皇帝柴宗训只好下圣旨让赵匡胤带兵北伐。

这一下，全国上下舆论沸腾，大家都在说："看着吧，赵匡胤一旦带兵走了，就会在外面登基当皇帝！"

全国都盯着赵匡胤的一举一动，夸张的是，有很多老百姓认为赵匡胤要谋反，势必引起一场战乱，提前带着全家老小逃命去了，以免被战争牵连。

本来谋反这种事讲究私密，在大家都不注意的时候，直接拿下小皇帝。现在，暗和的牌推倒，成了明牌。对于赵匡胤而言，是这一次反呢，还是另找机会呢？他陷入了精神内耗。

这天，赵匡胤在家犹豫着。他的妹妹（史书上没记录名字）看他愁眉苦脸，直接指着大哥的鼻子骂道："整天在家憋着愁眉苦脸的，算什么男人！"赵匡胤一下子被骂醒了，一咬牙："还等什么下次？这次直接反了！"

他立马带兵出征，刚走出都城城门，就开始"整活儿"了。他带兵来到陈桥驿，突然有一个通晓天文、预测未来的大师说话了："大家快看啊，天上有两个太阳在打架！"这么一喊，大家都看向天空。果然，天空中有两个太阳。这消息立刻在全军传开，大家知道，这通常意味着要改朝换代了。

这时候，又有军官站出来鼓动："我们是谁的兵？点检大人的兵！我们的功劳是在谁的英明带领下建立的？是点检大人！现在的小皇帝只知道让我们卖命送死，真正对我们好的，是点检大人呀！"

众人边听边点头，还有人流下了眼泪。

这位军官看大家的情绪上来了，喊道："我们为什么不拥护点检当天子呢？"

众人一听，喊道："好！点检当皇帝！"

这是赵匡胤谋反计划的第一步：鼓动士兵的情绪。

第一步成功后，赵匡胤赶紧派人回到京城，告诉石守信和王审琦掌控好京城局势，他将带兵返回京城。

当晚，赵匡胤的绝对心腹赵普和他的弟弟赵匡义领着众将领，来到赵匡胤办公睡觉的帐篷门口，请他出来倾听大伙的心声。

赵匡胤一出来，众将领齐刷刷站直，亮出武器，注视着他。赵普打了个手势，众人异口同声喊道："天下不能无主，愿拥您为天子！"

赵匡胤赶紧推辞："胡闹！我是这种人吗？都别闹了，赶紧回去睡觉，明天咱还得打仗呢。来，听我指挥，全体都有，向后——转，齐步——走！"

众人原地不动。

赵匡胤继续装傻，说："干吗呢？都不听话，是吧？"

这时，赵普突然从身后拿出一件崭新的黄袍披在赵匡胤的身上。

赵匡胤惊道："嘿，这是干啥呢？"

赵普说："您披上这黄袍，就算是新皇帝啦！"紧接着，赵普、赵匡义一齐跪下，高呼万岁。其余将领也跟着跪下，高呼万岁。

赵匡胤骂道："胡闹！你们搞这么一出，经过朕同意了吗？"

现场的人都笑了。

赵匡胤喊道："传朕口谕，北伐暂停，随朕回京！"

龙椅有刺

赵匡胤带兵回到开封之后，小皇帝柴宗训及各位大臣蒙了：不是去北伐了吗？昨天下午刚走，今天上午就回来了？

仔细一看，老赵身上还多出来一块黄布，神神道道的，这是怎么了？

赵匡胤对小皇帝和各位大臣说道："不好意思，朕出去的时候是点检，现在回来了，朕就是皇帝。来，小皇帝，给朕腾出龙椅吧。"

众人哗然。有人当场就要拔刀。

赵匡胤道："先别拔刀，告诉你一个秘密：昨天朕带兵走的时候，石守信的军队已经控制了京城。你考虑好，确定要对朕拔刀吗？"

那位欲拔刀的将军立刻把刀收回刀鞘，扑通跪下："陛下好！"

赵匡胤转身看向小皇帝："还有一事得麻烦你，你得给朕出具一份禅让诏书，向天下宣布，是你不乐意当皇帝了，哭着喊着非要把皇位禅让给朕。"

小皇帝柴宗训拉着脸道："朕不会写。"

赵匡胤道："没事儿，不劳大驾，几天前就已经写好了，你只需要拿传国玉玺在上面盖个章。"

赵匡胤一个示意，翰林学士陶谷站了出来，从袖子里抽出早就写好的禅让诏书，放到柴宗训面前，拿起玉玺，在上面盖了个章。赵匡胤即刻宣布，改国号为宋，柴宗训退位，改封郑王。

这一年，赵匡胤三十四岁。他便是宋朝第一位皇帝，也就是宋太祖。

为什么定国号为宋呢？因为赵匡胤在后周担任节度使的藩镇所在地是宋州（今河南商丘），这是他崛起的地方，故而以宋为国号[①]。

赵匡胤的篡权过程非常快，用时非常短，以至于很多后周的大臣还没看明白是怎么回事儿，突然间就改朝换代了。

这对于赵匡胤是一个巨大的隐患：不服气的前朝既得利益者不会轻易咽下这口气，他们接下来轻则搞小动作，重则搞暗杀。政治斗争从来都是你死我活，所以，坐上龙椅不是结局，而是开始。

我们也要充分理解后周老臣的心态。本来，大家和赵匡胤同朝为官，是同事关系，一觉醒来，你成了天子，我们还要给你下跪行礼，你坐在龙椅上，一口一个"朕"，我们却只能站在下面，心都要碎了。

一日，初登大位的赵匡胤带着仪仗队巡行，穿过闹市。突然，不知道从什么地方射来一支快箭，擦着他的辇（皇帝坐的车）飞过。如果准头再提升一点，布帘之后的赵匡胤便被射穿了。

卫士瞬间紧张起来，纷纷拔出刀剑，四处观察，搜索可疑分子。这时，布帘打开，赵匡胤走了出来。

接下来，赵匡胤展现出枭雄的一面。他右手拿起那支利箭，左手放在自己的心口，对着左右两边大声喊道："朕躲在车里，你射不中。现在朕出来了，来，快点射！照着朕的心口窝狠狠射！快点射啊！"

现场的所有人都吓呆了，瞬间从哗然状态调整为静音模式。

赵匡胤扫视现场，大笑起来，然后回到辇内坐定，喊道："都站着干吗？继续走！"巡游队伍继续前进。

这便是赵匡胤的一个特点：直来直去，既不掩饰自己的欲望，也不给对手面子，有话挑明了讲，不服就干，不怕死。如果命里注定要死，那就

[①] 宋朝（公元960—1279年）分北宋（公元960—1127年）和南宋（公元1127—1279年）两个阶段。

赴死。

很多人会这么想：既然他们反对我登基当皇帝，而我现在军权在握，只要把这些反对派抓来杀光，不就行了？

答案：错。

如果采用激进的杀光政策，会产生两个结果：

其一，逼得对方狗急跳墙，对方会采取更为极端的方式报复。反正就是个死，还不如跟你拼了。

其二，有一些本来立场摇摆的人，会因为恐惧而不得不走向你的对立面。

故而，这种激进的杀光反对派的想法是不成熟的。成熟的政治家一定是团结一切可以团结的力量。

别看赵匡胤只有三十四岁，他在政治上还是相当成熟的。他下了一道诏令，前朝老臣一律原职、原岗、原待遇。即使是一些明着反对他的文臣，也没有被他抓起来杀掉。

只要留有一定进退的余地，双方便都不会走极端，就可以腾出时间，慢慢消化掉这些反对派。年纪大的，可以任由他们慢慢老去，年轻的，可以先让他们干着，后面慢慢提拔心腹将其替换、排挤掉。要知道，赵匡胤最擅长安插心腹了。

这里面有个代表人物，就是前文提到的赵匡胤的老上司、曾经被撤职的前一任点检——张永德。

试想一下此时此刻张永德的内心世界。他原本是赵匡胤的领导，是看着赵匡胤成长起来的，偏偏在老皇帝活着的时候被撤了职，让小赵得到了他的位置，进而成功称帝。现在小赵穿着龙袍、被前呼后拥，老张见到小赵还要下跪，若你是老张，心中什么滋味？

幸运的是，小赵懂老张。当上皇帝的赵匡胤经常找张永德喝酒、聊天，十分给张永德面子，还提拔他当武胜军节度使。时间久了，张永德也就发自内心地认了这个皇帝。

这便是赵匡胤善于软硬兼施、极具韧性的一面。

政治，是杀伐，也是妥协。

二李之乱

张永德是知好歹、识抬举的人。还有一些手握兵权，但不知好歹、不识抬举的，那就只能兵戎相见了。其中的代表人物便是昭义军节度使李筠。

赵匡胤篡权时，李筠不在京城，正带兵驻守潞州（今山西长治）。李筠听说赵匡胤没有大动干戈就直接坐了龙椅，内心很是失衡。他觉得，论实力，赵匡胤未必是他的对手。

李筠有点小聪明，他并没有直接和赵匡胤撕破脸，而是秘密联系北汉，请求与之联手攻打赵匡胤。北汉皇帝一听，那敢情好，便回信给李筠，商讨攻打赵匡胤的计划。

岂料，李筠拿到北汉的回信后，搞了一招更"高明"的——派儿子李守节拿着北汉的信去见赵匡胤。李筠出卖北汉，是想向赵匡胤展示忠心：你看，北汉要和我一齐攻打你，我才不搭理他呢，我把北汉的书信给你，证明我对你的忠诚。

李守节临走时，李筠还给他安排了一个秘密任务：勾结后周旧臣里不服赵匡胤的那些人，将来攻打赵匡胤时，他们可以作为内应。

那么，赵匡胤会上当吗？当然不会。

赵匡胤最会换位思考了。他自己就是军头篡权得来的皇位，因此最能理解这些手握兵权的军头心里是怎么想的。当李守节拿着北汉的书信来到赵匡胤面前表演"忠诚秀"的时候，套用现在的歌词，赵匡胤的内心独白会是："该配合你演出的我演视而不见，别逼一个最懂你的人即兴表演，什么时候我们开始收起了底线，顺应时代的改变看那些拙劣的表演……"

当李守节喊完"忠于……效忠……"等口号之后，赵匡胤直来直去的脾气压不住了，直接挑明了说："告诉你父亲，朕没做皇帝的时候，他如果先动手坐上龙椅，朕也会给他下跪喊万岁。但是现在偏偏朕做了皇帝，他要是想干点不该干的，那么别怪朕不好意思了。"

李守节吓傻了。

赵匡胤又说："放心，朕不杀你，也不会扣押你。你就安心回去，把我的意思明确转告你父亲就行了。"

李守节流着汗退了出去。

李守节回到潞州，向李筠讲述了以上经历。李筠当即决定赌一把，说不定能赢呢！反正内心的小九九都已经被戳穿了。"这戏我就不演了！"李筠正式举兵反宋。

李筠是有战略优势的，他占据黄河上游，只要快速跨过太行山，便可以控制洛阳这一粮仓。把东京（即开封）的粮食断了，再封锁住黄河上游的漕运之路，赵匡胤那头也就废了。

久经沙场的赵匡胤也不傻，看明白了这步棋，赶紧派嫡系将领石守信、慕容延钊西征，争取抢在李筠前面把粮仓保下来。

这时，与李筠约好的北汉也履约，从北方南下响应。

驻守扬州的后周老将、周太祖郭威的外甥李重进看到北边打起来了，作为后周皇族亲眷，怎么能袖手旁观？便也起兵反宋。

一时间，赵匡胤三方受敌，局势紧张。

这里有个小插曲。本来李重进想秘密谋反，偷袭赵匡胤，他派了一个名叫翟守珣的亲信，前去秘密联络李筠。偏偏这个翟守珣觉得自己的主子李重进不可能打赢赵匡胤，中途擅自拐弯，直接去见了赵匡胤，把李重进的全部计划和盘托出。

赵匡胤听完出了一身冷汗,对翟守珣予以厚赏并封爵位。

赵匡胤问:"朕要是给李重进铁券,表明朕与他永不侵犯,你觉得他会相信吗?"

翟守珣道:"最多拖延时长,他终究不会归顺您。"

赵匡胤沉思良久,道:"好,那你就回去,尽量拖住他。只要让他别和李筠同时夹击朕,你的任务就算完成了。"

翟守珣道:"好的,臣告退。"

送走翟守珣之后,赵匡胤感受到从未有过的紧张。思来想去,他决定御驾亲征。

赵匡胤叫来弟弟赵光义(本名赵匡义,为了避哥哥"匡胤"的讳,改名赵光义)和第一心腹赵普,告诉他们自己要带兵攻打李筠,交代他们看守好东京。

赵匡胤攻打李筠,不仅要胜利,更要速战,因为万一李重进没有被翟守珣拖住,自己将面临腹背受敌的危难局面。

赵匡胤急行军跨过太行山,在长平(今山西高平)与李筠主力遭遇,双方展开一场恶战。幸运的是,赵匡胤赢了。战败后的李筠不想做俘虏,自焚而亡。

那么,南方的李重进有没有被翟守珣忽悠了呢?

还真被忽悠瘸了。

李重进向来把翟守珣当成自己最信任的心腹。翟守珣回来之后,按照赵匡胤的指示,对着李重进一通洗脑,李重进就真的乐呵呵地等着赵匡胤与之共享富贵了。

消灭了李筠后,赵匡胤进行了简单的休整,接着立刻南征李重进。

李重进傻眼了,但已无力回天,双方军事力量悬殊,他很快战败。赵匡胤的大军攻破扬州城,李重进领着全家老小自焚而亡。

这便是信任了不该信任的人导致的下场。

搞定二李之后，政权稳固的赵匡胤向他最大的梦想进发：统一全国！

⑧ 杯酒释兵权

要想统一全国，就得打仗；而一旦打仗，将军们就会立下更大的功劳；一旦将军们立下更大的功劳，就会增加对皇权的威胁。这便是摆在赵匡胤面前的主要矛盾——巩固皇权与军头尾大不掉之间的矛盾。

赵匡胤在统一全国之前，先要解决军头的问题，也就是进行军队改革。改革方法，便是后世熟知的杯酒释兵权。

一天，赵匡胤把昔日得力干将都叫过来，喝酒闲聊，不谈工作，只谈健康。

是的，你没看错，谈健康。

赵匡胤问："你们最近身体怎么样？睡眠还好吗？"

石守信、高怀德、王审琦、张令铎寒暄道："挺好，能吃能喝，倒头就睡。陛下呢？"

赵匡胤顶着黑眼圈说："哎呀，天天睡不着啊！过去给皇帝打工，当节度使，上面让干啥，咱就把活干完，剩下的时间就吃喝玩乐，根本不这么累心。现在自己做皇帝了，天天压力大，通宵睡不着。"

众人一听，不对劲啊，老大话里有话。石守信试探道："敢问陛下，有啥压力啊？说出来，看看我们能不能替您分担一部分。"

赵匡胤说："算了，还是不说了，怕说出来吓到你们。"

高怀德也参与进来，说道："没事儿，陛下，您尽管说。在座的兄弟们死都不怕，还怕什么压力！"

赵匡胤说："朕怕……这龙椅坐不稳呐！"

众人彼此对视，放下酒杯，紧张地一齐跪下，说道："陛下……臣哪敢有二心？"

赵匡胤道："你看看你们，朕说你们了吗？怎么这么敏感呢！赶紧起来，坐下，喝酒，喝酒。"

众人回到座位上，面无表情，看赵匡胤继续表演。

赵匡胤问："朕从不怀疑诸位的忠诚，但是诸位的手下呢？如果哪天他们也像你们当初对我那样，把黄袍披在你们的身上，逼着你们当皇帝，你们怎么办？"

众人心想："这不对啊，当初假装逼你当皇帝，那不是演戏吗？那是提前写好的剧本呀！"当然，大家也只是心想，不敢说出来。

赵匡胤又道："所以，朕想好了，你们交出兵权，朕给你们足够好几代挥霍的钱，你们买几套大宅院，养一批美女，天天在家吃喝玩乐，不也是一辈子？"

众人跪谢："谢陛下考虑得如此周到。"

第二天，石守信、高怀德、王审琦、张令铎纷纷提交辞职书，以身体有恙为由，请求辞去军职，回家休养。

问题来了：这几位大将凭什么就心甘情愿地交出兵权？他们就不担心交出兵权后会成为鸟尽弓藏、兔死狗烹的韩信吗？

赵匡胤早就在无数个夜晚进行了换位思考、头脑风暴，最终找到了这些问题的解决方案：联姻。

此联姻并非找个宫女、婢女，临时加封个公主嫁过去，而是真的让自己的亲妹妹和女儿去联姻。

几位将军交出兵权后，赵匡胤先把自己唯一的亲妹妹嫁给了高怀德，让他成为自己的妹夫，又把自己的两个亲闺女分别嫁与石守信和王审琦的儿子，两边成为亲家。

妹妹、女儿不够用了，还有亲弟弟！赵匡胤下令三弟赵光美娶了张令铎的女儿。就这样，几个主将都成了老赵家的亲戚，他们消除了恐惧和顾虑，也就不会谋反了。

"杯酒释兵权"是历史上值得肯定的一幕，极其少见地以和平方式实现了收回开国元勋权力的目的。

解决掉几个军头大佬之后，赵匡胤开始进行军队改革。

他非常清楚，自己之所以能够篡权成功，是因为坐上了点检这个位子。因此他当了皇帝，首先就要废除这一职位。

赵匡胤不再设置殿前都点检、副都点检的职位，只保留侍卫马军都指挥使、侍卫步军都指挥使和殿前都指挥使三个职位，作为军队的最高统领，分别领导侍卫马军都指挥使司、侍卫步军都指挥使司、殿前都指挥使司。这三个机构的权力大小相等，没有工作职能的交叉，彼此掣肘，只对皇帝一人负责，简称"三衙"。

赵匡胤大胆起用资历浅的新将领担任侍卫马军都指挥使、侍卫步军都指挥使和殿前都指挥使。因为资历浅的人有两个好处：

其一，没有过多的党羽，结党营私的能力很小。

其二，被老大越级提拔重用，会对老大感激涕零，忠诚度非常高。

这种用人策略在后来的朝代中继续被统治者驾轻就熟地运用着。

至此，赵匡胤的帝位得以巩固，军队改革完美收官，接下来便该实现伟大的梦想——统一全国了。

是的，又要打仗啦。

南征北战

此时宋王朝就像汉堡中间的鸡肉,南北受敌。

问题来了:先打北边,还是南边?

后周皇帝柴荣当初也面临同一问题,而柴荣的选择是:先北后南。当时,武将们普遍意见相反,认为应该先南后北。

赵匡胤那时候只是个打工的,懒得提意见,任由皇帝柴荣自己做决策。现在他当了皇帝,面对同一问题,很想听听大臣们的意见。

一日,赵匡胤和弟弟赵光义、心腹赵普坐在一起,商讨这个问题。

赵匡胤先说话:"国家必须统一,这不必多言。问题是,先打北边还是先打南边?"

赵光义、赵普问道:"陛下怎么想?"

赵匡胤眼珠滋溜一转:"要不,先打北汉?"

赵普道:"不行。"

赵匡胤问:"为何?"

赵普道:"北汉是我朝与更北边的辽国之间的战略缓冲带。打北汉,不难,可是你打完北汉之后,辽国一旦有动作,我们就要和辽国短兵相接,这对我们消耗巨大。不如留着北汉,替我们当抵挡辽国的肉盾,我们先腾出手来打南方小国。"

就这样,赵匡胤本来想效仿周世宗柴荣的战略,先北后南,现在他又听从了赵普的建议，先南后北。

客观来讲，先打南方还有一个好处：南方普遍富裕，尤其是吴越之地，有钱有粮，打下来可以快速补充国库、粮仓。经济强大，方可保证军事强大。

先南后北的战略定下来之后，老天作美，从南方政权来了个送人头的。

当时南方有两个政权存在，一个是湖北的南平政权，皇帝是高继冲，另一个是湖南的武平政权，皇帝是周行逢。

就在赵匡胤苦于思索南北方应该先打哪边的时候，湖南的周行逢突然去世了，他的儿子周保权匆忙继位。有一个名叫张文表的大臣趁着老皇帝刚去世，起兵谋反。周保权自认为无法镇得住张文表，迫不得已，只好向北边的赵匡胤求救。

赵匡胤收到周保权的求救信之后，高兴得笑出声来。幼稚的周保权没想到的是，为了抵制一匹狼，却引入了一只虎。赵匡胤要是真来了，怎么可能会救你？一定是生生吃掉你。

赵匡胤高兴的是，自己本来想攻打南方而师出无名，这一下就可以打着人道主义救援的旗号，直接侵吞湖南了，更绝的是，去那里必须经过湖北，也就可以顺道吃下湖北的南平政权。一石二鸟，还是对方主动邀请自己去的，没有侵略名头的负担，简直不能更美好了。

赵匡胤派大将慕容延钊南下，很轻松地攻下了湖南、湖北。

赵匡胤颇为开心。紧接着，西边的后蜀进入了他的视野。

众所周知，四川盆地历来物产丰富，人称"天府之国"。如果拿下四川，东征便有了充足的后勤保障。

公元964年底，赵匡胤派大将王全斌、曹彬兵分两路，两个多月便拿下了后蜀。

轻轻松松就灭了三个政权，赵匡胤变得膨胀，觉得统一全国也没什么难的，无非就是军队开过去，直接攻入，然后胜利。

这时候，赵匡胤开始放纵自己。他千不该、万不该，看上了刚刚亡国的后蜀国君孟昶最爱的妃子慧妃，人称"花蕊夫人"。

花蕊夫人到底有多漂亮呢？

这么说吧，孟昶最大的爱好就是挑选美女侍寝。他挑选出来放在后宫供自己享用的美女数量非常多，一度达到好几千人。这好几千人里，颜值排第一的便是花蕊夫人。

赵匡胤早就听说花蕊夫人极其美貌，但是一直没机会看到，攻下后蜀之后，赵匡胤专门下了一道圣旨，要求务必把孟昶及其亲眷运送回东京。

外人都以为赵匡胤是想厚待孟昶，其实他有个小算盘：想亲眼看看花蕊夫人到底有多漂亮。

孟昶一行来到宋朝后，赵匡胤封他为秦国公，给予非常高规格的待遇。赵匡胤心想：我对你这么好，你肯定带着你夫人来当面谢我，这样我就可以看看她的真正面貌啦。

果然，孟昶带着花蕊夫人前来面谢赵匡胤。

就在花蕊夫人踏入宫殿大厅的一瞬间，赵匡胤闻到了从花蕊夫人身上散发出来的浓郁香气，那香气是他过去接触过的所有女人身上都不具有的，沁人心脾，勾魂摄魄。

赵匡胤强行镇定，深呼吸，等着花蕊夫人慢慢靠近，抬眼一看，心里喊道：哎呀，这颜值，绝了！

大家猜，接下来会发生什么？

几天后，孟昶突然莫名其妙地暴病身亡。赵匡胤便光明正大地把花蕊夫人接到自己的寝宫。孟昶的母亲受不了这种耻辱，绝食而亡。

这一消息传回后蜀之后，引发了众怒。对于他们而言，宋朝本就是侵略者，现在自己的皇帝死得不明不白，皇帝的母亲绝食而亡，皇帝的贵妃又被你宋朝皇帝临幸，当地百姓的反宋情绪日益高涨。

这些事情传到别的政权后，那些皇帝对赵匡胤起了戒心，对赵匡胤不再信任。赵匡胤的这场猎艳对于他统一全国造成了巨大的阻力。

从统一大业的角度来看，为了一个美女而得罪这么多人，完全不值得。

北伐失败

此时的赵匡胤非常膨胀，觉得南边如此好打，那就放弃"先南后北"战略，索性直接北上，一举攻下北汉。

他不想强攻，而是玩点儿阴的——向北汉内部打入间谍。他派侯霸荣、惠璘打入北汉内部，源源不断地供给侯、惠二人金银。他俩不辱使命，竟然买通了北汉丞相郭无为。

若干年后，宋朝丞相秦桧又被金国收买。由此可见，丞相叛国在历史上并非稀罕事。

被收买的郭无为任命侯霸荣、惠璘为宫廷内部的供奉官，给他们发放了自由出入禁宫的通行证，为将来宋军打过来时做内应做好了准备。

开宝元年（公元968年），宋太祖赵匡胤正式北伐北汉。路途顺利，没有阻碍，大军很快来到北汉都城晋阳城下。

侯霸荣日盼夜盼的宋朝大军终于来了，立功的机会到了。他与郭无为一起发动政变，将北汉国主刘继恩成功刺杀。

侯霸荣万万没想到，郭无为对他使了一招"螳螂捕蝉，黄雀在后"——侯霸荣杀了北汉国主刘继恩之后，郭无为又将他杀掉。

郭无为为什么这么做？

这要从郭无为本身谈起。他这个人比较特别，青州千乘（今山东省广饶县）人，道士出身。他在当道士期间，苦学各种经世本领，目的只有一个，就是将来出世做一番世俗成就。他外表是出家人，内心装的却是功成名就的欲望。

郭无为最早看重的是周太祖郭威，就是赵匡胤篡权前的老领导。郭威也很欣赏郭无为，但郭威身边的手下害怕郭无为抢自己的风头，触犯自己的既得利益，便制造谣言对郭无为进行抹黑，持续在郭威那里挑拨离间。时间一久，郭威还真动摇了，把郭无为打发走了。

这让郭无为的感情受到极大伤害，他决定投靠北汉政权，帮助北汉治国，让北汉变得强大，然后杀回郭威领导的后周，报仇雪恨。

郭无为在北汉尽心尽力，发挥自己全部所学，真的把北汉治理得有模有样，国力、军力日渐强大。他自己也坐上了丞相的位子，算是圆了自己当初的梦想。

这期间，风云变幻，还没等郭无为亲自带兵去讨伐后周，赵匡胤竟然先篡权，建立了宋朝。

赵匡胤在打败孟昶并得到花蕊夫人之后，骄傲自负，企图挥师北上，快速拿下北汉。郭无为面对侯霸荣、惠璘的拉拢并收到巨额贿赂。

此时的郭无为在酝酿一部属于自己的剧本：先逢场作戏，假装接受赵匡胤的贿赂，借助侯霸荣的势力杀掉北汉皇帝刘继恩。国不能一日无君，他再拥立刘继恩的弟弟刘继元当新的皇帝。如此，新皇帝一定十分倚重他，他在北汉将地位永固。更重要的是，侯霸荣等人已经被杀人灭口，他勾结外敌的事就会被掩盖了。

怎么样？是不是很绝？

至于赵匡胤，郭无为认为，依宋朝的力量，灭掉南方几个小国没问题，但是单挑北汉，还是有难度的。退一步讲，北汉就算扛不住赵匡胤的疯狂进攻，还可以向北方的契丹求助，二者联手对抗宋朝，赵匡胤绝无胜算。

事实证明，郭无为对宋朝实力的分析是客观、准确的。

赵匡胤本以为会等来侯霸荣成功的好消息，等来的却是侯霸荣被杀的噩耗。他这才隐约感觉到，这次北伐有些草率了。

没多久，契丹部队南下，与北汉军一起对宋军形成夹攻之势。宋军大败，自北伐以来占领的州县又被北汉夺回去了。赵匡胤的第一次北伐以惨败草草收场。

赵匡胤本来信心满满，把北汉君臣投降后的官职都提前拟好了，就等着拿下北汉后原地宣旨，没承想竟然是这种结局。

第二年春，赵匡胤率军再次北伐，以求雪耻。

这次，赵匡胤仅仅留给弟弟赵光义一小部分军队看护东京，将其余军队全部押在了北伐上，他要和北汉拼个你死我活。

他能否旗开得胜呢？

一开始确实很有胜相，与第一次北伐一样，大军一路高歌猛进，打到了北汉都城晋阳城下。

这一次，赵匡胤懒得用什么反间计，而是利用人多势众的优势，将晋阳城包围起来疯狂强攻。

这时，北汉的一位名将站了出来，凭借一己之力，硬生生击退了宋朝连续多次猛攻，还接连杀掉了宋朝的几员大将。此人姓刘，名继业。

刘继业是谁？

其实，这个人大家并不陌生，妇孺皆知的《杨家将》评书故事中的杨继业的原型，就是刘继业。刘继业本叫杨重贵，因被北汉皇帝刘崇器重，赐了国姓，改名为刘继业。

后来，宋太宗赵光义执政的时候，也亲率大军再次围攻晋阳，北汉才被打败，刘继业投靠了赵光义，恢复杨姓，改名为业，成为替宋朝抵抗北方辽国的一代名将。《杨家将》讲的就是刘继业即杨业的子孙为保护大宋而做出牺牲的故事。

刘继业硬生生扛住了宋军长达三个多月的包围与强攻，赵匡胤万万没想到北汉会有刘继业这么一号猛将。

赵匡胤发现实在攻不下晋阳，粮草也消耗得差不多了，只好面对现实，班师回朝。

就这样，宋军的两次北伐都以失败告终。

仇恨之桥

从晋阳回来后，赵匡胤痛定思痛，决定暂时放弃北方，继续回到南攻的老路子上。

此时南方还有四个政权：南汉、南唐、吴越与漳泉。

第一个被列入消灭计划的是南汉。开宝三年（公元970年），宋朝正式发动对南汉的战争。

南汉的势力范围主要在岭南、两广地区。当初第一次南下平定后蜀之后，赵匡胤派大将潘美攻取了南汉的部分领土，但及时止步，没有继续强攻。因为这时赵匡胤膨胀了，把精力放在了一厢情愿地攻打北汉上，潘美仅仅是盯紧了南汉而已。

这位潘美便是前面提到的《杨家将》评书中的潘仁美的原型。

《杨家将》中，潘仁美是个大奸臣，是杨家将的死对头。

那么，历史上的潘美和杨业真有血海深仇吗？

答案是：双方并没有深仇大恨，但潘美是间接杀死杨业的凶手。具体故事放在后面详细讲述。

话说赵匡胤第二次启动南下战略后，首先下令潘美对南汉发起进攻。

潘美的能力是过硬的，他连战连胜，一举攻入广州，南汉宣告灭亡。

南汉被灭之后，剩下的三个政权南唐、吴越与漳泉中，实力最强大的便是南唐。只要解决了南唐，吴越与漳泉不在话下。

南唐的皇帝是李煜，便是那位写出"问君能有几多愁，恰似一江春水向东流"的文艺青年型皇帝。

李煜不想和赵匡胤撕破脸，想用缓兵之计：他给赵匡胤写信，主动要求取消国号，放弃皇位，改称"国主"。

李煜这么做是很精明的。他放弃皇帝的政治地位，等于给赵匡胤面子，而改称国主，事实上还是南唐的土皇帝。

赵匡胤一看，行，你给我玩偷换概念的把戏，我就顺着你来。他马上给李煜回信，对李煜的高风亮节表示由衷的赞美，同时真诚地要求李煜北上，要同他进行亲切友好的会谈。

李煜看完信，心想：傻子才去呢！我去了，可就回不来了。他给赵匡胤回信："我早就盼着北上面圣了，无奈身体不好，下不了床。等我康复了，一定第一时间去见您。"

赵匡胤看完李煜的回信，火冒三丈，心想：我本想与你和平解决统一问题，你非要玩些文字游戏，表面支持统一，实际是要当"南独"。

既然谈不拢，那就打。只不过，赵匡胤不想硬打，而是再次使出他擅长的那招：搞间谍战。

赵匡胤吸取了在北汉被刘继业狠狠抵抗的教训，提前打听得知，李煜麾下第一猛将名叫林仁肇。

赵匡胤收买了林仁肇的政敌，让他们散播谣言，说林仁肇早就秘密投降了宋朝，就等宋朝大军打过来，他将里应外合，杀掉李煜。

李煜虽然书法、诗词一流，但治国的能力是真的差劲，别人一说，他就真信了。

赵匡胤为了让李煜彻底死心，还亲自下场当起了演员。他把林仁肇的画像挂在自己的侧殿。有一次，李煜的弟弟李从善以使者身份来面见赵匡胤，赵匡胤故意把他带入这间侧殿。

李从善一看，疑惑了："这是为何？陛下的侧殿怎么挂着我们南唐将军的画像？"

赵匡胤故意说道："嗨，既然不小心让你看到了，朕也就不再遮遮掩掩了，林仁肇早就投降了朕。不过，你放心，他不会加害你哥哥李煜的，他只是和朕关系好而已。"

李从善吓傻了，回到南唐之后，立刻向李煜汇报。

李煜马上安排人趁林仁肇不备，将其毒杀。

林仁肇确实是被冤枉的"间谍"。与之形成对比的是，还真有主动且心甘情愿为赵匡胤当间谍的南唐人，此人名叫樊若冰。

樊若冰是个秀才，在南唐多次参加科考但都落榜了。当时南唐有一个规定，一个考生如果考试落榜，还有一次直接向皇帝上表奏疏的机会。意思是，你可以写一篇展现自己最高水平的文章，直接呈给皇帝看，如果被皇帝认可，依然可以当官。

可是，别忘了当时的皇帝李煜偏偏是历史上少有的诗词奇才，能够进入他法眼的文章，普天之下怕是找不出第二个。就这样，樊若冰唯一一次向皇帝上表奏疏的机会换来的还是失败。

这一下，樊若冰走向了极端：我为国家贡献才华，国家瞧不上我，好，那我就叛国，颠覆国家！

樊若冰观察天下大势得知，宋军早晚会渡过长江攻打南唐，而南唐之所以不以为意，是因为占据长江天险。假如他能够替宋军解决渡江问题，那么宋军便可乘势南下，一举消灭南唐，他也就可以报不被重用的大仇了。

说干就干，樊若冰找来一艘小船，夜以继日地沿江观察、勘测，不放过任何一段。苍天不负有心人，一天，樊若冰发现有这么一段水域的两岸是坚硬的石头而不是松软的泥沙，这意味着可以在这个位置建造一座桥梁。樊若冰将这个地方命名为采石矶。

确定好建桥的绝佳位置后，樊若冰又划着他的小船在长江两岸反复来回，测量出了可以建桥的精确数据，画成图纸，然后把小船砸烂，直奔东京而去……

樊若冰见到赵匡胤，献上了图纸及一套切实可行的建桥方案。赵匡胤大喜，要知道，此桥一旦建成，可敌百万大军。

因为樊若冰的勘察十分细致准确，这座桥很快便建好了，便是中国历史上第一座长江浮桥。

这就是仇恨的力量。仇恨可以毁掉一个人，也可以激发一个人的潜能，甚至能让一个人凭借一己之力干掉一个政权，强力扭转历史的进程。

消灭南唐

赵匡胤吸取当年在后蜀的教训，在曹彬、潘美临行前特别叮嘱，到了南唐之后，注意搞好与当地老百姓的关系，要让老百姓心甘情愿归顺，不要暴力镇压。

这便是孔子说的"不二过"，意思是说，一个聪明人不能被同一块石头绊倒两次。赵匡胤做到了"不二过"。

凭借樊若冰设计的长江浮桥，宋军跨越长江天险，与南唐十万大军正面交战并轻松取胜，直接开到南唐都城金陵（今江苏南京）城下。

金陵城是一座繁华的大都市，赵匡胤特别交代过，务必不要强攻，尽量保护金陵城的完整性。鉴于此，宋军对金陵城采取了围而不打的战术，试图逼迫李煜开门投降，实现和平交接。

这时候，李煜这个文艺青年的"中二病"又犯了。大敌压境，作为一国之主，应该考虑如何迎敌的问题，李煜却偏偏派出一个叫徐铉的文化使臣，代表自己前去面见赵匡胤。

徐铉见到赵匡胤，乞求言和，保全南唐。赵匡胤说出了那句千古名句："卧榻之侧，不容他人酣睡！"意思是说，就只有一张床，怎么能让外人占去一半呼呼大睡呢？言外之意，绝不言和。宋军已经把你南唐的都城包围了，何必同你言和？你又有什么资本可以言和呢？

这是《续资治通鉴长编》的记载。另一本宋代书籍《后山诗话》是这样记载的：

徐铉来见赵匡胤，企图以口舌令宋军退兵。他夸耀说："我们国主博学多艺，诗词歌赋天下一绝，有圣人之能。"

赵匡胤听后令徐铉背诵一首李煜的代表作，他一脸自豪地背了起来。

赵匡胤听后大笑说："这是穷酸书生作的诗，我是不会这么作诗的！"

徐铉不服气，请求赵匡胤解释。殿内的人都害怕地相互对望。

赵匡胤说："我年轻时从秦中（今陕西一带）回来，经过华山脚下，有一次喝醉了酒，在田间睡着了。醒来的时候月亮刚好升起，我就想到了一句诗：'未离海底千山黑，才到天中万国明。'"

徐铉听后非常惊讶，殿内的人都向太祖祝贺，称赞他的诗才。

李煜的诗词清新婉约，赵匡胤的诗则洋溢着充沛的野心与远大的抱负。徐铉瞬间意识到，比文笔修辞，李煜确实是天才，可是论帝王之气，赵匡胤远在李煜之上。

徐铉不敢再说什么，赶紧回国复命。

随着时间的推移，宋军的围城打援战术慢慢发挥了作用，金陵城渐渐支撑不住。宋军趁机发起最后的攻击，轻轻松松攻了进去，南唐后主李煜沦为阶下囚，南唐覆亡。

南方仅仅剩下吴越、漳泉两个政权。

南唐灭亡次年春天，宋太祖召吴越王钱俶入朝。

钱俶与李煜不同，不搞小动作，直接去东京面圣。赵匡胤见钱俶敢来东京面谈，对他还是有些钦佩的，并没有难为他，而是好好款待，热情交谈，最后放他回去了。

临行时，赵匡胤交给钱俶一个特殊的包裹，说："等你快到家时再打开。"

钱俶回到吴越之后，打开包裹一看，竟然全是宋朝大臣建议赵匡胤扣留、杀害自己的奏折。赵匡胤一封都没落下，统统打包给钱俶看。

赵匡胤为什么这么做？

他是要告诉钱俶，他拿出全部诚意来争取和平解决吴越的归顺问题，希望钱俶能懂他的苦心。

皇位之争

南方没有大问题了，赵匡胤本来计划接下来好好休息一下，但真正让他耗费心血的事情刚刚开始，那便是与弟弟赵光义的权力争斗。

这要从"金匮之盟"事件谈起。

赵匡胤出生于公元927年，建立宋朝是公元960年，这一年，赵匡胤三十四岁。赵光义比赵匡胤小十二岁，建立宋朝这一年，他才二十二岁。

到了公元961年，也就是赵匡胤称帝第二年，他的母亲杜太后突然提出要同时见他和赵普，有要事相谈。

赵匡胤、赵普一见到杜太后，杜太后便指着赵匡胤，开门见山地说道:"你知道你是怎样得天下的吗?"

赵匡胤回道:"朕能当上皇帝,靠的是列祖列宗尤其是母后您积下的大德!"

杜太后道:"别说这些好听的废话!你之所以能坐上龙椅,是因为周世宗柴荣的孩子小,便于你篡权而已。"

赵匡胤、赵普听后满脸通红,心想:"老太太今儿是怎么了?咋说话这么犀利?一点儿面子都不给。"

杜太后说:"怎么了?我说错了吗?假如后周有一个成年君主,你有机会建立大宋吗?"

赵匡胤连连摇头。

杜太后又说:"这就是现实!那么,我问你,你能保证你是个长寿的人吗?你死之后皇位传给谁?也像柴荣那样传给你那幼小的儿子,等着别人篡权吗?"

赵匡胤听完,一身冷汗。赵普站在旁边,更是大气不敢喘。

赵匡胤说:"母亲今天招我们来,想必是对皇位继承人有看法。"

杜太后道:"我要你现在就答应我,将来把皇位传给你弟弟光义。赵普给我当证人。否则,你就别认我这个妈!"

赵匡胤哭了:"母亲何必说这种话?我答应,我答应。"

杜太后转过身对赵普说:"你也保证将来不能不认账!"

赵普不敢怠慢,赶紧拿来纸笔,写了一份证明,签上自己的名字,藏在专门的金匮①里,命人严密封存。

这便是"金匮之盟"。

"金匮之盟"确立之后的第二个月,赵匡胤封赵光义为开封府尹,统辖都城。满朝文武瞬间明白,赵光义大概率要成为皇位接班人啦。

---

① 黄金制成的盒子,古代上流社会专门用以存放贵重物品。

问题来了：赵匡胤心甘情愿吗？

对于这个问题，要结合时间、环境来看。当时赵匡胤确实是乐意的，没有想那么多。

为何这么讲呢？

当时宋朝刚刚建立，全国各地分布着许多大小政权，很不稳定，时不时就会改朝换代。故而，杜太后早早提出定下赵光义当接班人，是符合当时局势需要的，赵匡胤也是赞同的。毕竟，谁敢保证常年带兵打仗的赵匡胤没个闪失？万一像柴荣那样突然离世，没个成年人当接班人，势必会有下属谋反。

这是其一。

其二，在立下"金匮之盟"的时候，赵匡胤与赵光义的感情是亲密无间的。

要知道，陈桥兵变最重要的策划者、推动者就两个人：赵光义与赵普。没有赵光义串联、煽动武将们给赵匡胤披上黄袍，便没有赵匡胤的今天。因此赵匡胤对弟弟赵光义一直非常感恩，也绝对信任，他每次离开京城，都留下赵光义镇守才放心。

还有一件小事也能证明哥儿俩关系好。

有一回，赵光义生病，赵匡胤亲自给他做艾灸。

艾灸是中医的一种治疗方法，把艾条点燃，在对应的穴位上熏烤，便可治疗相关疾病。艾灸虽好，却有一个问题，那就是温度不好控制，容易烫伤人。

赵匡胤先把艾条放在自己身上烤一烤，试好温度之后再给赵光义艾灸。由此可见，兄弟俩这时候的感情真的亲密无间。

然而，渐渐地，情况发生了变化。很多事情，没有明确点出来的时候，大家不会想太多，怕就怕明确下来。如今赵光义是接班人了，他的心态就变了。

他面临一个最基本的事实，那便是：哥哥活得越长，自己这皇帝当得越晚，在位时间也就越短；反之，哥哥死得越早，自己这皇帝当得越早，在位时间也就越长。

赵光义开始为将来登基拓展势力，拉拢人脉。与此同时，大臣、官僚们也心领神会，提前攀附赵光义，为将来的仕途铺路。赵光义与趋炎附势的官员们正在急速地双向奔赴。

举个例子。宋朝名将党进有一个特点，看见有百姓养禽兽当宠物，便大发雷霆，强制将禽兽放走。他的理由是："有这钱买肉喂养宠物，还不如奉养父母。你们就是糟蹋粮食！"

一次，党进在街上看到一个人手里提着一只雏鹰，穿梭于人群之中。党进冲上去，就要夺过雏鹰将其放生。

这个人说："这可是赵光义的宠物。您确定要放生吗？"

党进听完，立马见风使舵，非常礼貌地说："谁说要放生了？！我明明说的是要照顾好它，这么可爱的小动物，别让它受伤了！"

是不是觉得很讽刺？可这就是真人真事。

通过这件事可以看出，当时的文武百官是多么想要攀附赵光义。即使赵光义什么都不做，也有官员源源不断地投奔到他的门下。这便是官场现实。

新的问题来了：赵光义对这些官员，是什么态度呢？

还是举例说明。话说赵普有一个政敌，名叫冯瓒，两人关系非常差。赵普总是盯着冯瓒，希望有机会找到他的错误，将其扳倒。

有一次，赵普收到冯瓒违法的情报，便向赵匡胤举报了他。

赵匡胤命令冯瓒急速来京，接受讯问。赵普又派亲信去突击搜查冯瓒的行李，果然，有意外发现：行李内藏有包装华丽的珍贵礼品，还附有一封密信，信的内容显示，这些珍贵的礼物是送给赵光义王府内的工作人员刘鏊的。

论官职大小，冯瓒远高于刘鏊，可是冯瓒却对刘鏊行贿，这是为何？

傻子都能看得出来，刘鋹只是赵光义的"白手套"，冯瓒其实是在向赵光义行贿。

对于如何处理冯瓒，赵普主张死刑，赵匡胤思来想去，给了赵光义一个面子，免冯瓒死罪，撤掉一切官职，流放沙门岛（今山东蓬莱西北海中）。

有意思的是，赵光义即位后于第一时间赦免了冯瓒，还给他封了官。后来赵光义御驾亲征晋阳，冯瓒以心腹的身份随驾出征，回来之后被晋升为大理卿兼判秘书省。

再后来，冯瓒腿脚不好，向赵光义提出退休，结果赵光义没答应，特赦他不用上朝，在家办公即可。冯瓒的身体到了真吃不消的时候，再次向赵光义提出退休申请，赵光义这才答应。第二年，冯瓒便去世了。

据此可见，赵光义是十分信任冯瓒的，将其当成心腹。这也从侧面证明，当初赵匡胤、赵普一派与赵光义一派的矛盾已经激化了。

既然双方已经针锋相对，赵光义也就无所顾忌，他只需要做到不与哥哥赵匡胤撕破脸，同时私底下尽量扩展自己的势力范围，赵匡胤便对他无可奈何。最重要的是，赵光义年轻，随着时间的流逝，赵光义的胜算将越来越大。

赵匡胤痛定思痛，面对现实：赵光义羽翼丰满，想要废掉他，让自己的儿子即位是不太可能了。如果强行废掉他，极有可能激化矛盾，造成宫廷政变。

于是，赵匡胤决定以退为进，给赵光义一个面子，主动罢免赵光义最恨的第一高官赵普，与此同时，给赵光义封了晋王，地位在丞相之上。这相当于告诉赵光义：我接受你继承皇位，但是你不要太过分，至少不要太心急。

这是否意味着赵匡胤彻底认输了呢？答案是否定的。

赵匡胤默认让赵光义继位，但与此同时，也给他增加了很多掣肘。

开宝九年（公元976年）三月，赵匡胤突然决定离开都城，去巡视洛阳，还下了一道特殊的圣旨，要求赵光义随行。

圣旨一出，官场躁动。按照赵匡胤过去的一贯做法，只要他离开京城，都会让赵光义留守，以稳定时局。这次，他竟然特别要求带着赵光义随行，十分反常，引发了大家的猜测。

赵匡胤为什么非要带赵光义去洛阳呢？

原来，他想在没有大臣干扰的环境里，同赵光义单独商量一件事——迁都。赵匡胤问："朕有意将都城由开封迁到洛阳，不知晋王意下如何？"

赵光义一听，立刻懂了赵匡胤的意图。赵光义这些年盘踞开封，扩张势力，整个开封府表面上以赵匡胤为皇帝，实际的掌控者却是他赵光义。只要赵光义需要，赵匡胤这位皇帝的政令根本出不了开封府。赵匡胤此时提出迁都，就相当于另起炉灶，让自己从赵光义的地盘里跳出来，不再受其控制、阻碍。

赵光义微微一笑道："陛下能给我说说这么做的理由吗？"

赵匡胤道："基于国家安全考虑。假如辽军哪天突然南下偷袭，开封容易被攻破。迁都洛阳之后，可以把开封的部分资源分担过来。如果辽军攻破开封，我们还可以凭借洛阳进行反击。你怎么看？"

赵光义说："臣坚决反对！"

赵匡胤一听，赵光义这是铁了心要跟自己针锋相对，便没有再说什么。

赵匡胤让赵光义先回开封，他自己稍后再回。他想去父亲的坟墓祭奠一下。

当赵匡胤来到父亲的墓前，抱着墓碑放声痛哭："这辈子恐怕再也不能在洛阳上朝了啊！"

此时的赵匡胤内心是抑郁和失望的，原本是同胞兄弟，如今却变成了这种关系。

关于"金匮之盟"，还有一个野史说法：当时除了约定赵光义接班赵匡胤，还约定了赵光义死后，皇位传给他们的弟弟赵廷美。赵廷美死后，再传位给赵匡胤的二儿子赵德昭。

这个说法仅供大家参考，就算是真的，也没什么意义，因为按照赵光义在哥哥还活着时的表现来看，他将来是绝对不会把皇位让出去的。

或许是天意，或许是巧合，赵匡胤哭着离开洛阳，返回开封后不久，竟突然驾崩。这一年，他刚好五十岁。

⑧ 烛影斧声

正史对于赵匡胤驾崩没用过多笔墨，简简单单地记录他去世了而已。关于赵匡胤的死因，野史、民间流传的说法则非常不简单，普遍倾向于他是被赵光义谋杀的。其中，最有流传度的便是"烛影斧声"。

我们先简单聊聊赵匡胤的婚姻。

赵匡胤先后共有三位妻子，后两位得以封皇后。

第一位是贺氏，开封人士，父亲名叫贺景思，是赵匡胤的父亲赵弘殷的好朋友。两家关系不错，便结为亲家。

贺氏为赵匡胤生过四男三女。四个儿子是赵德秀、赵德昭、赵德林和赵德芳，其中赵德秀、赵德林夭折，赵德昭、赵德芳长大成人。三个女儿是昭庆公主、延庆公主和永庆公主。

贺氏在三十岁时去世，距离赵匡胤建立宋朝还差两年。此时的赵匡胤已经在周世宗柴荣手下做到了殿前都点检一职，基于政治联姻的需要，娶了将军王饶的女儿为妻。

王氏有幸见证了赵匡胤登基当皇帝，但在赵匡胤登基两年后即病逝。

赵匡胤的第三位妻子、第二任皇后是左卫上将军、忠武军节度使宋偓的女儿，比他小二十五岁。

这位宋皇后性格温柔，知书达礼，赵匡胤每次退朝归来，她都穿得漂漂亮亮的，准备好吃的迎接。她没有生孩子，拿赵匡胤仅存的两个儿子赵德昭、赵德芳当亲生儿子看待，尤其偏爱赵德芳。

宋皇后之所以有意疏远赵德昭，并不是因为与之有矛盾，而是因为赵德昭这个儿子的年龄比她还要大，在封建社会，需要避嫌。这从侧面反映出宋皇后考虑问题比较全面。

宋皇后经历了赵匡胤离奇死亡的全过程。

开宝九年（公元976年）十月十九日夜，赵匡胤召赵光义入宫饮酒。左右侍卫统统退下，只剩下兄弟二人在屋内喝酒，外面的人只能隐隐约约看到里面人的影子。

人们看到，赵光义突然中途站了起来，一边摆手，一边朝后退，好像在躲什么。赵匡胤手持柱斧戳地，能清晰地听到"嚓嚓"的斧声。赵匡胤一边砍斧子，一边对赵光义说："好为之。"

"好为之"，意思相当于"好自为之"，是赵匡胤在严厉警告赵光义。

没多久，到了第二天凌晨，众人发现赵匡胤已经驾崩。

这是赵匡胤死因的第一个说法：被赵光义谋杀。

还有第二个说法：赵匡胤去世时，赵光义并不在现场。

这个说法认为，赵匡胤意外猝死，而第一个赶到现场的是宋皇后。宋皇后还算头脑清醒，没有放声大哭，而是命令宦官王继恩赶紧出宫召唤皇子赵德芳进宫即位。

宋皇后万万没想到，王继恩早就被赵光义秘密收买了。王继恩出宫后，没有去赵德芳家，而是直奔赵光义的府邸而去。王继恩到开封府时，发现赵光义的心腹程德玄刚好在大门口，两人便一起进去面见赵光义。

王继恩见到赵光义后，开门见山地说："皇上刚刚驾崩，你赶紧入宫登基。晚了，恐怕会有变化。"

赵光义表现出一副很意外的样子，说："我先和家里人商量一下，看看是否有必要立刻入宫。"

王继恩急了，大喊道："你再犹豫，皇位就是别人的了！"

说完，王继恩拉起赵光义就走，程德玄紧随其后，冒着大雪向皇宫行去。

三个人来到宫门口，王继恩让赵光义、程德玄在外面稍等一会儿，他先进去通报。程德玄说："皇上都死了，你通报给谁？直接进！"就这样，他们闯了进去。

宋皇后看到王继恩回来了，问："德芳呢？"

王继恩回道："没见到，只知道晋王来了！"

宋皇后见赵光义竟然来了，大吃一惊，哭喊道："以后我们母子的命都交在晋王您的手上了！"

赵光义表现出一副悲痛欲绝的样子，哭着说："定与您共保富贵，不必多虑。"

就这样，赵光义做了皇帝，便是宋太宗。

关于赵匡胤的死因，还有第三种说法，是前两种说法的结合版。

说是赵匡胤与赵光义前一夜喝酒时，赵光义给他下了毒，然后回家等着，以给自己不在场证明。赵匡胤毒发身亡后，王继恩去找赵光义，这就排除了赵光义谋杀的嫌疑。

程德玄有个特点尽人皆知，那就是擅长医术，所以野史认为毒药是他提供给赵光义的。再者，赵光义登基后，程德玄没什么大功劳，却被一路提拔，是程德玄提供毒药的侧面证明。

历史真相到底是什么，没有确切资料可以说明，只能靠后人的推理和猜测了。

你倾向于哪种？

贰 宋太宗赵光义（赵炅）：不择手段的『贤君』

⑧ 阴险毒辣的二弟

赵光义前面说过，本名赵匡义，赵匡胤当皇帝后，他为避讳而改名为赵光义。他即位后第二年，又改名为赵炅。

赵弘殷一共生了五个儿子：赵匡济、赵匡胤、赵匡义、赵廷美和赵光赞。赵匡济是大哥，可惜早亡，没有看到二弟赵匡胤建立宋朝。老五赵光赞更惨，年幼夭折。所以真正走向历史舞台的只有赵匡胤、赵匡义和赵廷美三兄弟。

赵匡胤比赵匡义大十二岁，赵匡义比赵廷美大八岁。

赵匡义与赵匡胤的人生经历不同，在赵匡胤和父亲赵弘殷南征北战时，赵匡义在后周朝廷担任供奉官，负责宫内的日常行政工作。他的工作环境没那么危险，有大量的空闲时间，这让他对读书燃起了兴趣。赵弘殷打仗时，每攻占一个地方，都搜寻古书送给赵匡义，所以赵匡义年纪轻轻便博览群书，是知识分子型人才，而不是赵匡胤那种武将。

李焘的《续资治通鉴长编》里，曾经记录赵匡义单方面自述他年轻时也曾经参与过战争，还是个神箭手。通常来讲，史家对赵匡义的这些话并不认同，普遍认为他在自吹自擂。

赵匡义真正登上政治舞台是在陈桥兵变时。

赵匡胤想篡权，不能直接跟下面的将领说："列位，我想篡权当皇帝，反了周王朝。你们支持我，给我披上黄袍，等我当了皇帝，肯定厚待各位！"这样做吃相太难看。赵匡胤需要扮演一个心不甘、情不愿的被逼的角色——不是我想当皇帝，是你们胁迫我当皇帝。

所以，煽动、撺掇的事情便交给赵匡义去做，赵匡胤假装蒙在鼓里。到了陈桥兵变那天，赵匡义、赵普领着诸位主将，围住赵匡胤的住处，不容分说，直接把黄袍披在他的身上。这时候，赵匡胤还要表现出意外、委屈的样子。

赵匡胤演的是面子，赵匡义演的是里子。

宋朝建立后不久，发生了前面讲到的"金匮之盟"：杜太后逼着赵匡胤立下誓言，他死之后由赵匡义即位。

通过这件事可以看出，杜太后对二儿子很偏心。事实上，杜太后确实格外偏爱赵匡义，一个表现就是，赵匡义每次出门，杜太后都要赵普跟着他，还规定好回来的时间，到了那个时间点，必须回来报到。

用现在的话讲，赵匡义是个"妈宝男"，大事由哥哥扛着，小事有母亲护着，自己只需要静静地等着继承皇位就可以了。

当然，杜太后让赵匡义多与赵普接触，还有一个原因，那便是有意让他与赵普建立更为亲近的关系。

因为谁都知道，赵普是赵匡胤的绝对心腹，能力出众，赵匡胤能有赵普辅佐，是天赐的幸运。赵匡义将来要想坐稳江山，也需要赵普的支持，至少不能让赵普站在他的对立面。

杜太后可谓用心极深。

"金匮之盟"后没多久，赵匡义被晋升为开封府尹，顺便改名为赵光义。

开封府尹是都城的一把手，整个京城的大管家。都城地位特殊，是皇宫所在地，整个国家的权力中枢就在开封府。别看天子是最高统治者，天子毕竟在都城办公，谁控制了都城，谁就间接控制着天子的安全和朝廷运转。

赵光义坐上开封府尹的位置后，政治野心开始暴露，把与赵匡胤的手足情放在第二位，放在第一位的便是——权力。他利用开封府尹的官职，紧锣密鼓结交、拉拢、收买各个衙门口的势力，他门下的幕僚数量也与日俱增。

此时赵光义的实力有多强大呢？举例说明。有一次，负责粮食储备工作的楚昭辅没能按时按量完成工作，赵匡胤发了脾气，想要严惩他。楚昭辅很害怕，便跑到赵光义那里，希望他可以帮帮自己。

赵光义找来手下的幕僚陈从信商量。陈从信发动赵光义门下所有的人脉关系，解决了这个问题，在赵匡胤那里交了差。从此之后，楚昭辅对赵光义服服帖帖，唯其马首是瞻。

注意，赵匡胤的朝廷解决不了的粮食问题，赵光义这个开封府尹却能解决。站在赵匡胤的角度来看，这是否有点儿可怕？

赵光义私下里默默做大，有架空朝廷之势，赵匡胤、赵普都不是傻子，看在眼里，记在心中。赵匡胤意识到，有必要侧面敲打一下赵光义：你要适当收敛一下，别以为我不知道你的野心和私下里的诸多小动作。

怎么敲打赵光义呢？需要一个合适的发力点。

一天，有个青州人来到京城开封，身边带着一位十几岁的漂亮女子。赵光义瞬间心动，提出把这个女孩子买下来当宠幸的丫头，可是那个青州人死活不答应。

赵光义手下有个叫安习的幕僚，见主子不开心，主动提出愿为主子办成此事。安习最终用了多少钱、耍了什么卑劣的手段，我们不知道，我们只知道那位美女当天就被送进了赵光义的卧室……

说白了，光明正大的买卖民女行不通的时候，赵光义就让手下搞些见不得人的脏手段，强买民女。

赵匡胤一直派人盯着赵光义王府门口的进进出出，这件事很快便被汇报上来。赵匡胤当即下令追捕安习。

赵匡胤是一位成熟的政治家，做事留有余地，他并没有提赵光义的罪行，只是对着安习发力。

赵光义该如何接招？

通常来说，赵光义如果给赵匡胤面子的话，会先于赵匡胤抓住安习，将其五花大绑送交朝廷审判。这是一种让步，也是调和兄弟俩矛盾的做法。然而，赵光义选择将安习隐藏起来，隐藏的地点不是别处，正是他的晋王府。

这摆明了是不服，决不低头。

赵匡胤知道后，依然给赵光义面子，没有派人强闯晋王府抓人，但是长年派人不停追捕安习，以警告赵光义：在这件事上我给面子，但不代表可以轻易翻篇！

值得一提的是，赵匡胤驾崩之前，搜捕安习的工作一直没叫停，而赵光义登基之后，安习被免罪，光明正大地从晋王府走了出来。

"安习买女"事件是赵家两兄弟权力斗争的直接反映。

比较一下赵匡胤、赵光义两人的性格，赵匡胤更大度、阳光，赵光义则更加阴狠。以"杯酒释兵权"为例，这是历史上极少有的开朝太祖以和平方式解决开国功勋权力过大问题的做法，乃是一段佳话。赵匡胤对待自己人，首选和平解决问题。反观赵光义，为达目的，在暗处操作且从不拒绝杀人。

有一件事能充分体现赵光义的性格。

赵光义登基后不久，在开封发生了这么一件事：有一个乞丐，敲开一个大户人家的门行乞，可是这家人比较抠门，不想给乞丐太多东西，想把他轰走。

乞丐被激怒了，光脚的不怕穿鞋的，他站在大户人家门口破口大骂，引来无数群众围观。大户人家哪受过这种侮辱，主人顾不得太多，众目睽睽之下，竟然在自家大门口与乞丐对骂，好不热闹。

双方骂战正酣，人群中突然蹿出一个蒙面神秘人，径自走上前去，掏出匕首，对着乞丐的胸口扎了下去，而后一个跨步混入人群，不见踪影。

只见那乞丐胸口喷血,大户人家的主人满脸鲜血,吓得大喊起来,围观群众吓得如鸟兽散。

当天下午,赵光义下令严查凶手。

那个神秘凶手早就不知道去哪里了,地方官十分为难。为了早日结案以保住自己的乌纱帽,地方官竟然把那个大户人家的主人抓了起来,屈打成招,逼他写下供书,"承认"是自己杀死了乞丐。

此案就这样快速"告破"。

地方官拿着所有资料,前来向赵光义汇报并领功。

赵光义认真读完那份所谓的认罪书,不动声色地问地方官:"你认真查了?不会弄错凶手?"

地方官信誓旦旦道:"绝无出错的可能。凶手正是大户人家的主人,因为被乞丐辱骂,恼羞成怒,用自己家的匕首将乞丐扎死。"

赵光义听后大声笑了起来,说:"把凶器拿过来,让我看看。"

地方官呈上那支扎死乞丐的血迹斑斑的匕首。

赵光义说:"朕给你看个东西。"

他对身边的小宦官使了个眼色,那小宦官立马拿来一只刀鞘。

在地方官的注视下,赵光义把匕首慢慢插入刀鞘,刀把的造型、花纹与刀鞘完全一致,它俩竟然是一套的!

地方官心想:"这匕首的主人竟然是你!那么,那天蒙面杀人的凶手也就是……"

地方官双腿一软,跪在地上,不敢说话,只等着赵光义重罚自己。

赵光义怒骂道:"就你这种办案的态度,不知道还有多少冤案!"

就这样,赵光义揪出一个工作不负责的黑官僚。

可是,这件事如果往回捋一捋,不难推测,乞丐是赵光义故意怂恿过去吵架的,而杀人的也是赵光义安排的杀手。

赵光义故意以乞丐的性命为鱼饵,测试地方官的办案态度,手段十分阴狠，同时，反映出赵光义根本不把底层民众的性命当回事儿，随时随地拿来牺牲，毫无负罪感。

假如当年"杯酒释兵权"的时候，坐在皇帝位置上的是赵光义，那几位开国元勋的下场就未必会那么乐观了。

平定南方

宋太祖赵匡胤临终时，心中有两个遗憾，一是两次北伐都以失败告终，二是还没有吞并南方的两个小政权吴越、漳泉。

赵光义即位后，给自己改名为赵炅。赵炅决定沿袭哥哥"先南后北"的战略方针，先吞并吴越、漳泉。

前面说过，吴越国主名叫钱俶，漳泉国主名叫陈洪进。这两人有一点让宋朝朝廷满意，那便是宋朝朝廷让他俩去面圣时，他俩毫不犹豫地离开大本营，亲临开封。南唐的李煜就不敢这样。

这次，又到了两位前去面圣的日子。来到京城开封之后，陈洪进从个人安全的角度出发，主动向宋朝朝廷献出漳、泉两个州共计十四县的土地与人口。

赵炅很开心，这本就是他想做的事，没想到陈洪进竟然主动送上门来。赵炅当即下令封陈洪进为武宁节度使、同平章事，赐第京师，既给陈洪进封了官，还在都城给他安了家。

同在开封的吴越王钱俶听说陈洪进投降了，自己无论如何也要做点姿态出来，便马上向赵炅提出撤销他吴越国国王的身份，交出兵权，希望赵炅答应他解甲归田。

赵炅听完钱俶的话，当即将其请求驳回。

为什么赵炅对陈洪进持欢迎态度，对钱俶却要驳回呢？

注意细看二者的不同：陈洪进献上了境内全部土地，而钱俶仅仅俯首称臣，只字不提献地的事。

俯首称臣是表面文章，是虚的，献地才是实实在在的。

钱俶身边有一个叫崔仁冀的谋臣，建议道："朝廷虽然没有明着说，但是明眼人都能看出来，赵炅盯上咱们的国土了。"

钱俶说："凭什么他要我就给？我要是偏不给呢？"

崔仁冀道："过去陈洪进和我们都不给，赵炅不会单独只恨我们。现在陈洪进献上土地，我们再挺着，必死无疑。我们有什么资本可以与之抗衡呢？"

钱俶无奈，只好献出境内十三州八十六县的全部国土及百姓。赵炅欣然接纳，撤销吴越国号，封钱俶为淮海国王。

就这样，吴越、漳泉皆在宋太宗赵炅任内平定。此后，赵炅便将精力集中在了北伐上。

首次北伐

前文讲到，宋太祖赵匡胤两次北伐皆以失败告终。

这北汉政权，主要势力范围在现在的山西境内。北方是契丹族建立的辽国，南方则是宋朝，北汉夹在中间，腹背受敌。北汉要想稳定，必须拉拢一方为自己提供保障，对抗另一方。

赵匡胤北伐时，北汉选择向辽国寻求帮助，联合抵抗宋军。

前文讲到，北汉丞相郭无为发动政变，借助宋朝间谍之手杀掉了皇帝刘继恩，而后拥立刘继元即位。外加北汉名将刘继业的军事指挥能力十分强大，硬生生把赵匡胤亲率的宋军打了回去，成为赵匡胤脑海中挥之不去的噩梦。

现在赵炅新君登基，关于他采取暗杀手段即位的传闻纷纷扬扬，他急需一场军功来给自己正名，平息舆论。就这样，北伐提上了大宋日程。

赵炅刚把北伐的想法在朝堂上讲出来，主战方与反战方立刻展开了激烈的论战。

反战方主要来自文官集团，主战方主要来自武官集团。文官集团推出一个代表，名叫薛居正，明确反对北伐；武将集团的代表曹彬则据理力争，坚决支持北伐，还论证出一个结论——现在北伐比赵匡胤时期北伐胜算更高。

最终，赵炅采纳了武官集团的建议，坚决北伐。

这里有一个问题：为什么文官集团反对北伐呢？

很简单，基于利益。

古往今来，历朝历代有一个共同点，那便是国家进入相对和平时期以后，文官集团施展的舞台会变大，获得的机会、资源会更多，话语权也更重，而武官集团这时候就要吃冷饭。反之，在战争年代，武官集团容易建功立业，封侯晋爵，文官集团则难有施展的舞台。所以到了宋朝第二代皇帝赵炅的时候，文官集团是不想对外发动战争的，这背后涉及对个人利益、话语权、政治地位降低的考虑。

赵炅任命名将潘美为北路都招讨使，兵分四路，直接开到晋阳城下。为防止辽国南下偷袭，赵炅加派郭进率领一支军队，驻扎在辽军南下的必经之路石岭关（今山西忻州关城村北），以防不备。

北汉国主刘继元一觉醒来，发现宋朝大军已经将晋阳城围了个水泄不通。

刘继元又气又无奈："能让人喘口气吗？怎么又来？"他立刻派人悄

悄溜出城外，向辽国求救。

辽国不想为了北汉大动干戈，毕竟伤人、伤财、消耗国力。这一次辽国没有出兵，而是派了一个使者出访宋朝，当面问赵炅："为什么又攻打北汉？有商量的余地吗？"

赵炅没有给辽国使者面子，拒绝调和。

辽国使者前脚刚走，赵炅对大臣们说："辽国被拒，势必会引兵南下营救晋阳。一场恶战在所难免，朕要御驾亲征！"他带上了弟弟赵廷美随军出征。

赵炅来到晋阳城外，下令在城外修建一堵城墙，阻断一切生活物资的输入，试图将城里人活活饿死。

这时候，辽国使者已经回去汇报了赵炅的强硬立场。辽国不得不战，便任命丞相耶律沙亲自带兵南下。

辽国本以为这次会与上次一样，只要来了，就会把宋军打跑。岂不知，这一次宋军早就在辽军必经之路石岭关设下埋伏。结果，辽军在石岭关南的白马岭受到重创，大败而归。

晋阳城里的刘继元左等右等，等不来辽军的影子，眼见着城里的食物越来越少，便想投降。可是刘继业不同意投降，希望国主刘继元继续坚持，不可卖国求荣。

在刘继业的努力下，双方又僵持了一个月。这时候，北汉内部开始出现叛徒，很多高层军官、一线士兵偷偷爬出城墙，投奔宋军。

赵炅也对刘继元下了最后通牒："钱俶、陈洪进投降之后，和家人都被封官，得享荣华富贵。你只要投降，朕必保你荣华富贵，决不秋后算账。是享受富贵，还是当阶下囚，你自己选吧！"

刘继元最终决定投降。刘继业发现大势已去，一边哭，一边跟着刘继元去拜见赵炅。

赵炅对刘继业的兴趣远远高于对刘继元的兴趣，要知道，这可是当年击败哥哥赵匡胤的一代名将。他当即让刘继业恢复了原姓杨,改名为业,封他为右领军卫大将军。

公元979年,北汉亡国,其统辖的十二个州全部纳入宋朝,历史上的"五代十国"割据局面正式画上了句号。

消灭北汉之后,潘美准备打道回府,赵炅却把他拦了下来。

赵炅说:"以朕看来,这仗也不是多难打嘛!不如趁此机会继续北上,直接把辽国灭了。"

潘美说:"陛下,我军经过这么长时间的战争,已经疲惫至极,眼下的当务之急是回去休整。如果继续北上,很难对抗辽军主力。"

赵炅说:"即使无法消灭辽国,至少可以夺回被他们抢走的幽云十六州嘛!"

潘美无奈,只能顺从头脑发热的赵炅,传令全军继续北上讨伐辽国。

幽云十六州,又名燕云十六州,指北方以当时的幽州(今北京)和云州(今山西大同)为中心的十六个州,整体范围相当于现在的北京、天津,以及河北北部、山西北部的大面积地区。

幽云十六州本来是汉族居民的地盘,后晋皇帝石敬瑭造反,以求自立,干了一件丧权辱国的事:竟然主动认辽国太宗皇帝为爹,甘愿给他当儿子,以换取辽国的支持。

辽太宗对石敬瑭说:"我的儿啊,当爹的可以帮你,但是你也得拿出点诚意吧?"

于是乎,石敬瑭拿出了大手笔,把幽云十六州割让给了辽国。自那之后的若干朝代,都没能把幽云十六州完全收复。

宋朝政权一直被辽国威胁,很大程度上就是因为辽国凭借幽云十六州的地理优势,虎视眈眈于南方,就像赵匡胤当初说的,自己的卧榻旁边睡着敌人。

直到明朝朱元璋北伐元朝,攻占元大都,才算是把幽云十六州重新收回到汉族政权手中,距幽云十六州被割让给辽国已隔了四百多年。

话说,赵匡胤当政时,武力夺取幽云十六州的难度很大,便想采取第二方案:出钱赎买。可惜他英年早逝且死得不明不白,赎买幽云十六州的事情便搁置下来。

赵炅攻下北汉之后,头脑发热,想乘势北伐,一举拿下幽云十六州,这样便可立下绝世奇功,其威望将超越哥哥赵匡胤,皇位也就坐稳了。

那么,等待赵炅的是什么呢?

宋军到达的第一站是易州(今河北易县),驻守易州的是辽国刺史刘宇。

刘宇是汉族人,虽然是辽国任命的官员,但一心向汉,看到宋朝大军到来,发自内心地开心,直接打开城门,迎接赵炅入城。

赵炅留下一千士兵驻守易州,向下一站涿州(今河北涿州)进发。

幸运的是,驻守涿州的也是汉人官员,名叫刘厚德,看到宋朝大军来到,也赶紧打开城门迎接。就这样,赵炅又轻轻松松拿下第二州。

此时赵炅更加头脑发热,心想,这幽云十六州收复起来和白捡一样简单嘛!那就继续北上,争取全部捡回来!

赵炅又带着大军直奔幽州(今北京)城而去,驻守在那里的是辽国将军耶律学古。

话说辽军在营救晋阳时吃了败仗,对宋军重视起来,眼见宋军开往幽州,不敢怠慢,提前调来军队增防幽州。而宋军一路北上,兵马疲惫,对于实力远远强过晋阳的幽州,迟迟无法攻下。

辽国又派出名叫耶律休哥的将军,带领一支军队企图侧面攻击宋军。

宋军也不是吃素的,提前探到这一消息,立马放弃幽州,转而正面迎击耶律休哥。双方在高梁河(今北京西直门地区)遭遇,大战一触即发。

宋军选择在河边按兵不动,辽兵凶猛,直接过河杀了过来。双方陷入激烈的厮杀,伤亡都很惨重。僵持了一段时间,辽军渐渐招架不住,宋军略有优势，赵炅立刻下令全军正面推进，争取将敌人消灭在河边。

岂不知，这正是辽军有意为之。就在宋军把注意力放在前方的敌人身上时，左右两侧突然各出现一支辽军。率领左侧辽军的是辽国将军耶律斜轸，率领右侧辽军的是耶律休哥。两支军队对宋军形成夹击偷袭之势，宋军瞬间崩溃。

耶律休哥彪悍异常，手持利刃，直奔赵炅而来！赵炅的大腿连中两箭，仓皇失措，赶紧逃跑。

宋军死伤万余人，溃不成军。赵炅与众将走散，近臣见形势危急，慌忙之中找了一辆驴车请他乘坐，急速南逃。赵炅后悔极了，当初就应该听潘美的建议班师回朝。

他回朝之后，第一时间下诏命令边境州县不得出关，不要主动招惹辽国。宋辽两国进入短暂的休战期。

高粱河战役给赵炅留下了严重的心理创伤，使他从激进的主战派变成了胆小的主和派，为宋朝在面对外敌侵略时变得越来越懦弱开了个坏头。客观地说，赵炅的胆略终究是不及赵匡胤的。

⑧ 二次北伐

七年之后，雍熙三年（公元986年），岳州刺史贺怀浦与儿子贺令图联名上书赵炅："近日得到情报，契丹国主年幼，国事由他母亲萧太后代为执政。辅政大臣韩德让与萧太后有染，朝廷混乱。请陛下趁此良机再度北伐。"

赵炅看完情报，立刻召集群臣开会，商议是否启动第二次御驾亲征。

此时的赵炅是矛盾的：一方面，他作为天子，需要挽回面子，总是逃避辽国不利于保持皇威；另一方面，他是真害怕。

参知政事李至看穿了赵炅的心思，上奏折道："京师开封是天下的根本，陛下怎么能轻易离开呢？陛下驻守开封，命大将出征，更加突显天子的从容与自信。"

赵炅把李至的奏折给每位大臣传阅一遍之后，表示很有道理，此次不再御驾亲征，由将军们自行带兵北上。

这一回，赵炅拿出精兵三十万，兵分三路：一路军由曹彬、米信率领，从雄州（今河北雄县）出发；二路军由田重进率领，从飞狐口（今河北涞源）出发；三路军由潘美、杨业率领，从雁门关（今山西忻州代县雁门关）出发。

几位大将临行前，赵炅问他们："各位将军可曾总结当年高梁河战役失败的教训？"

众人不说话，等赵炅开示。

赵炅道："高梁河战役中，我们犯了孤军深入的错误，导致左右两翼被敌军偷袭，进而全军崩溃。这一次，我们要讲点战术。一路军先高调行军，假装攻打幽州，敌人必然派兵前来支援。二路军见机行事，直接夺取敌人防守空虚的大后方。三军最后合击幽州。这就叫声东击西。"

三军将领领命出发。

前期还是非常顺利的，三路军队各自接连小胜，攻下大小城池若干。辽国不敢怠慢，再次派出耶律休哥驻守幽州，以抵挡曹彬，派耶律斜轸率兵抵挡潘美。萧太后与儿子——辽圣宗耶律隆绪也亲自出动，带军驻扎在驼罗口（今河北涿州东北）。

曹彬带着十万大军，耶律休哥的军队人数远在曹彬之下，他不敢出城迎敌，只能坚守不出，企图将曹彬军的粮草消耗干净，令其不战而退。

十几天之后，曹彬军果然粮草匮乏，只好退守雄州。

另一边，潘美、田重进率领的二路军正在有序推进。这时，萧太后率领的主力大军已逼近涿州，耶律休哥马上与之会师，合力攻打曹彬军。

按照宋军临出发前赵炅的战略部署，曹彬军的任务是引诱敌人，他们没想到萧太后会亲自带着主力部队快速赶到，死死盯着曹彬军不放。

就这样，曹彬军吃了败仗，丢盔弃甲，很是难堪。

潘美、杨业率领的另一支军队也很难受，他们遭遇了耶律斜轸带领的辽军，被辽军杀败，退到代州（今山西代县）暂时休息。

在代州，潘美、杨业就下一步如何行动的问题展开了争论。杨业认为，此次北伐，大家低估了辽兵的战斗力，眼下辽军连战连胜，势头正猛，不应该再与之缠斗，而应保护当地的老百姓安全撤退，只要老百姓在，将来就不怕没有反击的机会。

潘美的监军王侁代表潘美站出来，对杨业进行人身攻击："你就是贪生怕死！而且你是从北汉投降过来的，和我大宋朝不是一条心！"

杨业怒道："胡说八道，血口喷人！"

王侁说："你要证明你的忠诚，那就亲自带兵痛击辽兵主力，让我们看看。"

潘美是赵匡胤时代的名将，属于嫡系，而杨业是从北汉归顺过来的，与潘美天然不是一派。杨业偏偏战斗力极强，连续两次击败赵匡胤，还亲自救过赵炅的命，风头无两，这让以潘美为代表的宋朝嫡系醋意大发。

杨业被激怒了，带兵离开代州，迎战辽兵。杨业临行前，提出一个小小的要求："我去和辽兵拼命，没问题，但是你们要在后面做个接应，一旦辽兵主力打过来，我们只有合力反击，才能取胜。"

潘美当即答应了杨业。

杨业此去无异于以卵击石，但是为了证明自己的忠心，他只好硬着头皮上了。果不其然，辽兵主力很快杀到，双方人数悬殊，杨业被辽兵团团包围。

按照约定，潘美应该快速增援杨业，结果他竟然带兵先撤退了，阴了杨业一把。

杨业父子率领残兵与辽兵死战，迟迟不见潘美的援兵，只好让儿子杨延昭（本名杨延朗）杀出一条血路，前去找潘美搬救兵。可是潘美早就跑得没了人影，杨延昭也就不可能搬来救兵。

最终，杨业军全军覆没，杨业身负几十处重伤，被俘。

辽军想要争取杨业投靠辽国，但杨业始终记着王侁污蔑自己的话，不惜以生命证明自己的忠诚，绝食三日后，带着忧愤离开了人间。

读到这里，是不是觉得很气愤？

不怕敌人强大，就怕自己人拖后腿。宋朝中后期软弱，一方面有皇帝性格的因素，另一方面则是因为内部不团结，总是出叛徒和"猪队友"。

其实宋朝不缺能征善战的名将，但这些名将往往不是死于敌人的屠刀，就是死于自己人的背刺。

评书《杨家将》直接把潘美塑造成了大奸臣，反映出老百姓对杨业一家的同情，对潘美的鄙视。

赵炅十分欣赏杨业的能力，得知杨业牺牲的前因后果之后，对其家人给予隆重的奖赏，同时对潘美连降三级，将王侁免职后流放。

曹彬、米信首战大败，损失严重，被予以降职处分。

赵炅的第二次北伐以惨败收场，尽管在刚开始的时候，他是那么志在必得。

这次北伐失败，赵炅负有不可推卸的责任，那便是：瞎指挥。赵炅与哥哥赵匡胤不同，赵匡胤一直是南征北战的经验派，是真懂军事的行家里手，而赵炅更像是一个文人，从来没有指挥重大战役的经验，却偏要对几个将军发号施令，指挥排兵布阵。假如这次北伐时，赵炅不干预具体战略，由几位有经验的将军自行定夺、随机应变，未必会败得这么惨。

赵炅本想秀一下肌肉，向满朝文武证明自己并不比哥哥差，却反而暴露了他在军事上外强中干。

二次北伐之后，朝廷的主和派有了话语权，纷纷站出来，建议赵炅放低姿态，与辽国搞好关系，没必要为了收复国土大动干戈。主战派则强烈抨击主和派，认为不能被一两次失败吓倒，应该在休养生息之后，寻找机会继续北伐。

赵炅要起了滑头，每次主和派发表观点，他都表现出一副冷漠不屑的样子，每次主战派发表观点，他都大加赞赏，但是私下里，他却只字不提北伐。再后来，赵炅公开表示自己不要做一个穷兵黩武的坏皇帝，因为这会劳民伤财。皇帝把不打仗上升到极高的道德高度，从此之后，也就没人再提北伐的事了。

赵炅下令北方的所有军事重镇大门紧闭，任凭辽军挑衅，坚决不应战。假如辽兵挑衅得十分严重，就假装出兵应付一下，但是不允许士兵真的与他们展开大战。

时间一久，军队里能征善战的将士们普遍寒了心，混日子的那些人领着军饷，得过且过，过上了幸福生活。

赵匡胤一手培养起来的军队的血性，被赵炅彻底摧毁。

逼死德昭

前文讲到，高粱河战役中赵炅曾经腿部连中两箭，差点丢了性命。就在赵炅失联的时间里，将士们拼命搜寻他，但没有结果。本着"国不可一日无君"的原则，大家商量，倘若找不到赵炅，那就拥立赵炅的侄子、赵匡胤的儿子赵德昭为新皇帝。

后来赵炅被近臣用驴车救回，继续做皇帝。他听说自己与将士们失散时，竟然差点丢了皇位，十分生气。赵炅是敏感、阴狠之人，他好不容易从赵匡胤那里夺取了皇位，现在赵德昭有可能把皇位抢回去，他是绝对不允许的，他对这位侄子动了杀心。

从北方前线逃回京城的路上，赵炅构思好了分步解决赵德昭的计划。

回朝之后，按照常规，第一件事情是由赵炅主持，文武百官参与，总结此次北伐的得与失，对立下战功的人予以封赏，对犯了错误的人批评或责罚。让大家感到奇怪的是，赵炅回到都城开封之后，一切照旧，就像没有发生过北伐一样。一时间，朝堂上下陷入困惑，议论纷纷，不理解皇帝的葫芦里卖的是什么药。

这次北伐的参与者中，除了皇帝赵炅之外，级别最高的便是赵德昭了，他便责无旁贷地代表大臣们去找赵炅，询问还要不要开总结会。

看到赵德昭来找自己，赵炅偷偷笑了，心想："你终于来了，朕都盼了多少天了。"

赵炅拉下脸来，异常严肃地问："什么事啊？"

赵德昭说："禀陛下，圣驾回朝有一段日子了，现在满朝文武都想知道，什么时候开个总结会，对有功的将士进行封赏？"

岂料，赵德昭话音刚落，赵炅怒道："打了败仗，还有脸要赏赐？"

赵德昭赶紧解释说："此次北伐虽然在辽国那里吃了亏，可咱们还平定了北汉，不能说是彻底失败。平定北汉的将士们值得嘉奖。"

赵德昭这话是有道理的，可他没想到，赵炅听完拍着桌子大吼起来："是你当皇帝还是朕当皇帝？要不朕这皇帝的位子由你来坐？到时候你爱给谁赏赐就给谁赏赐！"

赵德昭赶紧跪下，哭着说："陛下，臣哪敢有这想法？"

赵炅继续斥责："有没有，你心里有数！"

赵德昭挨了一顿叱骂，抹着眼泪离开皇宫。

赵炅这么做，是为了污蔑赵德昭有篡位野心，对其进行精神打压。用现在的网络热词来讲，就是对赵德昭进行"PUA"。

赵德昭回到家里，越想越难过。他突然无比思念已经过世的父皇赵匡胤，假如父亲还活着，他赵炅哪敢这样对自己？悲愤之下，他自刎而死。

消息第一时间传给了赵炅，他连忙赶到现场。看到赵德昭的尸体躺在地上，他演技爆表，马上冲了过去，抱起尸体放声痛哭："傻孩子啊，你走了，让朕可怎么活啊？！朕让你回家好好想想，你怎么就这么想不开呢？傻孩子啊！呜呜呜……"

赵炅下令厚葬赵德昭，追封为魏王。就这样，赵炅兵不血刃，铲除掉一个威胁自己皇权的人。

陷害廷美

赵德昭有一个弟弟赵德芳。赵德昭被逼自杀后不久，赵德芳也突然去世，年仅二十三岁。赵德芳的死是很蹊跷的，一向身体健康的他却是突然病逝。

后人认为赵德芳的死与赵炅有关，但没有证据。在后来的戏曲及民间故事《杨家将》《三侠五义》中，赵德芳被延长了寿命，变成了英明神武的八贤王，手持金锏，上可以打昏君，下可以打奸臣，这从侧面反映了老百姓对赵德芳英年早逝的不甘和对其死因的质疑。

还有一个重要人物也被赵炅视为威胁，此人就是赵匡胤、赵炅的弟弟赵廷美。

在皇位继承这个问题上，赵炅陷入了悖论：

一则，假如赵炅公开承认自己是篡权上位的，那么他将来就可以把皇位传给自己的儿子——反正我是坏人，那我就一坏到底，懒得关心别人怎么评价我。

二则，偏偏赵炅要面子，说他的皇位是赵匡胤让给他的，赵匡胤是自然死亡，那他就不能把皇位传给自己的儿子了，而应该传给赵廷美。

怎么办呢？处心积虑的赵炅又下起了大棋。

赵炅即位之后，封赵廷美为齐王（后改封秦王），任命他为开封府尹，位在丞相之上，并对赵廷美的儿子一样称皇子，对他的女儿一样称公主。朝廷上下都很佩服赵炅，觉得他胸怀广阔，很有人情味。

大家还记得当年赵匡胤也封赵炅为开封府尹吗？这等于官宣了他皇位继承人的身份，为他招兵买马、培养势力奠定了坚实的基础。现在赵廷美当上了开封府尹，自然而然地，朝堂上下默认赵炅将来会传位给赵廷美。

直到赵德昭被逼自杀，赵德芳稀里糊涂地病逝，赵廷美才意识到赵炅绝对不会传位给自己，甚至已经对自己和家人动了杀心。

赵炅并不敢轻举妄动。赵匡胤留下的老臣，本就对赵炅杀害赵匡胤敢怒不敢言，现在他如果再对这最后一个弟弟下毒手，这批老臣肯定不答应，搞不好，会出现政变。赵炅需要想一个办法，既能杀掉赵廷美，又镇得住赵匡胤留下的前朝老臣。

他把目光锁定在了一个特殊的人身上，那便是前朝第一权臣赵普。

赵普祖籍幽州蓟县（今北京），祖父赵全宝在唐朝担任澶州司马（今河南濮阳），父亲赵迥带领全家迁居到洛阳。

赵普从小接受教育，但并不出众，没能考取功名，无法走科考当官这条路。为了混口饭吃，他辗转来到滁州（今安徽滁州），给蒙童当老师。

他本以为自己这辈子也就这样了，谁承想，有一天，他教书的私塾里走进来一位外地人，俩人聊起来十分投机，竟然还都姓赵！

这位比赵普小五岁的年轻人便是赵匡胤。此时赵匡胤和父亲赵弘殷随军驻扎在滁州，而赵弘殷正在养病。赵普像对待亲爹一样侍奉赵弘殷，端茶煎药，拿赵匡胤不当外人，两人像亲兄弟一样亲密。时间久了，赵匡胤有什么拿不准的事情都会讲给赵普听，而赵普总能提出很好的建议，帮赵匡胤解决难题。

赵匡胤立下的战功越来越大，官位晋升得越来越高，赵普一直作为贴心幕僚，追随其左右。

后来的陈桥兵变中，有两个人对赵匡胤的帮助最大，分别是亲弟弟赵光义和比亲弟弟还亲的赵普。二人在煽动武将支持赵匡胤当皇帝一事上起到了至关重要的作用，是整个事件的领导者和组织者。

再后来，在赵匡胤平定李筠集团和李重进集团的过程中，赵普设计了基本的战略战术，赵匡胤全部采纳并大获全胜。

建立宋朝之后，为削弱手握重兵的开国功勋的势力，赵普又策划了"杯酒释兵权"，再次帮助赵匡胤达到目的，在没有发生流血事件的情况下，完成了对各军头军权的剥夺，加强了中央集权。

刚建立宋朝时，为了政局稳定，赵匡胤继续封前朝旧臣范质、王溥、魏仁浦为丞相。等到政局稳定下来以后，没有顾忌的赵匡胤变脸，将这三位丞相罢免，拜赵普为相。

自此赵普一人之下、万人之上，掌握了大宋真正的实权。

赵普当上丞相之后迅速腐化，开始给自己的家族捞钱。

当时官府明文禁止私人贩卖陕西、甘肃的木料，而赵普凭借自己的地位与权力，悄悄派人到陕西、甘肃的市场购买木料，做成巨大的木筏，运到京城之后再拆开，卖给当地有钱人盖房子。

这是垄断加走私，有钱人要想建造好房子，只能通过赵普一家购买昂贵的木料，赵普家族赚得盆满钵满。

时间久了，有人看不惯，便给赵匡胤写秘密举报信，说当朝丞相竟然带头走私建筑材料，还在都城搞房地产。赵匡胤听完震怒，但也只局限于震怒，对赵普没做任何处罚。

赵匡胤知道他需要赵普的支持，而赵普赚的是有钱的大地主、大官僚的钱，并没有直接损害朝廷的利益，故而赵匡胤也就放任赵普继续走私。赵普也就在贪腐的道路上渐行渐远。

作为丞相，有批地皮的权力。赵普把自己家地段不好的空闲地改成皇家用地，而把朝廷好地段的地皮通过更改用地属性，变成了自己家的私人土地。朝廷的土地面积看上去没有变化，但是好地皮都被赵普划拉到了自己名下。

赵普搞到这些繁华地段的好地皮之后干什么呢？

答案：盖大楼，而后经营客店。

与此同时，赵普还庇护了一众贪官。很多被举报受贿的官员，材料到了赵普这里都被他拦下，予以保护。这些被保护的官员便效忠于赵普。

赵匡胤对赵普的所作所为看在心中，当朝丞相带头走私、搞房地产、经营豪华客店、庇护大量贪官污吏，再这么搞下去，是要出大事的，他便让参知政事分担赵普的权力，对他既是敲打，又是限制。

赵匡胤是绝对不会将赵普罢相的，因为此时他与弟弟赵光义几乎已经因为皇权问题撕破了脸，他需要以赵普为首的老臣派的支持，与赵光义的开封派进行斗争。

赵普没有让赵匡胤失望，在对抗、制约赵光义时尽心尽力，两边斗得热火朝天。

但随着与弟弟赵光义在皇权问题上的矛盾日趋激烈，赵匡胤作为一国之君，担心矛盾激化会引发政变，而且赵光义羽翼丰满已成既定事实，想要扳倒他不是轻而易举的事，赵匡胤便决定做出一点让步，以缓和双方的矛盾。他拿出原先搜集到的赵普贪腐的证据，罢免了他的丞相之位，调出京师，任河阳三城节度使。

把与赵光义斗争的急先锋调出京城，是在向赵炅适当示弱，告诉对方,我不会把你逼到狗急跳墙,也请你收敛,不要鱼死网破。

这件事发生在开宝六年(公元973年),直到开宝九年(公元976年)赵匡胤去世,赵普都没能回到京城。

赵炅登基后的第二年春天,赵普突然得到诏令:回京办公,但不恢复丞相职位。据此可知,赵炅刚即位就有了一个计划,而计划中一枚重要的棋子便是赵普。赵炅把这枚棋子放在身边观察他的立场,也暗示他下一步要做出正确的选择。此时,赵炅与赵普在政治上处于"眉来眼去"的状态。

那么,赵炅为何要重新起用曾经反对自己的前朝老臣呢?

答案是:借刀杀人,铲除弟弟赵廷美,以绝夺权之患。

前面讲过,赵炅如果不传位给赵廷美,就会显得不仁义,传位给赵廷美又不是他内心所想。鉴于此,赵炅唯一可做的就是把赵廷美扳倒。而要扳倒赵廷美,势必引起前朝老臣的激烈反应,如果把前朝老臣的党魁赵普拉拢过来,这些老臣便有所忌惮,即使有要闹事的,也掀不起大浪。

赵普是何等聪明之人,他得知被诏令回京的那一刻,便猜到了赵炅的心思。他给赵炅写了一封信,大意是:"外人说我妄自议论皇弟赵廷美,可事实上,我和他没有任何矛盾!况且当年皇太后临终时,我亲自接受遗命。陛下最了解我,请陛下明鉴。"

这封信如同一根钢针,直接插向赵炅内心最敏感的地方。他看完信,赶紧封存起来。

赵普回到京城之后,时时刻刻观察着朝廷的政治风向。眼看着支持赵廷美的声音越来越大,而他猜到赵炅是绝对不会心甘情愿让赵廷美即位的,他再次拿起笔,给赵炅写了第二封信。

信中写道:"陛下登基之前,总有人说我针对陛下,这纯属诬陷,请陛下明辨。关于老太后临终遗言的问题,我是除了太祖、陛下之外唯一在场的人,绝对没有其他人听到老太后说的即位问题。"

赵普的这封信给赵炅打了一剂强心针！

赵普先说他曾经反对赵炅的事，将其描述为误会，暗藏的意思是：我现在不反对你了，想要支持你，过去的事儿不提了，你接受我的投诚吗？

赵炅早就盼着赵普主动投诚呢，当然接受。

赵普谈到的第二点也是非常有力度的，有些老臣不是总拿老太后的遗言说事儿吗？我赵普亲自证明，听过老太后遗言的只有三个人：赵匡胤、赵炅和我赵普。现在赵匡胤已经死了，只剩下赵炅和我两人，老太后到底怎么说的，只取决于赵炅和我的说法。

赵普这一下就把传位的舆论权从前朝老臣手中抢了过来。赵炅开心至极！二人完成了政治上的勾结。

赵普叛变让赵匡胤一手带起来的前朝老臣哗然，大家万万没想到，当年赵匡胤最器重的赵普反而第一个倒转枪头。

赵普是为个人的权力、地位、利益随时随地左右横跳的那类人的代表。这类人只讲究实用，怎么合适怎么来，至于对错、道德、恩情等，统统抛之脑后。

没多久，赵炅恢复了赵普的丞相之位，位次在秦王赵廷美之上。

赵普坐稳丞相位后不久，便有举报信呈了上来，内容是大臣卢多逊秘密勾结秦王赵廷美，阴谋造反。赵炅下令予以追查，果然查到二人有互送礼物结交的行为。

按常理讲，互赠礼物最多算行贿受贿，和谋反没有关系。但赵炅只要查到一丁点问题便会揪着不放，无限放大，以坐实赵廷美谋反的罪名。他下令将卢多逊及支持赵廷美的一众大臣全部抓了起来审问。

赵炅召集文武百官开了一次严肃的大会，让大家对这件事表态。现场有七十四名高官指责赵廷美和卢多逊大逆不道，应判死刑。

赵炅一看群臣表了态，心里便有了底，当即下令将赵廷美府内的低级官吏斩首，没收赵廷美在京城的宅院，免去赵廷美儿子"皇子"、女儿

"公主"的称号，改称"皇侄"，将卢多逊罢官后流放到崖州（今海南）的小岛上，了其残生。

事情发展到这里，赵廷美彻底失去了继位的机会，但是赵普做贼心虚，害怕赵廷美会翻盘，便让开封知府李符继续上书，污蔑赵廷美不但不思悔过，反而对圣上的恨意与日俱增，建议朝廷把他流放到外地，以防政变。

赵炅看完上书，立刻懂了赵普的意思：赶尽杀绝，斩草除根。他当即下令降赵廷美为涪陵县公，流放到房州（今湖北十堰）软禁。

赵廷美到房州之后，每天处于严密监督之下，毫无人身自由。巨大的心理落差让他备感绝望，不到两年，便郁郁寡欢而亡。

赵廷美去世的消息传到都城，赵炅又一次演技爆表，当着文武百官的面放声痛哭："廷美弟自幼刚愎自用，长大后性情残暴。朕念他是手足，不忍依法审判他，只能宠爱、放纵他，让他去房州好好反思，养好身体，将来回来即位，当一位宋朝的好皇帝，怎么说死就死了呢？这让朕如何跟老太后、太祖交代啊？呜呜……"

现场的文武百官纷纷跟着痛哭起来，气氛十分"感人"。

安排后事

赵廷美死后，赵炅歹毒的一面展现得更加明显。他找来大臣李昉等人说道："朕其实有个秘密在心里藏了很久了，今天告诉大家吧！"

大家的好奇心瞬间被调动起来。

赵炅说："其实，赵廷美不是朕的亲弟弟。"

众人哗然！这事儿可不能开玩笑。

赵炅说："赵廷美是朕的奶妈与朕的父亲通奸所生。"

众人瞪大眼睛，不敢说话。

赵炅说："朝廷建设西池时，朕想去游玩，赵廷美计划此时加害于朕，以谋反夺权，多亏朕发现得及时，他未能得逞。按照律法，赵廷美当时就能定死罪，可朕心善，不想暴露家丑，就把这件事压住了。所以朕自始至终没有对不起他。"

众人听得一愣一愣的，但也赶紧顺着赵炅说道："他赵廷美是个什么样的人，大家有目共睹。要不是陛下说出这些，臣等还不知道他竟然如此恶劣！陛下您还是太善良了。"

赵炅为什么要编造这种谎言呢？

归根结底还是要强调自己不传位给赵廷美的合理性。

如果赵廷美被塑造成通奸所生的私生子，那么他不继位也就能被大家广泛接受。赵炅说赵廷美早就想暗杀他，更让大家觉得赵廷美人品恶劣，难当一国之君。

赵炅为了皇位，不惜连自己的亲爹都抹黑，可见此人内心十分阴毒。

解决掉赵廷美之后，赵炅终于把悬着的心放回肚子里，开始考虑立长子赵元佐为接班人。他万万没想到，此时老天爷给他开了一个大玩笑，对他的阴毒给予了一记响亮的耳光。

赵炅最喜欢的儿子便是赵元佐。赵元佐很聪明，能文能武，而且在所有皇子里，他的长相跟父亲最像，赵炅对他寄予厚望。前文讲到，赵炅曾经御驾亲征晋阳、燕云十六州。当时就带着赵元佐，让他增长见识，增加军功、资历，以为将来登基打下基础。

然而，赵元佐有一点与父亲截然相反，那便是——善良。

赵元佐对父亲一步一步加害叔叔赵廷美的做法看在眼里，对叔叔很是同情，对父亲如此下作的做法心生鄙夷。

赵炅下令流放赵廷美的时候，满朝文武都昧着良心叫好，唯独赵元佐挺身而出，替赵廷美说公道话。赵炅依然下令将赵廷美法办，这件事狠狠刺激了赵元佐，导致他变得疯疯癫癫。开始，赵元佐还算半个正常人，当赵廷美抑郁而亡的噩耗传来以后，赵元佐的病情一下就加重了，变成了彻头彻尾的疯子，手里拿着匕首见人就捅，因此而受伤的侍者不计其数。

这让赵炅既丢颜面，又伤脑筋。赵炅还专门大赦天下，想要感动上苍，让赵元佐康复。当然，这是不可能起作用的。

这年的重阳节，按照皇家惯例，赵炅召集几个儿子在宫里聚餐。因为赵元佐精神不正常，为防止他在喜庆的日子闹事，便没有通知他。散席以后，赵元佐的弟弟赵元佑看到哥哥没来参加宴会，便拐了个弯，前去探望。

这一探望，反而捅了娄子。赵元佐知道了父皇设宴没有通知他，就对弟弟说起了气话："你们都被通知参加聚会，唯独背着我，父皇拿我不当亲生儿子看！"

赵元佑赶紧安慰他，勉强让赵元佐平静下来。

当天夜里，赵元佐发疯了，把他的侍女、姬妾统统抓起来锁在房内，纵火烧房。火光照亮了半个开封城，大家纷纷救火，直到天亮，还没有将火扑灭。

赵炅一猜就是赵元佐干的，下令将他抓起来，派御史前往现场调查。赵元佐被抓之后，看到面前放着巨大的刑具，以为要对自己用刑，大声喊道："不用麻烦父皇对我用刑，一人做事一人当，就是我放的火。要杀要剐，随便！"

赵炅得知赵元佐主动认罪，气得胸口疼，马上让人给他带话："儿啊，你都已经是亲王了，享受不完的荣华富贵，为什么还要闹腾呢？朕不能为了你置国法于不顾，如果你继续闹下去，朕与你的父子之情便走到了尽头！"

赵元佐听完，愤愤地不说话。

赵元佑领着其余的弟弟们及诸位大臣,来到赵炅的皇宫,哭着向赵炅求情,希望不要对赵元佐治罪。

赵炅一边擦眼泪,一边哽咽着说:"朕看历史书时,每次读到帝王子孙不肖的段落,都替他们扼腕惋惜。朕万万没想到,这种事竟然也发生在自家身上!朕要站在国家、朝廷的角度综合考虑啊!"说完,赵炅下令将赵元佐贬为庶人,押送至均州(今湖北丹江口)软禁起来。

押送赵元佐的队伍走到黄山时,大臣们纷纷上书,请求赵炅不要将赵元佐流放,将他软禁在开封即可,担心他一旦去了均州,会像赵廷美那样早亡。

赵炅被说动了,下令将赵元佐召回,幽禁在宫内,加派使者日夜监护。赵元佐的幕僚们一开始被定罪,后来赵炅也将他们无罪释放。

赵元佐发疯对于赵炅的打击是巨大的,毕竟这是他的长子,是他寄予最大希望的儿子,也是他心中的最佳接班人。说白了,赵炅处心积虑杀掉赵廷美,为的不就是把皇位留给赵元佐吗?可赵元佐偏偏因为同情赵廷美而变成疯子,这是一个巨大的讽刺,把赵炅的脸打得啪啪响。

有意思的是,若干年后赵炅驾崩,他的第三个儿子、赵元佐的三弟赵恒即位,是为宋真宗。赵恒即位之后,赵元佐的病竟然慢慢康复了。

赵恒知道,要不是赵元佐发疯,轮不着他当皇帝,所以他对这位兄长很照顾,封他为上将军,恢复了他当年被赵炅剥夺的楚王爵位,特许他养病,不必上朝。

后来赵恒的宫殿失火,赵元佐主动上表,希望拿出自己的俸禄来给赵恒重修宫殿。赵恒看到哥哥有这种态度,非常开心,拒绝了他的请求,同时加任他雍州牧一职。

赵元佐最终活了六十二岁,寿终正寝,而他的父皇宋太宗赵炅才活了五十九岁。

赵元佐代表的是宋朝上流社会里为数不多的有良知的人。假如他继位，想必是一位厚道的皇帝。

赵元佐因纵火而被幽禁后，赵炅想要立二儿子赵元僖（即前文所说赵元佑，此时已改名为赵元僖）当接班人，将其封为开封府尹。

赵元僖在被立为接班人之前并不突出，而他当上开封府尹之后，开始展现自己的政治立场，同时在笼络官僚、建立自己的政治势力方面，展现出非凡的手段。

雍熙四年（公元987年），赵炅考虑再次北伐，派使者到河南、河北招募士兵，遭到群臣反对。赵炅很想知道赵元僖这个接班人的政治立场，还没等问他，赵元僖反对北伐的奏章便呈了上来。最终，赵炅放弃了自己的主张，停止招募士兵。

据此可知，假如赵元僖能够继位，也是一位对辽国比较温和的皇帝。

这一点不难理解，他的哥哥赵元佐曾经跟着父亲北伐，有一定军事指挥经验，而赵元僖则从未上过战场，在军事方面是个彻头彻尾的外行，他自然不主张北伐，而是甘心在和平年代坐享其成。

赵元僖反战的另一个重要原因是，此时他正把精力放在拉拢诸位权臣上。值得一提的是，他最想拉拢的是赵普。

赵廷美下放房州之后，赵炅已除心腹大患，对赵普突然翻脸，撤销他的丞相之位，外调为武胜军（今河南邓州）节度使，让他远离朝廷。

这是为何？

原因是赵炅多疑，而赵普人脉广泛、势力庞大，赵炅需要提防赵普搞小动作。要知道，当年赵匡胤在世时，赵普可是没少针对赵炅，赵炅怎么会忘记呢？

赵炅对赵普只是利用而已，或者说是政治交易：你替我解决赵廷美，我给你一定的政治利益，这是一笔买卖，这笔买卖结束后，交易终止，后面有需要用到你的地方，再谈第二笔买卖的价格与筹码。

赵普离开都城开封之后，赵元僖没闲着，私下里与赵普勾搭在一起。

他俩怎么搭上线及私下里如何你来我往，史书没有记载，但是有一点却体现出赵元僖与赵普已经结成政治联盟。那就是，赵元僖在被封开封府尹后不久，公开上书父皇，要求将赵普调回中央，官复原职。

赵炅最想起用吕蒙正为丞相，因为吕蒙正比赵普年轻二十多岁，是赵炅即位之后一手提拔起来的官员，与赵匡胤没有任何关联，是真正的赵炅派系的少壮派大臣，比赵普更让他放心。

赵元僖的奏章提交上来之后，赵炅知道，他的这位二儿子已经把赵普拉了过去。

赵炅分析了一下，觉得有前朝老臣派的支持，对赵元僖继位是有帮助的，与此同时，也不能忽视他自己扶起来的少壮派官僚。于是，他决定在两派之间寻求平衡，让其互相制约，认为这样便可让赵元僖将来坐稳龙椅。

鉴于此，赵炅答应了赵元僖的提议，将赵普调回朝廷，同时任命赵普、吕蒙正为丞相。这是赵普职业生涯中第三次拜相。

如此一番操作，赵元僖就有了提拔赵普的人情。由此可见，赵元僖还是颇有政治手腕的，与父皇的合作也很默契。

赵炅万万没想到的是，赵元僖比他这个当爹的野心还大。

赵元僖被封为开封府尹五年后，大臣宋沆联合另四位大臣上书，请求赵炅正式宣布赵元僖为皇太子。

宋朝建立以来，从没有过官方确认的皇太子称谓，通常谁被封为开封府尹，谁就是潜在的皇位继承人，这是大家心照不宣的事情。现在，诸位大臣竟然破天荒地要求封赵元僖为皇太子，说明他们已经成为赵元僖的坚定支持者。

按说封赵元僖为皇太子也无妨，本来就是要传位给他，可牵头的人偏偏是宋沆，这让赵炅产生了警惕。

宋沆是谁呢？他是当朝两大丞相之一吕蒙正的心腹，也是吕蒙正老婆的娘家亲戚。宋沆牵头，代表的是吕蒙正的意思，这说明了一点——吕蒙正也变成了赵元僖的人。

这让赵炅的心里不是滋味。按照他的布局，赵普与赵元僖属于太子派，吕蒙正属于父皇派，赵炅活着的时候，两派互相制衡，赵炅才能皇权巩固，等到他去世后，赵元僖即位，届时也是两派互相制衡，方可权力巩固。现在赵炅还活得好好的，自己的嫡系竟然背叛了自己，提前投靠了儿子，那自己这个皇帝不就被架空了吗？

自古至今，有两对组合的关系都十分敏感，即父皇与储君、皇帝与丞相。

父皇绝对不允许储君联合官僚集团将自己架空，因为权力一旦丢失，地位、尊严甚至生命都有可能提前画上句号。

赵炅吓了一个激灵，心想："好小子，老爹没看出来，你私下里串联的能力竟然这么强！悄无声息地就把两个丞相全部拉到自己麾下了。"他当即对宋沆等几位联名上书的大臣予以惩罚，并罢免了吕蒙正的丞相之职。

这件事就这么翻篇了，赵炅是不会惩罚赵元僖的，他的目的是让赵元僖别那么心急，皇位终究还是留给他的。

不想造化弄人。一天，赵元僖按惯例早早来到皇宫参加早朝，刚坐下就感觉身体不舒服，于是请假折返回府。

上完早朝，赵炅赶紧去赵元僖的王府探望。此时赵元僖已经病入膏肓，赵炅叫他的名字，他只能勉强答应。不一会儿，赵元僖就在赵炅的面前咽了气。

赵炅哭得很伤心，左右的人大气都不敢喘。此后的相当长一段时间里，赵炅常常整宿不睡哭泣，还写下《思亡子诗》来表达对赵元僖的思念之情。

从此之后，满朝文武明显感觉到，赵炅一夜之间老了很多，大家心照不宣，不再谈及立储话题。

赵炅的身体一天不如一天，他意识到再不立储恐怕就来不及了，可是哪个大臣是跟自己一条心呢？吕蒙正早就不是自己人了，赵普更是个左右横跳的老狐狸……他突然想到了一个人，此人正是爱顶撞自己的寇準。

寇準也是赵炅当政时期一手提拔起来的官员。他是少年天才，自幼熟读《春秋》，十九岁便考取了进士。寇準有一个特点，那就是耿直。当年参加殿试的时候，寇準的水平足以考中，但是年龄不达标，就有人给他出主意："你虚报几岁年龄不就行了？反正外人也不知道你的确切年龄。"

寇準当即呵斥道："我是欺骗君主的人吗？"

最终，寇準等到够年龄之后，凭借出众的才华被录用，到河北大名府成安县（今河北邯郸大名县东北）当知县。

他把全县治理得井井有条。每当到了征缴赋税的时候，都不需要催缴，把要交纳赋役的名单张贴在县衙门口，名单上的人便会主动来缴税。由此可见，老百姓对寇準的工作是满意的。

寇準凭借出色的政治能力被赵炅重用，一路提拔为枢密副使。

因为才华出众、晋升过快，寇準引发了嫉妒。

一天，寇準下班后，与同事温仲舒一起回家。半路遇到一个疯子，他拦住二人的马，跪在地上对寇準喊"万岁"。

本来这事儿也没什么，可偏偏被一个叫王宾的人看到了，王宾把这件事告诉了寇準的同事张逊。

张逊一直很嫉妒寇準的才华，两人常常在赵炅面前辩论，但张逊经常辩不过寇準，这让他心生妒火，一直想找机会干掉寇準。如今张逊得知竟然有人对寇準喊"万岁"，他决定把这件事无限放大，向皇帝告黑状，说寇準有僭越的大罪。

张逊比较阴险，他不想让寇準发现是他告黑状，就怂恿王宾去上奏章，自己隐身幕后。

赵炅读完奏章，责问寇準，是不是私下里允许别人喊自己"万岁"。

寇準大喊冤枉，赶紧叫来证人，也就是和他一起下班回家的温仲舒，证明当时遇到的纯粹是个疯子。

温仲舒来到现场，为寇準作证。

王宾一听，坏了，自己替张逊出恶气，眼看要被责罚，张逊倒好，躲在一边看热闹。于是乎，王宾就把张逊供了出来。

现场陷入一片混乱，王宾、张逊当着赵炅的面对骂了起来。

赵炅看他们竟然为了这么点破事儿来找自己评理，一怒之下，将张逊罢官，把寇準贬到青州担任知州。

以上便是寇準的主要经历。

赵元僖暴毙后，赵炅不知道该相信谁。吕蒙正这种自己一手提拔起来的官员，为了利益，说叛变就叛变，试问这满朝文武，还有一个能信任的人吗？这时候，赵炅能想到的就只有寇準了。

其实，当年寇準走了之后，赵炅立刻就后悔了，只不过碍于面子，不好把寇準调回来。

赵炅派身边的人去打探寇準的状态："去看看寇準每天过得开心吗？"

打探的人回来汇报："寇準过得很开心，对陛下没有任何怨言。只不过他经常喝酒，是不是也在想念陛下呢？"

赵炅不再掩饰自己的想法，宣旨火速调寇準回京，担任参知政事一职。参知政事通常被当作丞相的接班人来培养，相当于副丞相。

赵炅见到寇準后，先是撩起衣服给他看，说："你看朕已经老了，这是当年北伐时所受的箭伤，越来越厉害。你怎么现在才来呢？"

寇準回答："我没得到陛下的许可，不敢擅自回京。"

赵炅尴尬地摆了摆手，说："朕找你来，只想问你一个问题，你心里怎么想就怎么说。"

寇準道："臣从来不敢欺君。"

赵炅点头道："朕知道，朕知道。你觉得，朕的几个儿子里，谁适合继承皇位？"

寇準一听，吓了一跳，赶紧说："陛下为国家选接班人，这种大事与做臣下的商量是不行的，臣绝对不能发表意见，只希望陛下能选一个符合天下意愿的。"

赵炅一看寇準有顾虑，就让左右侍者统统退下，低声说道："朕已经失去了两个儿子，你觉得第三个儿子赵元侃堪当大任吗？"

寇準道："最了解儿子的肯定是您这位父亲，陛下觉得可以，那就可以。臣唯一建议的是，如果认定是他，那就马上定下来，不再改动。"

讲到这里，有一个问题：作为皇帝的赵炅想让谁当接班人，谁就能当，有必要征询寇準的意见吗？

事实上，赵炅并不是真的征询寇準的意见，他早就内定了赵元侃为储君，提前泄露给寇準，是让寇準有所准备，提前布局，为赵元侃登基扫清障碍。这体现了赵炅对寇準的信任，相当于把寇準视作托孤大臣。

没多久，赵炅下令册封赵元侃担任判开封府事，一年后官宣为皇太子，改名为赵恒。

按照惯例，当上皇太子的赵恒去太庙祭祖。京城的老百姓都来围观，欢呼雀跃，纷纷称赞："真是少年天子！"

本来这是好事儿，表示大家认同赵恒，可是赵炅的疑心病又犯了。他叫来寇準，难过地说："刚立了皇太子，老百姓就开始称赞他而忘了朕，朕在他们的心目中还有位置吗？"

寇準说："陛下，大家都支持皇太子，说明这是国家的福气啊！"

赵炅回到后宫，把皇太子备受欢迎的事情告诉皇后、嫔妃，后宫佳丽们纷纷祝贺他。赵炅这才高兴起来，觉得寇準说得对。他破天荒地出宫到寇準家喝酒，喝到酩酊大醉，才被人抬着回到宫中。

两年之后，赵炅的腿伤恶化，驾崩于万岁殿，终年五十九岁。

值得一提的是，赵炅去世前，因为一件小事与寇準争吵起来。这件小事有多小呢？就是上奏折的时候，官员要按照官衔大小顺序上奏，赵炅在顺序问题上与寇準产生了分歧，寇準像吃错了药一样对着赵炅申辩、反驳，现场的人都听傻了。

赵炅一怒之下将寇準罢官，调到邓州（今河南南阳邓州）担任知州。

讲到这里，问题来了：这君臣二人为何突然这么情绪化了，一点小事就大吵起来？赵炅甚至把唯一信任的托孤重臣给罢免了，也太儿戏了吧？

事实上，这恰恰体现了赵炅的聪明。

因为皇太子是赵炅与寇準定下来的，将来赵炅去世后，皇太子登基，谁也不敢说寇準会不会膨胀，仗着自己的资历轻视新皇帝。赵炅把寇準罢免，就是给新皇帝一个机会将来将其提拔回来，这样寇準就会对新皇帝感恩。

赵炅的最后这步棋下得很有水平。

安排完寇準、皇太子之后，赵炅算是把心稳稳地放在肚子里，死而无憾了。

叁 宋真宗赵恒：粉饰太平的守成之主

⑧ 吕端不糊涂

赵恒便是宋朝第三位皇帝——宋真宗。他自幼聪慧,一篇文章只读一遍就能背诵。不读书的时候,他喜欢与哥哥、弟弟们玩战阵游戏,自称元帅,发号施令。简言之,赵恒自幼就展现出文武双全的特质。同样文武双全的赵匡胤对这位小侄子颇为喜欢。

有一次,赵匡胤带着赵恒去万岁殿玩,赵恒竟然顽皮地坐在了龙椅上。

赵匡胤问:"知道这是谁才能坐的位子吗?"

赵恒忽闪着大眼睛,说:"知道,皇帝才能坐在这儿。"

赵匡胤问:"你愿做皇帝吗?"

赵恒不假思索地说:"如果老天爷有这安排,我也不推辞。"

赵匡胤听完,颇为震惊,小小顽童竟如此霸气外露!他对弟弟说:"朕太喜欢你的三儿子了,就让他经常跟朕住在皇宫里吧。"

后来赵恒年龄稍大,赵炅让他练习草书,他却不同意。

赵炅问:"你为什么对草书这么排斥?"

赵恒答:"我听说君王的事业如同日月一般普照大地,使一切隐秘和微小之处都无所遁形、清晰明了。草书艺术确实很神妙,但是真正能够理解和掌握其精髓的人却非常少。我如果学草书,在处理政务时,恐怕会因为字迹而让人产生误解,那就耽误事了。"

赵炅听完很高兴,我这儿子,日后是要做一代英主啊!

如今长兄赵元佐疯了，二哥赵元僖暴毙，按照年龄排序，赵炅的接班人就轮到了赵恒。

按照宋朝惯例，皇位接班人先担任开封府尹，管理京城，锻炼治国能力。赵恒展现出亲力亲为的特点，之前的开封府尹都是住在自己的王府里，白天到府衙办公，而赵恒则把家搬进府衙，全身心投入工作。

赵恒主抓狱讼公平问题，对大小案件亲自裁决轻重，冤假错案大大减少，很多时候监狱都空了。一时间，开封老百姓交口称赞，太宗赵炅对他的表现也十分满意。

举一例说明。当时，开封城内的有钱人经常与基层官员（吏人）勾结在一起谋取私利，一旦事发，便拿出巨资贿赂官员，让自己家的仆人代自己坐牢受罚。赵恒担任开封府尹期间，对此类事件展开了专项打击，采取地方官员不定期轮换就职的策略，大大减少了他们与富户豪强建立密切关系的可能性。

当赵恒被册封为皇太子时，开封的老百姓们欢呼雀跃，对着他的马车高呼"少年天子""真社稷之主"。

至道三年（公元997年），赵炅病危，一场关于皇位继承人的斗争拉开了序幕。

还记得当年宋太祖赵匡胤去世时，有一位名叫王继恩的宦官吗？赵匡胤突然去世后，宋皇后让王继恩快速召皇子赵德芳入宫即位。可是王继恩早就被赵炅收买了，他没有去叫赵德芳，而是去了赵炅家，促成赵炅抢到了皇位。

赵炅当上皇帝之后，对王继恩十分宠爱，加官晋爵不在话下。

现在历史重演，赵炅即将去世，王继恩的算盘是：我要再立一个新皇帝，这样新皇帝会对我感恩戴德，我就能享受到更多的荣华富贵。

李皇后是赵炅后来册封的，与皇太子赵恒没有任何血缘关系，因此她与王继恩有一样的心态：为了自己将来的地位与尊崇，我也要立一个新皇帝。

就这样，李皇后、王继恩默契地联手，商议后决定废掉皇太子赵恒，立疯疯癫癫的赵元佐为皇帝，这样便于他俩操控政权。二人的计划是，效仿当年赵炅夺权的做法，等赵炅咽气之后，对皇太子赵恒隐瞒消息，第一时间通知赵元佐入宫即位。

本来这件事计划得天衣无缝，但他俩万万没想到，赵炅留下了一枚重要的棋子：丞相吕端。

吕端是赵匡胤时期的前朝旧臣，一直在地方上工作，所以赵炅搞宫廷斗争时，吕端都没有参与。这成了他的一种优势：底子干净，不会被赵炅排斥。

赵廷美曾经短暂担任开封府尹，在此期间，吕端被赵廷美调到开封府担任判官。判官是智囊型职位，辅助府尹展开日常工作。到了赵炅的第二个儿子赵元僖当开封府尹时，吕端依然担任开封判官。

吕端这个人有一个突出的特点，那便是真正做到了喜怒不形于色，表面上没有任何情绪。用一个字形容他，那就是：稳。

赵炅慧眼独具，从那么多官员中一眼就看出了吕端的不同。

不只赵炅，老狐狸赵普也很佩服吕端。赵普曾经说："我经常观察吕端，得到皇上的嘉许时，看不出他有一丁点得意，受到别人的指责时，也看不出他有一丁点沮丧、恐惧。他真正做到了喜怒不形于色啊！真是天生做丞相的人才！"

有两个人备受赵炅欣赏，一个是吕端，一个是寇準。寇準的特点是耿直，不怕得罪皇帝，有什么话直接说，敢与皇帝拍桌子；吕端则相反，不管做什么事、说什么话都冷冰冰的，没有任何波澜，但又三言两语直达本质。

寇準锋芒毕露，他被提拔重用，周围的人没意见；而吕端看上去没什么政绩，仅仅靠情绪稳定就被赵炅重用，周围的人对此意见很大。好多人向赵炅发牢骚："吕端这个人是个糊涂蛋，怎么堪当大任呢？"

赵炅每当听到这种牢骚，都会说："吕端小事糊涂，大事上可毫不含糊！"

众人还是无法理解，这闷葫芦一样的吕端到底有何过人之处。

赵炅为此写了两句诗来形容吕端："欲饵金钩深未到，磻溪须问钓鱼人。"

磻溪是姜子牙钓鱼的地方，赵炅的这两句诗把吕端比作自己心目中的姜子牙，由此可见是多么重视他。

赵炅在选择丞相时，一度考虑用吕端，但吕蒙正的呼声高于吕端，赵炅便起用了吕蒙正为相。事实证明吕蒙正不靠谱，刚刚当上丞相，便为了富贵前程考虑，投靠了赵元僖。赵炅对吕蒙正失望至极，将其罢免，正式拜吕端为相。只不过此时赵炅已垂垂老矣，供吕端发挥的时间不多了。

吕端上任后，不管处理什么事、什么人，都秉公守法。一时间，大家对他的好评飙升。

赵炅去世前，对吕端、寇準的安排不同：吕端继续在朝廷担任实权丞相；寇準则调出京城，远离是非，留待下一任皇帝赵恒提拔重用。

安排好两枚最重要的棋子后，赵炅永远地闭上了眼睛。

吕端这种老实持重的人设是一种大智慧，是他对自己的一种保护。像寇準那样锋芒毕露，势必会引起很多人提防，吕端则不同，通常被大家认定为糊涂，十个人里有九个人觉得吕端不如自己聪明。

吕端的这种保护色在历史的关键时刻释放出了巨大的能量。

王继恩、李皇后密谋假传圣旨立赵元佐为皇帝时，忽略了吕端。他俩觉得吕端就是个靠拍马屁讨好赵炅的庸人，任他怎样也翻不起浪花。岂不知，二人的一举一动早就被吕端看出了端倪。

在赵炅最后的日子里，吕端每天都去问候病情。一天，他看到赵炅病情严重，随时都会咽气，而旁边守着的是李皇后和王继恩，他俩只字不提让皇太子赵恒来见父皇最后一面。

吕端立刻猜到李皇后、王继恩有不可告人的秘密，他当即出门，在自己的笏上写了"大渐"二字，让手下拿着火速赶往赵恒王府。

"大渐"的意思是皇帝马上驾崩，言外之意是让赵恒赶紧来皇帝的寝宫。

吕端这么做是为了避免打草惊蛇。从赵炅的寝宫出来后，吕端回到办公地点中书省坐定，静待事态变化。

果然，没多久赵炅就驾崩了。李皇后派王继恩来到吕端的办公室通知他皇帝去世的消息。

此时，派去给赵恒送消息的人还没有回来，赵恒也没有赶来，吕端就对王继恩说："王公公，你来里屋画阁，我跟你说件重要的事。"

王继恩一脸疑惑，跟着吕端来到最里面的画阁。吕端用力把王继恩推进画阁内，顺手从外面关上门并反锁上。

画阁里存放的是重要的文件，因此门窗是特别加固的，王继恩在里面无论怎么踹门、砸窗，都无法逃脱。

吕端命人盯紧画阁，自己一溜小跑来到万岁殿，找李皇后面谈。

李皇后本以为是王继恩回来了，谁承想，竟然是吕端。

没等李皇后开口，吕端直接挑明了讲："我已经派人去叫皇太子赶来即位。还请皇后以大局为重。"

李皇后道："按照长幼顺序，应该是大王子赵元佐即位。皇太子是老三，轮不着他！"

吕端说："王继恩已经被我抓起来了，目前没有人去通知赵元佐。一会儿皇太子就来即位了。请皇后赶紧改变口风，否则皇太子一旦即位，一定没有你和王继恩的好果子吃。请三思！"

李皇后万万没想到，平时一向傻乎乎、糊里糊涂的吕端竟然玩这么一手，直接打乱了自己阴谋篡权的部署。

这时，赵恒赶到了，手里还拿着吕端的笏。

吕端当场拉着李皇后拥立三十岁的赵恒即位，便是宋朝第三位皇帝宋真宗。

赵恒即位的第一天，按照惯例，需要垂帘引见群臣。当大臣们都在大殿里站好，就要行礼时，吕端突然大喊："停！"

一时间，众人错愕。吕端走上前，让侍者卷起帘子，亲自看了一眼里面确实是赵恒，这才退回去，领着群臣一边行礼，一边高呼"万岁"。

大家看，吕端是个糊涂人吗？一点都不糊涂，相反，十分周全、细致。所谓的糊涂，只是他平时给自己粉饰出来的保护色而已。

赵恒即位之后的第一件事，便是把王继恩贬到均州（今湖北丹江口）。两年后，王继恩在那里去世。

吕端本可迎来在赵恒手下施展拳脚的广大舞台，但不幸的是，赵恒登基后不久他便病倒了，连走着来上朝都无法做到。

赵恒下诏免去吕端每日朝拜的礼仪，两人靠书信沟通工作。三年以后，吕端病情恶化，匆匆离开了人间，时年六十六岁。

明代思想家李贽有一副自题联："诸葛一生唯谨慎，吕端大事不糊涂。"可见，吕端在大事发生时的决断能力给他留下了深刻的印象。

新皇帝，新气象

赵恒登基之后，马上展现出卓越的政治能力。

第一，对曾经支持李皇后、王继恩搞政变的部分官员给予从轻处理，对王继恩这个主犯也没有赶尽杀绝，而是流放到外地软禁。

第二，给赵廷美平反。下令追认赵廷美官爵，并以非常高的规格将其遗体改葬，还给赵廷美的儿子加官晋爵。这相当于否定了他的父亲赵炅强加在赵廷美头上的罪名。这一做法深得同情赵廷美的官员们的支持。

第三，主动对太祖赵匡胤的儿孙们示好。他的父亲赵炅当年逼死赵德昭，负面影响很大，很多赵匡胤的嫡系老臣敢怒不敢言。这么做，深得同情赵匡胤及其后代的官员们的支持。

第四，亲近赵元佐。赵元佐差一点就被李皇后、王继恩立为接班人，赵恒不但没有怪罪他，反而恢复了他当年被赵炅罢免的楚王封号。好多次，赵恒表示要亲自去府上看望兄长。此时赵元佐已经不疯了，拎得清轻重，坚决不肯让皇帝来探望自己。赵恒的这一做法，又引来满朝文武交口称赞。

第五，重用赵匡胤时期的武将、开国元勋曹彬为枢密使，震慑军队。

从以上五点可以看出，赵恒在内部治理上绵里藏针，团结一切可以团结的力量，同时不乏武力震慑。就这样，登基之初，他便稳住了政局。

据《宋稗类钞》记载，刚登基的赵恒力争做一名勤勉的皇帝，每天很早就上朝，先在前殿处理政事堂、枢密院等不同衙门口报上来的事情，批复完毕之后才开始吃早餐。吃完早餐，推下饭碗，又来到后殿继续处理政事，直到中午。午饭过后，赵恒通常找大臣面谈、开会，直到夜色降临。晚饭之后，赵恒又找来儒臣讲读经书，学习充电。

赵恒还有一点做得很好，那便是严防皇亲国戚、近身侍者利用自己的特殊身份搞特权。

赵匡胤的女婿，也就是驸马爷石保吉，家中曾经失窃。石保吉没有报官，而是带领手下把小偷抓了回来，在家对小偷私自动刑。这件事被赵恒听到，当即下令将小偷交给有关部门处理。

还有一次，一家染坊的老板借了石保吉的钱，到了还款时没能交够事先约定的利息。石保吉仗着自己驸马爷的身份，企图强抢染坊店老板的女儿还债。赵恒听说后大怒，当即下令石保吉释放那位姑娘。

赵恒还专门撰写了一篇《宗室座右铭》，让人誊抄之后，给各位皇亲国戚每人发了一份，警告他们不要仗着自己身份特殊搞违法乱纪的勾当。

对于身边的侍者，赵恒也看得很紧。

有一次，赵恒身边的一个工作人员去嘉州（今四川眉山）考察，回来之后向赵恒汇报考察结果，指名道姓地指出某人是贪官，应该罢免，某人是清官，应该晋升。

赵恒听完，没有全信，而是找嘉州转运使了解情况，与侍者所说进行比对，再做出对嘉州官员罢免或提拔的决定。

以上都体现出，刚刚登基的赵恒是一位非常出色的君王。一时间，文武百官、老百姓都对这位新皇帝交口称赞，大家对未来充满了希望。

都城保卫战

辽国是宋朝的头号难题。赵匡胤、赵炅二帝都没能撼动辽国的统治，辽国则一直摩拳擦掌，觊觎宋朝领土。

赵恒即位之后，辽国认为他没有任何亲临战场的经验，便把南下侵略的计划提上日程。

赵恒即位后第二年便收到情报：辽国正在整顿军马，随时可能南下。一场大战一触即发！

作为新皇帝，赵恒亟需一场战功给自己立威。他当即下令，在都城开封举行大规模阅兵，提振全国士气，向辽国示威。接着，他任命傅潜为主将，率军北上，正面迎敌，还宣告天下，将御驾亲征。

一时间，宋朝上下进入紧张的备战状态。

咸平二年（公元999）年九月，辽圣宗耶律隆绪亲率大军南下，一口气打到了遂城（今河北保定徐水）。

当时负责驻守遂城的将军不是旁人，正是杨业的儿子杨延昭，便是评书《杨家将》里杨六郎的原型。

杨延昭颇有其父当年的风骨，擅长守城，率兵牢牢死守遂城。辽军始终未能攻下，被迫调转主力，转而进攻狼山镇（今河北保定清苑）。

狼山镇级别低于州，没有坚固的城池，只有简单的石寨，很快就被辽军突破。占领狼山镇之后，辽军开会商议，兵分两路，主力军继续由耶律隆绪率领，向瀛州（今河北河间）进发，另一路辅军按照原计划继续南下。

此时，赵恒任命的主力大将傅潜正驻守于定州（今河北定州）。看到如此多的辽兵，他心生恐惧，没有遵从赵恒的要求主动迎敌，反而闭门不出。

辽兵本以为会与傅潜有一场惨烈的遭遇战，结果来到定州一看，嘿，对方竟然吓得关门不出。这非常有利于辽国实现长驱直入南下的战略目的，于是乎，辽国直接从定州路过，一口气杀到了邢州（今河北邢台），逼近宋朝都城开封！

赵恒意识到局势危急。当他得知造成这一切的竟然是傅潜的军队什么都不干，放任辽军南下，当即震怒，派使者火速赶往傅潜军营，命令他不要胆小怕事，即刻出兵杀敌。

此时，耶律隆绪的主力部队从东线南下，已经打到了德州（今山东德州）。

一旦邢州、德州两路军队同时夹攻开封，后果不堪设想！赵恒立刻派将军范廷召带兵狙击。范廷召孤军深入，被辽兵包围，好不容易突围撤退。

耶律隆绪带领主力继续南下，到了齐州（今山东济南）、淄州（今山东淄博）一带。赵恒再也坐不住了，宣布御驾亲征，要与辽兵拼个鱼死网破。

赵恒的王牌主力军从京城开封出发，途经澶州(今河南濮阳)，最终到达大名驻扎。

御驾亲征对将士的斗志起到了很好的鼓舞作用，各地军队振奋起来，主动出城杀敌。辽兵孤军深入，陷入了被全面围攻的境地。

耶律隆绪这才发现，宋朝不是想象的那么容易被攻占，这位新君赵恒，在关键时刻是个豁得出去的人，于是他下令对齐州、淄州进行掠夺后，火速撤兵。

就这样，赵恒带领全军将士逆转了战局，赢得了胜利。

赵恒非常开心，专门作《喜捷诗》，写在大名府的墙壁上，又对奋勇杀敌的将士予以奖赏，将畏敌龟缩的傅潜罢官流放，免除被辽军侵略过的州县的赋税，对各地囚犯予以宽恩大赦。

此时已是深冬，赵恒选择在大名府过年，而后才带兵回到开封。

澶渊之盟

赵恒知道辽国不会就此罢休，很快会有第二轮南下。为防备下一次侵略，他下令在边境开挖沟渠，开垦水田，没有战争的时候灌溉农业，提高粮食产量，一旦辽军南下，则可以阻断辽国骑兵，这一招可谓高明。

赵恒回到都城后，再次举行大阅兵，提振士气，同时挑选精兵强将，还武装起一支民兵队伍，为即将到来的第二次大战做准备。

咸平四年（公元1001年）七月，辽兵南下。双方交火，辽军吃了败仗后撤回。

咸平六年（公元1003年）四月，双方在望都县（今河北保定望都）交战。这一次辽军取得胜利，俘虏了不少宋军将士，而后撤回北方。

望都之战后，辽军改了策略，不再大规模南下，而是频繁骚扰。此时，寇準已经从地方调回朝廷并晋升为丞相。他认为这是辽军故意麻痹宋朝，用持续的骚扰来让宋朝放松警惕，说不定哪天就会大举南侵，那么，倒不如主动北伐。

寇準的这一提议引起了宋朝反战派官僚的批判，另外一名丞相毕士安联合枢密使王继英上书赵恒，反对北伐。赵恒权衡再三，决定先拖一拖，静待辽兵动向。

不久，辽圣宗耶律隆绪与母亲萧太后突然高调宣布，要南下收复瓦桥关（在今河北雄县）。其意思是，他们并不想攻打开封，仅仅想占领这一个地方，占完就走。只不过，这话傻子才信。

这一次，辽国出兵二十万，气势汹汹地向南方挺进。

情报传回宋朝，大家这才不得不佩服寇準精准的预判。赵恒赶紧与诸位大臣开会，商议对策。

这时候，令人大跌眼镜的一幕发生了。来自江西的参知政事王钦若站了出来，说："臣建议放弃都城和北方领土，送给辽国，咱们直接迁都到升州（今江苏南京）。"

寇準刚要反驳，来自四川的陈尧叟先开口了："王钦若你不要胡说八道！"

寇準心想："嘿，不错，还真有硬骨头。"

陈尧叟接着大声说道："臣认为应该迁都到臣的老家益州（今四川成都）。"

寇準听完，差点儿吐血。

陈尧叟为什么主张迁都到自己的老家呢？因为他只考虑家族利益问题。如果迁都到自己老家，自己家族肯定能捞到更多油水。

大家看，此时宋朝高层已经出现了大量贪生怕死、只考虑个人利益的潜在叛国者，这批人还都是高级知识分子。这位陈尧叟是当年的状元，父亲是左谏议大夫陈省华。

是不是非常荒谬？

寇准被这两个家伙恶心得不行了，破口大骂道："谁再提放弃国土迁都，谁就应该被斩首！"

赵恒问寇准："你有什么建议？"

寇准答："陛下英明神武，如果您再次御驾亲征，敌人一定可以被打败。现在敌人孤军深入，长途奔波，已经疲惫，而我军将士以逸待劳，优势在我。如果连都城、祭祀老祖宗的太庙都要拱手让给辽国，反而去益州这样偏远的地方，全国百姓就会人心涣散！到时候，连益州也保不住，天下也就亡了！请陛下即刻带兵，赶往澶州迎敌。"

赵恒陷入了沉思。

寇准看出来赵恒下不了决心，就给赵恒增加了一点刺激：当时，每天都有北方边境告急的信件送到京城，寇准故意扣下，积累了很多之后，一次性拿给赵恒看。

赵恒一看，紧张得像热锅上的蚂蚁，问寇准该如何是好。寇准趁机说："眼下这局势，唯有御驾亲征。"

景德元年十一月（公元1005年1月），赵恒正式从开封出发，留下弟弟赵元份留守东京。

赵恒率领大部队走到半路，从东京来了一个紧急消息：赵元份猝死！

大本营不能没有主心骨，赵恒派随驾亲征的参知政事王旦火速赶回东京。奇怪的是，王旦接到命令后，迟迟不走。

赵恒问："你怎么还不走？"

王旦迟疑了好久，似乎有话想说但又不敢。

赵恒说："朕恕你无罪，有什么话直接讲。"

王旦问："假如陛下此次北伐没能胜利，臣该如何安排？"这句话的意思是，假如陛下在北伐中牺牲，谁是下任接班人？

这时候问赵恒这个问题，确实残酷，可这又是一个无法回避的现实问题。

赵恒陷入了沉默，良久才说道："如果朕回不去了，你就拥立太子即位。"

送走王旦之后，赵恒带兵继续北上，来到韦城（今河南滑县东南）。

按照约定，正在北方前线的王超带兵南下接应圣驾。可是此时北方战事吃紧，王超实在腾不出手南下。

这时候，内部反战的声音又叫嚣起来，反战派里好多人又站出来给赵恒洗脑。说法各有不同，总结起来就一句话："别北伐了，太危险了，还是回去吧。"

赵恒开始犹豫。

寇準再次站了出来，义正词严地说道："如今敌军逼近，情况危急，我们只能前进，不能后退。我军将士听说陛下御驾亲征，日夜盼望陛下驾到，如果他们等来的结果是陛下走到半路又回去了，势必军心涣散，老百姓也会对朝廷失望。到时候，别说开封，全国都保不住。"

赵恒权衡良久，决定听寇準的，继续北上，目标是澶州（今河南濮阳）。

此时，北方的辽军调整了南下策略，效仿当年的做法，不以占领城池为目标，而是集中兵力全力南下，对宋朝纵深插入。赵恒率领的大军还没有到达澶州，辽军竟然抢在前面先行抵达。

辽军负责进攻澶州的主帅名叫萧挞凛。他很轻敌，想着先在周边掠夺一些盐和牲畜之后，再对澶州发起总攻。岂料，澶州城里有一个名叫张瑰的神箭手，早就用床子弩瞄准了萧挞凛。"嗖"的一声，萧挞凛竟然被爆头了。这一下，辽军士气大跌，没敢对澶州发起总攻。

澶州分南北两城，两城之间隔着一条河，正面迎敌的是较小的北城，相对安全的是较大的南城。几天后，赵恒一行终于来到了南城。

那些反战的官员又开始叽叽喳喳，建议赵恒在南城指挥战斗，没必要冒险去北城。赵恒又陷入迟疑。寇準心想："这群贪生怕死的家伙，可让我操碎了心。"他再次站出来，劝说道："陛下千里迢迢来到了澶州，却躲在南城，那御驾亲征的意义在哪里？我方主力军全在澶州，完全不必为人身安全问题担忧。"

主战派里有一位将军名叫高琼，见赵恒有些犹豫，立刻催促将士们护送圣驾前进。赵恒只好同意去北城。

他走到南北城中间的河边时，反悔了，想退回南城。高琼再次向赵恒保证他的人身安全，赵恒这才咬着牙登上北城城楼。

城下的宋军将士看到城楼之上的皇帝，齐声高喊"万岁"，士气沸腾。赵恒对驻城官兵进行慰问，大家感动得流下热泪。当晚，赵恒回到南城休息。

他发现确实没有什么可怕的，还能让大家崇拜自己，虚荣心得到极大满足，第二天竟然主动要求再去一次北城！

赵恒二次登上北城城楼，宋军将士的士气更加高涨。以杨延昭为代表的主战派将领希望赵恒下令全军出动，趁着辽兵士气低落，一举将其全歼。但赵恒终究还是胆小，觉得打辽兵有难度，只希望与辽国签订和平协议，始终不下令开城出兵。

对面的辽圣宗与萧太后观察发现，这位宋朝皇帝只鼓舞士气却不下令开战，一定是想议和，便主动派出使者告诉赵恒，只要把周世宗柴荣时期占领的关南故地送给辽国，辽国便同意议和。

客观地说，这个条件是非常过分的，如果两边开战，辽国未必能占领多少宋朝领土，辽国开出的条件相当于不废一兵一卒，白白拿走大片领土。

赵恒虽然迫切渴望赶紧回开封过太平日子，可是割让领土给敌人的行为愧对列祖列宗，也会被老百姓鄙视，所以他没敢答应辽国。

一直耗到年底，赵恒实在撑不住了，便派出大臣曹利用与辽朝使者讨价还价，最终签订了和平条约。

条约内容有：

1. 将辽、宋两国的关系定位为兄弟之国，宋为兄，辽为弟，而赵恒尊称萧太后为叔母，两边派使者定期互相访问。

2. 将白沟河（发源于河北涞源，位于保定境内）勘定为两国国界。辽国归还宋朝的遂城（今河北保定徐水）、瀛州（今河北河间）及莫州（今河北任丘莫州）。

3. 宋朝每年向辽国提供银十万两、绢二十万匹。

4. 双方于边境设置农贸市场，开展贸易。

史称澶渊之盟。

事后看来，澶渊之盟有利也有弊。好处是，结束了宋辽之间长达二十五年的战争，此后宋辽边境长期处于相对和平的状态；赠送给辽国的钱远远小于宋朝的军费开支，减轻了老百姓的徭役和宋朝朝廷财政压力；两边设立贸易市场，对双方经济发展、民族融合有巨大的推动作用。

澶渊之盟也带来了坏处，那便是从此之后，宋真宗、宋仁宗、宋英宗没有了抵抗入侵的压力，对军事轻视起来，文臣集团开始掌握话语权，内部腐败日益加剧。

一个国家就像一个人，没有外界压力，便开始堕落。

当然，不仅宋朝，辽国也无法逃脱这一规律的制约，也渐渐失去了战斗的意志，最终被女真族建立的金国击败，而宋朝也不得不向金国俯首称臣。是为后话。

东封西祀

还记得王钦若吗？就是那位主张放弃都城和北方领土，迁都到升州的反战派官僚。当时寇準对其严厉反驳，才促成赵恒下定北伐决心。自那之后，王钦若对寇準颇为嫉恨，一有空就找赵恒说寇準的坏话。

王钦若持续给赵恒洗脑："陛下啊，咱们与辽国的澶州之盟可以说是奇耻大辱啊！"

赵恒问："此话怎讲？"

王钦若说："咱和辽国定的是城下之盟，将来的史书一定会说，您是被逼无奈签订了丧权辱国的条约。要知道，只有吃败仗的一方才会签订城下之盟，更何况还是陛下亲自签订呢，太丢人了啊！"

赵恒沉默不语。

王钦若又说："寇準这人就是孤注一掷的投机分子，他只想着自己的富贵，拿陛下的性命当赌注。可曾想过，万一辽国攻打了过来，陛下就当俘虏了。到时候换个皇帝，不耽误他寇準继续当丞相。"

赵恒还真就听进去了，越想越后悔，越想越觉得寇準是个算计自己的奸臣，而王钦若才是真正的忠臣。

不要小瞧奸臣的影响力，一旦发挥出威力，相当于一支敌军的战斗力。景德三年（公元1006年）二月，寇準被罢相。

王钦若向赵恒提出新的治国之策：效仿秦始皇、汉武帝，到泰山进行隆重的封禅。说白了，就是举全国财力大搞祭祀祈祷。

前面王钦若给赵恒洗过脑，说与辽国签订合约是奇耻大辱，赵恒要想挽回颜面，就需要通过祭祀给天下及后人看——我的皇权是来自天上的，是带着先天合法性的，因此赵恒还真听进去了。只不过，赵恒要想做成此事，需要新丞相王旦的支持。

一天，赵恒请王旦喝酒，宴席之中命人取出一樽酒赐给王旦，说："这是赐给你的妻儿的，回家之后再打开享用。"

王旦回家后打开一看，竟然满满的都是珍珠。王旦瞬间明白，皇帝这是想获得自己的支持。于是乎，他对封禅之事不再多说话，也就相当于支持了赵恒的这一决策。

大中祥符元年（公元1008年）正月，赵恒对王旦、王钦若说："去年朕做梦见到神仙降临，告诉朕将来会有天书降临，朕没有当成一回事儿，可是就在刚刚，有人奏称天上降下一条黄帛，想必这就是神仙说的天书降临。作为人间的皇帝，朕不能不对神仙做出回应啊！"

一时间，群臣纷纷上书祝贺，溜须拍马，阿谀奉承。

同年三月，兖州知州邵晔率领兖州当地一千二百多人来到都城，说在赵恒的领导下，宋朝已经实现天下大治，请他封禅泰山，以对天上的神仙做个汇报。

邵晔开了一个坏头，导致全国各地纷纷跟风，都来京城祈请赵恒封禅泰山。

赵恒心里很美，但还要装一下谦虚，对这些请求予以拒绝。

同年四月，又有新的"天书"降临。当然，根本没有什么神仙降临天书，纯粹是按照王钦若设定的剧本上演的剧情。

丞相王旦立即带着文武百官及地方州县官员等共计两万四千多人，祈求赵恒封禅泰山，祭祀神仙。

赵恒当即表示，本不想这样，可大家一再请求，只好勉为其难，决定在当年十月到泰山举行封禅大典。于是，大量祭祀用品被纷纷运往泰山。

同年五月，赵恒又做梦了，说："朕又梦见了一个神仙，说下个月会在泰山再降下一本天书。"

果然，到了六月，王钦若上奏说："陛下梦得太准了，泰山山下果然又有天书降临！"

这君臣二人的配合可真默契。

就这样，到了十月，赵恒带着浩浩荡荡的队伍从京城赶往泰山，举行了隆重、奢华的封祀仪式。

从泰山出来之后，又到了社首山（今山东泰安西南）祭祀了地神，最后又去了曲阜（今山东曲阜）祭祀孔子。

大中祥符四年（公元1011年）二月，赵恒又带着天书离开泰山，去汾阴（今山西运城万荣西南）祭祀。

大中祥符五年（公元1012年）十月，赵恒梦见自己的祖先是轩辕黄帝。于是，他手下的文官立马搞出重大研究成果并作为官修文件发布，印证赵氏祖宗是轩辕黄帝！

有黄帝的"血缘关系"还不够，赵恒又祭祀孔子，封孔子为"至圣文宣王"。

大中祥符七年（公元1014年），赵恒去亳州（今安徽亳州）祭祀了老子，加封老子为"太上老君混元上德皇帝"。

到处祭祀可不够，赵恒还斥巨资在都城和地方修建了一大批道观，由国家财政供养，还有专门的官员管理。这批道观的建设、维修、保养费用，以及负责官员的薪资加起来是一笔巨大的开支。

赵恒执政前期，积极进取，锐意改革，致力于发展经济，财政收入丰裕，后期以祭祀封神来粉饰太平，搞这些虚头巴脑的活动，将国库几乎耗尽。前后形成强烈对比，判若两人。

传奇皇后刘娥

对于赵恒晚年沉迷于封建迷信，丞相王旦内心纠结。他知道，搞怪力乱神不能把国家引向正途，可是为了保住自己的乌纱帽，他又不能反对。时间久了，这种人格分裂的活法将王旦折磨得实在痛苦，他便向赵恒称病辞官。

赵恒问："你走之后，谁适合接任丞相之职呢？"

王旦道："寇準。"

赵恒点头。可是王旦真的辞职之后，他立刻任命当朝第一马屁精王钦若为丞相。

王钦若上台后，并没有想着治国理政，而是利用权势党同伐异，一时风头无两。

本来他可以一直稳坐丞相高位，可人算不如天算，出了意外。

商州（今陕西商洛商州区）捉到一位名叫谯文易的道士，此人收藏禁书，还号称会用法术驱使"六丁六甲神"作恶。在审讯过程中，谯文易为了减刑，主动交代曾经与当朝丞相王钦若勾结，还拿出了王钦若亲笔所写的赠诗。人证、物证提交给了赵恒。面对追查，王钦若一口咬定不知此事，是被诬陷的。赵恒心知肚明王钦若肯定说谎了，罢免其相位，外调到杭州。

王钦若走后，赵恒实在无人可用，只好重新起用让自己又爱又恨的老部下寇準为丞相。

寇準回归之后，朝廷内的政治力量迅速分化为两大阵营：一个是以寇准为核心的丞相派，另一个则是以皇后刘娥为核心的皇后派。

刘娥是宋真宗赵恒的第三位皇后。

赵恒的第一位皇后章怀皇后，是名将潘美的女儿。当初，宋太宗赵炅将潘氏赐婚给赵恒时，潘氏年仅十六岁。可惜的是，她活了仅仅二十二岁便去世了，没有看到赵恒登基，也没有留下任何子女。

赵恒又娶了宣徽南院使郭守文的女儿，便是章穆皇后。章穆皇后比章怀皇后幸运，见证了丈夫登基为帝。她为赵恒生下儿子赵祐并被封为太子，但赵祐九岁时夭折。或许是因为丧子心痛，四年后，郭皇后也生病去世了，年仅三十二岁。

赵恒的第三位皇后便是在历史上颇有名气的刘娥。刘娥是一位传奇女子，不仅经历曲折，更是宋朝第一个临朝称制的女主。

刘娥祖籍晋阳，祖父刘延庆是五代十国的后晋、后汉两朝的大将军，父亲刘通曾在宋太祖赵匡胤手下担任嘉州（今四川乐山）刺史，全家便从晋阳搬到了四川。

刘娥出生没多久，还没充分感受父母宠爱，父母便先后去世。她沦为孤儿，被迫寄养在外祖父家中。

在古代，女孩子不能读书、科举，又寄人篱下，尝尽人间冷暖，必然早熟且独立。刘娥未成年就成为歌女，靠卖唱混口饭吃。

成年之后，刘娥被亲戚迅速打发，嫁给四川当地一个名叫龚美的银匠。婚后不久，龚美带着刘娥离开川蜀，北上都城开封，以谋取更高的收入。他们算是宋朝时的"北漂"一族。

理想丰满，现实骨感。龚美夫妇来到都城后发现，这里并不像他们最初设想的那么美好，来找他们制作银器、饰品的人并不多，生活成本却远远高于老家。

再美好的爱情在饿肚子面前也是脆弱不堪的，刘娥面对现实做出了一个大胆的决定：让丈夫龚美卖掉自己，换一笔钱，这样龚美饿不死，她到了新主家也有饭吃。

二人绝对想不到，一场泼天的富贵由此开始。

当时赵恒还没登基，身份还是韩王。赵恒有个名叫张耆的手下，得知刘娥正在寻求买家，看她颇有姿色，还会唱歌，便把刘娥买下来送给了赵恒。没想到，赵恒看到刘娥的那一瞬间，便沦陷了。

赵恒每天把时间都花在与刘娥亲热上，导致面容憔悴。一天，父皇赵炅召见赵恒，一眼就看出儿子的状态很不正常，便悄悄问赵恒的奶妈："他最近有什么事吗？怎么如此憔悴？"

奶妈非常瞧不起刘娥，觉得她一个穷人家、二婚的妇人竟然把皇子迷惑得魂都丢了，非常生气，便添油加醋地在赵恒面前说了很多刘娥的坏话。

赵炅大怒："这么没出息！赶紧把她轰走！"

没多久，刘娥被赶出赵恒的王府。赵炅紧锣密鼓地给赵恒赐婚，还专门挑了名将潘美的女儿，以给皇室正名，便是前面讲到的赵恒的第一任妻子。

赵恒舍不得刘娥，便暗度陈仓，把刘娥偷偷放在张耆的家中，好吃好喝地养着，他抽空去张耆家与之亲热。

张耆对刘娥侍奉得十分周到。刘娥当上皇后之后，对张耆接连不断地提拔，张耆最后官至太师。要知道，他原本只是王府里打杂的。

没几年，潘氏去世，赵恒又娶了第二任妻子郭氏。赵恒登基后，郭氏便顺理成章地成为皇后。赵恒把刘娥悄悄接入宫中，但不给名分，两人只是偷偷摸摸地找机会享受鱼水之欢。

刘娥与其他女人不一样的地方得以展现。她不急着找赵恒索要名分，也从不表现出对其他妃嫔争风吃醋，而是以退为进，不给赵恒任何压力。假如她急于上位，一哭二闹三上吊，非让赵恒给名分，势必会让赵恒厌烦。

后宫诸多佳丽中，除了刘娥，还有一位杨氏也颇得赵恒宠幸，赵恒每次出巡都把杨氏带在身边。

杨氏与刘娥知道赵恒对她俩都很宠幸，这时，刘娥厉害的一面又得以展现，她非但不嫉妒杨氏，还主动与之交好，两人情同姐妹。若干年后刘娥成为皇后，依然与杨氏和睦相处。

多一个朋友总比多一个敌人强。近年颇为流行的宫斗剧是低段位的戏码，真正的高手根本不去宫斗，而是团结一切可以团结的力量，化敌为友，共谋长远利益。

赵恒充分巩固皇权之后，才敢给刘娥一个四品美人的名分，而后又先后将其晋升为修仪、德妃。

已贵为皇妃的刘娥主动找到前夫龚美。时过境迁，二人再见面时已经物是人非，龚美还是个穷银匠，而刘娥穿金戴银，高高在上，好不威风！

龚美本以为刘娥当上皇妃之后，为了淡化其二婚的经历，会对自己疏远，甚至可能杀自己灭口。他万万没想到，刘娥竟然派人寻找他并把他接入宫中相见。

刘娥提出，与龚美结为兄妹，龚美改姓刘。就这样，龚美再也不需要辛辛苦苦打造银器谋生，变成了当今圣上的国舅爷刘美。

刘美当即被封为三班奉职，在宫内工作，后来又被调到军队发展，死后被追赠太尉、节度使。可以说，刘美的余生都是在富贵中度过。

景德四年（公元1007年），赵恒的第二任皇后郭皇后驾崩，他想要册封刘娥为皇后。让人意想不到的是，这一想法公开之后，迎来了以寇準、王旦为代表的大臣们的一致反对，反对理由是：刘娥出身卑贱且二婚。

这群官僚还提出了皇后的最佳人选，那便是前丞相沈伦的孙女沈才人。

后宫里有那么多达官贵人家的千金小姐，大家为什么偏偏推荐沈才人呢？

这要从沈伦隶属的派系说起。沈伦是宋太祖赵匡胤的嫡系，与赵普同时期投奔到赵匡胤麾下，二者资历等同。沈伦的影响力其实非常大，只不过在史书中的名气不如赵普大。沈伦负责掌管财政。赵匡胤亲征北汉时，让弟弟赵光义（即赵炅）留守都城，并任命沈伦为大内都部署、判留司三司事，全面负责皇宫安全，处理朝廷日常财政事务，可见赵匡胤对沈伦是多么信任。

总之，沈伦是赵匡胤派老臣的核心骨干之一。现在各位老臣推举沈伦的孙女为皇后，正是君臣权斗的表现。

在封建社会历朝历代，皇帝与大臣的矛盾一直是上流社会的主要矛盾。造成这种矛盾的根源是，皇帝与大臣的利益诉求不同。皇帝最想要的是皇权巩固，江山不变色，天下是他一个人的天下，不允许有权臣挑战权威；大臣们的利益诉求则是在皇帝的天下中揩油。大臣贪腐得来的利益，都是侵占皇家的利益，大臣多贪污一点，皇帝就多损失一点，大臣的权力增加一点，对皇权的限制也增加一点。所以，君臣相斗是不可避免的客观存在，身在其中，无处可逃。

现在诸位权臣否定了皇帝赵恒自己喜欢的皇后候选人，非要推举他们一致看好的"自己人"，反映了君臣权力斗争的激烈程度。至于大臣们所谓的"刘娥出身微贱，不可以为一国之母"，纯粹是表面借口。

站在赵恒的立场，如果连自己的皇后都不能保证是自己人，都要被权臣安插棋子在身边的话，自己这个皇帝只会越来越被动。

为什么赵恒允许刘娥和前夫龚美相见，甚至还给龚美封官？这是因为龚美从普通银匠变成宫内官员，他唯一可以仰仗的就是皇帝赵恒，没有第二选择，他会非常忠诚可靠。

为什么古代皇帝喜欢仰仗外戚集团与宦官集团呢？因为大臣们组成的官僚集团人多势众，分别把持着具体的业务部门，实权在他们手中，皇帝单打独斗不足以制约庞大的官僚集团，要想政治天平不失衡，必须借助另外一股政治力量与之抗衡，也就是起用外戚、宦官集团。

话说，推荐沈伦孙女的诸多官员中，喊得最响的人是参知政事赵安仁。赵恒对他狠狠批评了一番，此事暂时告一段落。最终，赵恒既没有册封刘娥，也没有册封沈伦的孙女。

赵恒通过这件事充分意识到，下面这群大臣不是省油的灯，他们的这波操作是为了试探自己的底线。赵恒虽然很生气，但还不想同他们撕破脸。他知道，立刘娥为皇后这件事，需要分步骤慢慢实现。

此时，刘娥还面临一个问题，那就是没有为赵恒生过孩子。假如刘娥为赵恒生下一位皇子，赵恒将其封为太子，再立刘娥为皇后便顺理成章，没有大臣能够阻拦。

可是生孩子这种事带有一定的随机性，往往是不想生的人意外怀孕，想要生的人又怎么都怀不上。刘娥属于后者。

一天，刘娥去寺庙祭拜，看到一位年轻的小尼姑，即便穿着出家人的衣服，也无法掩盖出众的姿色。

刘娥便打听这位尼姑。原来，这位小尼姑姓李，祖上出自陇西，后举家迁入杭州，祖父在吴越国做过金华县主簿。后来吴越国归顺了宋朝，李家也就北上来到都城开封。小尼姑的父亲很早就去世了，她的后妈迅速改嫁，她成为没人管的孩子，又没有一技之长，只好出家为尼。

刘娥得知了李尼姑的身世，冒出了一个大胆的想法，便让她还俗，以侍女身份跟着自己回宫，为赵恒侍寝。

没多久，李氏便怀孕了。大中祥符三年（公元1010年），小李为赵恒生下皇子赵受益。刘娥将这个孩子认作自己的儿子。

这时候，刘娥考虑周全的一面又体现出来。刘娥算是有皇子了，那么和她关系特别好、同样受宠的杨妃会怎么想呢？她会不会萌生醋意？会不会从此对自己心生戒备呢？于是，刘娥让杨妃当这个皇子的养母。这样一来，杨妃立刻放下戒备，全力支持刘娥争取皇后的位置。

两年以后，刘娥被册立为皇后。官僚集团反应强烈，负责起草诏书的翰林学士杨亿拍了桌子，拒绝起草册立皇后的诏书，赵恒不得不另找他人。

刘娥意识到，这波政治斗争自己怕是不得不参加了。赵恒也意识到，要想跟这群官僚斗法，必须仰仗外戚集团，所以他有意让刘娥学习并参与政治。赵恒每次阅览奏章，刘娥都陪在他身边一同阅览，遇到需要做决策的地方，赵恒也会征求刘娥的意见，没多久，刘娥便对皇帝的日常工作了然于胸。

刘娥与李氏也情同姐妹，李氏后来被封为李宸妃。

大家熟悉的《狸猫换太子》，最初出自元杂剧《金水桥陈琳抱妆盒》，后来被写进明代小说《包公案》和清代小说《三侠五义》里，到了民国时期，被改编成京剧搬上戏台，渐渐地，各种地方戏也纷纷吸纳了这一题材，使其流传甚广。近年的电视剧、电影也多次对此故事进行翻拍，影响着众多观众。

在这些民间小说、戏曲、影视里，刘娥是个大坏蛋，嫉妒李妃，以剥皮的狸猫调换了李妃所生的皇子，害得李妃被打入冷宫，宋真宗赵恒驾崩以后，宋仁宗登基，大忠臣包拯受理李妃冤案并为其平反，迎接李妃还朝。

这个故事流传得实在太广，以至于民间提到刘娥，都觉得她是个奸诈阴毒的女人。事实上，真正的刘娥与李宸妃非但不是你死我活的关系，刘娥还可以说是李宸妃的贵人。

话语权在士大夫阶层手中，这群官僚抹黑刘娥，归根结底是为了抹黑皇帝赵恒，因为老百姓会想：皇后是个坏皇后，看上坏皇后的皇帝，肯定也是昏君。

❽ 天禧党争

天禧三年（公元1019年），赵恒已经五十二岁了，他的身体大不如前，性格也变得多疑。

这一年，太白星在白天出现。大师占卜得知，此种天象为"女主昌"，意思是朝廷阴盛阳衰。

在赵恒身体健康的时候，刘娥参与朝政，可以帮着他平衡官僚集团，现在赵恒身体状况堪忧，又遇到这种星象，他开始担心自己死后，刘娥会像汉高祖刘邦的皇后吕雉那样专权，颠覆江山。因此，赵恒又试图拉拢官僚集团来掣肘刘娥。

他先向心腹宦官周怀政表示，自己有意让太子赵受益监国，让太子早早地参与国家治理，以对刘娥分权，进而防止将来刘娥操控小皇帝。

周怀政赶紧找到当朝丞相寇準，把皇帝的意思透露给他。寇準立马找机会秘密进宫，与赵恒商量如何实现太子监国。

这件事情，最重要的是瞒着刘娥。可是，此时的刘娥已经不是当年刚刚入宫的二婚民妇，她浸染政治多年，早就在宫内埋伏了诸多爪牙。寇準秘密入宫以及与赵恒商讨的内容，第一时间被传到她的耳中。

刘娥很生气，向赵恒要个说法。赵恒只好说："我不记得和寇準说过什么。"来搪塞她。

赵恒说的这句话，让刘娥认定，是寇準主动挑拨赵恒来搞太子监国。当年赵恒想要册封刘娥为皇后，就是寇準带头反对。刘娥这次被激怒了，那就新仇旧仇一起算，胁迫赵恒罢免寇準的丞相一职，把与寇準向来有仇的丁谓封为新丞相！

宦官周怀政吓得慌乱起来，他意识到刘娥一定会杀掉自己。与其坐以待毙，不如铤而走险，先下手为强，搞一场政变，杀掉丁谓，废掉刘娥，逼赵恒退位，让太子登基。

周怀政高估自己的同时，也低估了刘娥。他没有想明白一件事：连皇帝赵恒与丞相寇準私下谈话的内容都被刘娥窃听到了，他一个宦官想搞政变，怎么可能瞒得住刘娥呢？

果然，他的手下早就悄悄向刘娥、丁谓告密了。周怀政企图兵变那天早上，还没等他动手便被拿下，而后被判死刑。

寇準还有一个心腹名叫朱能，实在气不过，也起兵反抗，但被镇压，兵败后自杀。

此时刘娥对赵恒非常失望，索性不再顾及他，绕过他私下圣旨，将寇準贬到相州（今河南安阳）。但她还是不解气，又下旨把寇準从相州调到距离都城更远的安州（今湖北安陆）。刘娥觉得还是不够解气，再次下旨，把寇準从安州调到更远的道州（今湖南道县）。

就这样，在极短的时间内，寇準连遭三贬。对于寇準的遭遇，赵恒被蒙在鼓里，直到有一天，他突然意识到好久没有听到寇準的消息，便问身边的人，可是他身边的人都已经被刘娥充分渗透，没人敢回答他。

乾兴元年（公元1022年），刘娥公开宣布寇準、周怀政等人的罪行，同时第四次下旨，把寇準调往更远的雷州（今广东雷州半岛）。

这一次，寇準再也没能回来，最终客死雷州。

至此，轰轰烈烈的天禧党争落下帷幕，以刘娥为代表的外戚集团的势力得以巩固，而以寇準为代表的官僚集团被狠狠打压。

同一年，宋真宗赵恒驾崩，留下遗诏，尊刘娥为皇太后，并且特别说明，军国大事全由皇太后处置。

李宸妃所生的赵祯（原名赵受益，立为皇太子后改名为赵祯）登基，即宋仁宗。

半个女皇

赵恒驾崩后，宋朝迎来了刘娥专权的时代。按照常理，丁谓凭借当年帮助刘娥压制寇準的功劳，可以轻松享有泼天的富贵。可惜，人心不足蛇吞象，当上丞相的丁谓并不满足，他不想当被实权皇太后压制的丞相，而是想当操控不懂事的小皇帝的权臣。他妄图架空刘娥，操纵小皇帝，独揽朝纲。

此时的刘娥在政治上已经十分成熟，对于丁谓的野心看在眼里，两个人的矛盾迅速激化。

刘娥是怎么知道丁谓有野心的呢？前文讲到，赵恒临终前留有遗诏，有句话涉及刘娥的权力问题，那就是"以明肃皇后辅立皇太子，权听断军国大事。"

当时负责起草遗诏的是一位叫作王曾的官员。丁谓看到这句话，悄悄对王曾说："是否考虑去掉这个'权'字？"王曾并没有听从丁谓的建议。

"权"是全权代理的意思。有"权"字，则刘娥的权力上不封顶；没有"权"字，则说明刘娥只是暂时辅政。一字之差，云壤之别。就是在这个时候，刘娥意识到，丁谓是有野心的，王曾才是自己人。

赵祯即位后，刘娥晋升王曾为礼部尚书。

为什么刘娥如此着急把王曾安排到礼部呢？因为赵祯登基后马上面临

一个重要问题：皇太后应该按照什么样的礼仪坐朝。礼部是负责制定朝廷礼仪的部门，刘娥这么做，就是要把制定礼仪的决定权抓在自己的手里，以防那群反对自己的官僚拿这件事做文章，搞出一些礼仪来压制她。

讨论会上，王曾、丁谓分别提出一个方案。

王曾的方案是，参考东汉的做法，每次上朝的时候，皇太后刘娥坐在小皇帝赵祯的右边垂帘听政。

丁谓的方案是，小皇帝赵祯只在每月的初一、十五接见大臣，其余的日子都不要上朝。有大事的话，由皇太后刘娥召见大臣断定，一般的小事就让小皇帝身边的近侍宦官雷允恭来决断，事后再汇报给皇帝。

王曾、丁谓由于立场不同，建议有明显的差异。

王曾的方案是加强刘娥、赵祯的皇权，归根结底是加强刘娥的权力；而丁谓的方案把很多权力下放给了宦官，削弱了小皇帝的权力，丁谓只要搞定这些宦官，就相当于他成了实权拥有者。

王曾的政治敏锐性不是吹出来的，当场就与丁谓撕破脸，坚决反对他的提案。最终没有确定方案，大家只好散会。

躲在幕后的刘娥没有发表任何意见，但是没多久，她召集文武百官开会，将丞相丁谓与宦官雷允恭勾结、违法的证据公之于众。在证据面前，二人只能认罪。雷允恭被判死刑，丁谓被罢相、抄家，贬到崖州（今海南岛）。

刘娥正式垂帘听政，上朝时的礼仪都依照王曾的方案执行。

丁谓最大的问题在于野心太大，攫取权力的心态过于着急，摸不清刘娥的实力便想夺权，导致快速落马。连实力雄厚的寇準都斗不过刘娥，何况你丁谓呢？

丁谓只是官僚集团中不服刘娥的代表之一，还有一个官僚也对刘娥一百个不服。他比丁谓资历老、功劳大，既是丁谓的好朋友，又是王曾的政敌，此人便是大臣曹利用。

曹利用的来头可比丁谓大多了。宋真宗赵恒视曹利用为绝对心腹，当年宋真宗御驾亲征北伐辽国时，曹利用追随左右，澶渊之盟便是曹利用亲自去与辽国谈判并签订的协议。

赵祯登基的时候，曹利用已经被封为枢密使并加封司空，官位仅次于丞相。

刘娥垂帘听政后，曹利用的好朋友丁谓被拿下，这让他非常不满，外加他与王曾素来不和，他便对刘娥、王曾消极抵抗。

曹利用资历老、功劳大，认为刘娥无论如何都不敢动他，便有恃无恐，经常与刘娥、王曾对着干。

刘娥搞定垂帘听政之后，将王曾晋升为副丞相兼会灵观使，曹利用则担任枢密使兼景灵宫使。刘娥知道这二人素来不和，又考虑到曹利用是前朝老臣，便假借赵祯之名下了圣旨，明确表示曹利用的职级比王曾高，以对曹利用加以安抚。

后来，王曾升任昭文馆大学士、玉清昭应宫使，职级又比曹利用高了一点。客观地讲，高或低一个职级，差别并不大，不必斤斤计较。曹利用却偏偏拿着放大镜看这件事，非要比王曾高半头。

按照惯例，被封官的新官员们需要搞一个谢恩仪式，以表达对皇太后、皇帝的感激之情。谢恩仪式开始前，所有的官员都要按照职级高低顺序排队入场。一个令人尴尬的问题出现了：王曾与曹利用两人，谁走在前面？

曹利用强势地告诉现场的工作人员，他必须站在王曾的前面。工作人员既不敢得罪曹利用，也不敢得罪王曾，现场气氛凝滞。

此时，刘娥与赵祯坐在宫殿内等诸位大臣，左等右等就是不来人，便让身边的侍卫去催。

王曾看到皇太后派人来催了，灵机一动，对着现场传话的人大声喊道："你去向皇太后、皇上禀告，就说王曾率领列位大臣前来谢恩！"

王曾这么做，相当于把自己排在了曹利用的前面。曹利用怒火中烧，但又不便发作，只好咬着后槽牙勉强参加接下来的谢恩仪式。

来到大殿后，小皇帝赵祯在刘娥的授意下多说了一句话："以后王卿、曹卿需要同时进殿时，可以并列进入。"

刘娥这么做，是为了安抚曹利用。曹利用却觉得这是刘娥害怕自己的表现，他沾沾自喜，日益嚣张跋扈。刘娥每次想要给刘姓的娘家人封赏时，曹利用总是想都不想就反对，在场的其他人都觉得他这是在作死。

时间一久，那些原本可以得到封赏的人恨死了曹利用。曹利用却从不考虑自己会因此得罪许多人，他还是坚信，凭借他的资历和功劳，没人敢对他怎么样，他也就越来越放肆。最夸张的是，曹利用在刘娥的帘前汇报工作时，竟然用手指去弹击垂帘上面的布带！

刘娥身边的内侍看不下去了，散会之后，纷纷向刘娥指责曹利用的小动作，说："曹利用总说自己是先帝时候的大功臣，可是先帝在的话，他敢这么嚣张吗？"刘娥听完，反而安抚道："不必动气，哀家心里有数就是了。"

刘娥的确忌惮曹利用的资历与功劳，面对这么一个大刺头，她始终没有下定决心像对付丁谓那样把他干掉。直到有一天，发生了一件特殊的事。

一天，一位大臣来找刘娥，说："禀告太后，我发现了曹利用的一个秘密。"

刘娥问："哦？"

大臣道："曹利用反对太后封赏别人，有不可告人的原因。"

刘娥问："什么原因？"

大臣道："没给他行贿的人，他就会反对；给他行贿的人，他肯定不反对。"

刘娥说："话不能乱讲，你有证据吗？"

大臣说:"我就是证据。我刚刚给曹利用的老婆送了一笔钱,希望她告诉她丈夫,太后封赏我的时候一定不要反对。曹利用的老婆照单全收了。明天上朝时,太后可以假装封赏我,看看曹利用是不是一反常态地支持您封赏我。"

刘娥说:"好,那就试试看。"

第二天上朝时,刘娥下诏降旨封赏昨天那位大臣。果然,向来投反对票的曹利用一反常态,哑火了。

刘娥这才意识到,过去一直认为曹利用如此嚣张是他仗着资历老,与她这个皇太后政见不合,没想到,这家伙是个贪赃枉法的伪君子。刘娥下定决心找机会扳倒曹利用!

刘娥除掉曹利用的过程,表现出其作为政治家阴狠的一面。

一天,刘娥身边的宦官罗崇勋犯了罪,刘娥没有直接责罚他,而是交给曹利用处理。

曹利用一看,这敢情好,训斥刘娥身边的宦官,就相当于变相地羞辱刘娥,又给自己长脸了,于是在大庭广众之下,他摘掉罗崇勋的帽子,用最难听的脏话骂了很久。罗崇勋这辈子都没有被人如此羞辱过,对曹利用恨之入骨。

殊不知,这一切都是刘娥有意为之。刘娥在给曹利用"培养"仇人的同时,也在紧锣密鼓地搜集他和他的家族犯罪的证据。

曹利用的侄子曹汭在赵州(今河北石家庄赵县)任兵马监押,有州民来京城举报曹汭违法。刘娥得知后,立刻成立调查组,由罗崇勋担任组长。

罗崇勋兴高采烈地赶往赵州调查,搜集证据得知,曹汭竟然酒醉后穿上龙袍,叫别人喊"万岁"!这可是妥妥的死罪,罗崇勋当场将曹汭杖打至死。

曹利用这才缓过神儿,意识到大事不妙,自己马上就要倒霉。果然,圣旨来到，罢免了曹利用的枢密使一职，降为通判，调往邓州。没多久，又被降职到随州（今湖北随州）担任知府。

这时，又查出曹利用曾经挪用景灵宫的钱。

景灵宫是宋真宗赵恒修建的宫殿，用以祭拜其祖先轩辕黄帝。说白了，就是曹利用贪污了给皇帝的老祖宗修坟的钱。这可是大罪。

这个罪彻底抹杀了曹利用一直引以为傲的功劳。你曹利用不是动辄就说自己是前朝忠臣吗？既然如此，你怎么还贪污当时修宫殿的钱呢？曹利用从此之后再也没脸吹嘘自己这一点了。

刘娥乘胜追击，将曹利用调往房州（今湖北十堰房县），将他的儿子、亲属罢官，收回宋真宗时期赐给他的宅院并抄家。与之前数次贬谪曹利用不同，这次刘娥专门派宦官杨怀敏护送他。当然了，谁都看得懂，名为护送，实为监视。

一行人来到襄阳驿站时，杨怀敏突然喊停队伍，不再前进，接着发生了什么不得而知。第二天杨怀敏向朝廷报告说，头天晚上曹利用上吊自杀了。

曹利用之死，是刘娥向官僚集团发起反击取得的阶段性胜利。在那之后，再没有官僚敢挑衅刘娥了。

那么，刘娥是否就满足于此呢？换言之，刘娥是否动过效仿武则天称帝的心思呢？

答案是：有过。

一天，刘娥在上朝时问右谏议大夫、参知政事鲁宗道："你怎么评价唐朝的武则天？"

鲁宗道瞬间明白，刘娥的野心远不止于做一个垂帘听政的皇太后，而是要当女皇，她这么问，分明是在试探看能否得到支持。鲁宗道回答："武则天是唐朝的罪人，差一点断送大唐社稷！"刘娥听后，陷入了沉默。

当时有官员提出立刘氏七庙，刘娥就此问诸位大臣，大臣们都不敢应对，唯独鲁宗道直言不可，还说："要是这样做，当今皇帝将被放在什么位置呢？"

只有少部分官员支持刘娥当女皇。有一位叫程琳的官员画了一幅《武后临朝图》呈了上来，画的内容是武则天称帝后坐朝的样子，其用意不必多言。还有殿中丞方仲弓上书，不加掩饰地请皇太后效仿武则天行事。但刘娥通过前面的事，意识到称帝的阻力很大，当即把方仲弓的上书扔在地上，斥道："我绝对不做这种对不起列祖列宗的事情！"

当然，刘娥是不会轻易言败的。既然大家不支持，那不妨搞点小动作。

明道元年（公元1032年）年末，刘娥提出要去太庙搞一个祭祀大典。大臣们一听，这是好事，皇太后主动祭拜赵家列祖列宗，说明她不想当女皇了，纷纷表示支持。

这时，刘娥说："最好……穿着皇帝的龙袍去。"礼部侍郎薛奎进言："太后想祭拜祖宗，臣不反对，只不过有一个问题请教太后：到时候您身着皇帝的衣服，是行男性皇帝礼还是女性后妃礼？"

刘娥被问住了，气氛尴尬，只好立马退朝。

第二年年初，刘娥我行我素，要去太庙着帝王龙袍祭拜。

反对派官僚不敢同她撕破脸，只能退而求其次，提出去掉她所穿的皇帝衣服上的十二个基本图案中代表忠孝与洁净的宗彝和藻，言外之意是，你刘娥不忠不孝！同时提出，刘娥祭拜时不能佩戴男性皇帝专属的佩剑。刘娥最终妥协，答应了这两个要求。

本来刘娥可以凭借高超的政治手腕慢慢解决这些反对派，实现女皇梦，可惜老天不作美，没多久她就得了重病。

刘娥意识到命不久矣，下旨大赦天下，给被自己逼死的两位权臣寇準、曹利用平反，把贬到外地的丁谓调回京城。

明道二年（公元1033年）三月，躺在病榻上的刘娥不停地用手抚摸穿在身上的龙袍，渐渐地，动作越来越慢，直到一动不动。她带着未竟的梦想，永远闭上了眼睛，享年六十四岁。

赵祯召见群臣，哭着问道："太后临终前，不停地用手摸身上的衣服，众卿觉得这是何意？"

薛奎说："这太明显了，说明太后不想穿着帝王的龙袍去见先帝啊！"刘娥的反对派们瞬间心领神会，纷纷表示赞同。

赵祯当即下令给刘娥脱掉龙袍，换上后服入殓。

刘娥刚下葬，有一个特殊的人站了出来，让所有人大吃一惊。此人正是人称"八王爷"的赵元俨。

赵元俨是宋太宗赵炅的第八个儿子、宋真宗赵恒的弟弟。刘娥掌权后，赵元俨担心锋芒毕露被她打压，便假装疯了，整日关在家里不出门。刘娥去世之后，赵元俨竟然一脸精气神地站了出来，让大家颇为震惊。

赵元俨对赵祯说："我要告诉你一个惊天大秘密：刚死的这位刘太后根本不是你亲妈！"

赵祯不信，赵元俨说："不信你问问大家。"

前文讲到，抚养赵祯长大的有两个人，一个是刘娥，还有一个是杨贵妃，已改称杨太妃。

杨太妃听到这里，眼泪掉了下来，说道："皇儿，你八叔说的是事实，李宸妃才是你的亲生母亲，我与刘太后都是你的养母。"

赵祯如遇晴天霹雳，不知如何是好。

赵元俨又说："这还不是最劲爆的，你亲妈李宸妃是被刘太后害死的，听说死相很惨，全身是伤！"

赵祯接受不了这突如其来的打击，当即宣布退朝。

接下来的日子里，赵祯一直没有上朝，而是独自落泪。他越想赵元俨的话越生气，可是转念一想，这些只是他的一面之词。他决定开棺验尸，以辨真伪。

赵祯一方面派兵包围了刘娥的亲眷家，一方面派人去打开李宸妃的棺材，如果李宸妃的尸体表明生前遭遇了残害，就立刻将刘娥的亲眷灭族。棺材打开之后，人们惊呆了：李宸妃的尸体不但没有伤口，还用水银保养着，面色和生前一样鲜活动人。赵祯这才知道赵元俨在挑拨离间，他十分自责，在刘娥的灵柩前焚香祭拜，放声痛哭。

按说应该治赵元俨欺君之罪，念及他是自己的叔叔，平时又以疯子自居，赵祯便没有与他计较。

由此可以看出，人们对刘娥的抹黑是十分严重的，后世甚至杜撰出了"狸猫换太子"的故事诬陷她。

客观地说，刘娥对官僚集团的打压对于宋朝的稳定起到了重要作用。此时赵祯刚刚亲政，还没能体会到官僚集团的强大与难缠，其后期的"庆历改革"便被强大的官僚集团硬生生逼得终止，或许到了那时，赵祯才能真正领悟刘娥的长远眼光。

肆

宋仁宗赵祯：虎头蛇尾的改革家

8 清算刘娥势力

要说刘娥为赵祯留下的最宝贵的政治遗产是什么？答案是：丞相吕夷简。

吕夷简出身豪门，是宋太宗赵炅执政时期的丞相吕蒙正的亲侄子。他自幼刻苦攻读，在宋真宗执政时期成功考取进士，而后从基层做起，历任通州（今江苏南通）通判、滨州（今山东滨州）知州、礼部员外郎、刑部员外郎兼侍御史。

吕夷简不仅有才华，还很清廉，有"廉能"的美誉。他与寇準有一个共同的特点——敢说。他敢于批评宋真宗赵恒，赵恒不但不生气，还屡屡提拔他，将其晋升为龙图阁直学士，迁刑部郎中，兼任权知开封府事。

"权知开封府事"是官职名，又叫"开封府权知府"，在当时就是开封府的一把手，而宋朝都城就在开封，由此可见，赵恒对吕夷简是多么信任。

有一次，有官员看到赵恒把吕夷简的名字写在皇宫的屏风上，便把此事传了出去。外面的人私下传言，吕夷简极有可能当上丞相。

乾兴元年（公元1022年），宋真宗赵恒驾崩，年幼的宋仁宗赵祯即位，皇太后刘娥临朝称制，垂帘听政，吕夷简正式拜相。

赵恒完全可以在自己活着的时候就晋升吕夷简为丞相，但他故意把提拔吕夷简的恩情送给刘娥，让吕夷简更加忠心地支持刘娥。

吕夷简在刘娥执政时期尽心竭力，两个人配合得十分默契。前文讲到，李宸妃先于刘娥去世，刘娥对李宸妃厚葬，用昂贵的水银包裹她的尸体，以防腐烂。其实，刘娥起初并不想这么做。李宸妃是宋仁宗赵祯的亲生母亲，刘娥、杨贵妃只是他的养母，因此刘娥有意淡化李宸妃，以防止有人挑拨自己与小皇帝的关系。李宸妃去世后，刘娥首先考虑秘不发丧，低调入殓。

吕夷简看懂了刘娥的心思，马上提出反对意见："太后不但不该秘不发丧，还应该大办特办！"

刘娥很不高兴地说："丞相也要插手后宫吗？"

吕夷简解释道："太后把这件事想得简单了。您活着的时候，没人敢拿李宸妃做文章，将来您不在了，一定会有人挑拨当今圣上与刘氏家族的关系，到时候有人说李宸妃是您暗害的，圣上一冲动，对刘氏家族展开诛杀，也不是不可能！"

刘娥听完出了一身冷汗，说："哎呀，还是丞相看得远！"

在吕夷简的提醒下，刘娥将李宸妃厚葬，还留了后手，将李宸妃的遗体浸泡在水银中，这样便可保留其生前的样子，将来真要有人说李宸妃是被刘娥残害的，打开棺材便可戳破谎言。

从赵祯的本心来讲，他不希望活在刘娥的阴影里，正所谓"一朝天子一朝臣"，他希望提拔一批忠于自己的新臣属，不想再用刘娥当年的心腹。赵元俨这个投机分子读懂了赵祯的心思，第一时间过来投诚，想当批判刘娥的急先锋，但他万万没想到，刘娥技高一筹，提前给自己留了反杀的暗招，开棺验尸反而证明了刘娥对李宸妃的厚待。

事已至此，赵祯该如何是好呢？

这时候，有一位更聪明的人不仅像赵元俨一样读懂了赵祯的心思，还拿出了一套切实可行的办法。此人便是大家熟悉的《岳阳楼记》的作者，宋朝著名政治家、文学家范仲淹。

范仲淹在刘娥执政时期就经常上书，要求刘娥尽早结束垂帘听政，还政于赵祯。可想而知，范仲淹一定会被排斥、打压。天圣八年（公元1030年），范仲淹被外调为河中府（今山西永济）通判；次年，又调任陈州（今河南周口淮阳）通判。

来到陈州之后，范仲淹不改耿直本色，继续上书参政。例如，他提出朝廷应该停掉面子工程，否则大兴土木劳民伤财，还主张削减郡县，精简公务人员编制，让政府不要养闲人。现在看来，他的这些提议是十分切中时局的，他有一颗不怕得罪人的公心。

范仲淹的上书并没有得到刘娥的回复，却被尚未亲政的赵祯看在眼里，十分感动。刘娥去世后，赵祯第一时间把范仲淹调回自己身边，视为心腹，范仲淹也毫无保留地为赵祯出谋划策。

对于如何评价皇太后刘娥及处理其留下的老臣，范仲淹提出："太后是先帝留下来的，她辛苦照顾和辅佐陛下已经很久了，我们应该宽容她的一些小错误，以维护她的声誉和品德。与此同时，对皇太后留下的前朝老臣该罢免的罢免，该排挤的排挤，大胆起用新官员取而代之，彻底肃清前朝老臣的政治影响力。"

赵祯听后连连称赞，当即下诏告诫群臣，以后任何人都不得妄议皇太后。与此同时，他授意丞相吕夷简进行大规模人事调整，把刘太后曾亲信的大臣全部贬为外官。

经过一番部署，吕夷简松了一口气，以为可以安安心心地当一个既有皇帝支持，又没有前朝遗老掣肘的实权丞相了。他万万没想到，一把冷枪先打在了他的头上。

原来，他忽略了一个特殊的人，此人便是赵祯的皇后郭皇后。

桀骜不驯的郭皇后

天圣二年（公元1024年），小皇帝赵祯十五岁，太后刘娥决定给他选一个皇后。经过一番高强度选秀大赛角逐，有两个最佳人选杀入决赛圈，一个是已故名将郭崇的孙女郭氏，另一个是已故名将张美的曾孙女张氏。赵祯更喜欢张氏，可是刘娥偏偏更喜欢郭氏，最终郭氏被立为皇后。

郭氏仗着有太后刘娥撑腰，不当丈夫赵祯是个皇帝，将他盯得紧紧的，不让他触碰别的女人。赵祯在郭皇后这里感受不到一丁点儿女人的温柔，但又害怕她背后的刘娥，只好把苦闷压在心中，敢怒不敢言。与此同时，赵祯疏远郭氏，导致郭氏始终没有怀孕。

刘娥活着的时候，赵祯照顾面子，还与郭皇后说几句话；刘娥去世后，赵祯彻底不搭理她了。

前文讲到，吕夷简在刘娥去世后亲自操盘清洗前朝老臣，而郭皇后是刘娥一派的人，这让郭皇后对吕夷简痛恨万分，经常找赵祯发脾气，哭着闹着让他把吕夷简罢免。赵祯实在扛不住这位不讲理、情绪化的皇后的折腾，索性真的罢免了吕夷简的丞相之位，只不过没多久又让他复职了。

尽管临时将吕夷简罢相是敷衍郭皇后的权宜之计，但这件事在吕夷简的心中种下了仇恨的种子，他暗暗盯上了郭皇后，伺机报复。等来等去，机会终于来了。

在后宫之中，让赵祯最满意的佳人有两个，分别是尚美人、杨美人。她们不仅长得漂亮，还温柔懂事，与郭皇后形成强烈对比。时间久了，郭皇后将这二位美人视作眼中钉、肉中刺，一有机会就对她们破口大骂，全然没有皇后的仪容。尚、杨二人不敢回骂，强压怒火。

一天，赵祯又偷偷来到尚氏的后宫，尚氏趁机向赵祯说郭皇后的坏话，却不知郭皇后不动声色地悄悄跟来。

尚美人一边撒娇，一边把郭皇后骂了个痛快，赵祯附和，两人找到了共同话题，灵魂产生了共鸣。突然，"咣"的一声，门被踢开，郭皇后从天而降，冲上前抡圆了胳膊朝着尚氏的脸上扇了过去……赵祯出于本能反应向前阻挡，结果这一巴掌实实在在地抡在了他的脖子上。

"啪！"现场陷入了可怕的寂静。赵祯摸了摸脖子上的红手印，瞪着血红的眼睛大骂道："你这泼妇，朕要废了你！"

郭皇后一看事情搞大了，在众人的劝说下，赶紧打道回宫。

一直密切关注郭皇后一举一动的吕夷简听说了此事，赶紧让自己的心腹谏官范讽频繁给赵祯洗脑："当今皇后册封已经九年了，却一个孩子都没生出来，为江山考虑，应当废掉。"

得到大臣支持的赵祯开始为废后造势，在满朝文武面前，他展示颈部被打的手印，以引发群臣共鸣。

红手印展示完毕，诸位大臣有同意废后的，也有反对的，吵作一团。赵祯看了一眼一直沉默不语的范仲淹，问："范卿怎么不说话？"

范仲淹说道："臣也在权衡此事。"

赵祯问："那你的意见是？"

范仲淹答："在臣看来，不仅皇后不能废，还要终止这个议题的讨论，今天的讨论内容也要严格保密，不可外传。"

对于范仲淹的话，赵祯可是很走心的，此事便暂时搁置。可是，吕夷简不依不饶，一定要报仇，持续在赵祯身边鼓吹废掉郭皇后的诸多好处。过了一段时间，赵祯坚定了废后决心。

吕夷简悄悄下令，在废后问题上，负责台谏的部门不能接受谏官的奏疏，也就是说，他彻底封死了反对废后的舆论渠道。

明道二年十二月（公元1034年1月），赵祯颁下诏书："皇后因为迟迟生不出皇子而内疚，自愿出家进入道观修行，特封为净妃、玉京冲妙仙师，赐法名清悟，别居长宁宫修行。"

谏官孔道辅等人表示反对，理由是："皇后生不出孩子不算过错，不能因此被废！"

这位孔道辅是孔子的四十五代孙，在伦理纲常问题上有先天的权威性。他说的也很有道理，因为太后刘娥当年也生不出孩子，不耽误她贵为皇后，直至垂帘听政。

孔道辅的言论可谓对赵祯啪啪打脸。赵祯震怒，懒得与他讲道理，直接将其贬官。

废掉郭氏后，赵祯娶了宋朝开国元老曹彬的孙女曹氏为皇后。随着时间的流逝，他渐渐冷静下来，开始想念郭氏。他派人去问郭氏，两个人能否和好，即使不是皇后了，也允许她回宫生活。可是郭氏已伤心至极，拒绝了赵祯。

后来赵祯又下了一道密令，让郭氏必须回宫。郭氏再次拒绝了他，说："如果让我回宫，不能只是陛下您一个人同意，必须百官立班上册才行。"她的意思是，当时有好多官员喊着废掉我，现在我即便回去了，他们依然恨我，你能管得了那些官员吗？赵祯无法答应，此事不了了之。

景祐二年（公元1035年）十一月，郭氏生病。赵祯派内侍阎文应领着御医去给她看病，结果小病变成大病，郭氏突然去世了。当时一直有风言风语，说赵祯故意派阎文应将郭氏毒死。至于真假，不得而知。

赵祯对郭氏猝死颇为伤心，下令恢复她皇后的身份，但停办赐谥号、上封册及附祭庙庭之礼，遗体下葬在奉先寺。

宋夏战争

宋朝在西北地区有一个藩属国，是党项政权，首领名叫李元昊。藩属国要承认宋朝是他的宗主国，定期纳贡，首领要接受宋朝皇帝的任命。藩属国有替宋朝看家护院的责任，如果宋朝有危险，藩属国须进京救援。

宝元元年（公元1038年），李元昊宣布脱离宋朝独立，登基称帝，建国号为"大夏"，也就是历史上的西夏王朝。李元昊还给赵祯写了一封信，希望赵祯接受现实，承认西夏独立这一事实。

宋朝满朝震怒！大部分官员主张立马派兵攻打西夏，将李元昊缉拿问罪。赵祯下诏削去李元昊一切官爵，宣布其为罪人并悬赏捉拿。一场轰轰烈烈、长达三年的宋夏战争全面爆发。

宋夏的第一场大规模战争是三川口（今陕西延安北，延川、宜川、洛川三条河流汇合的地方）之战。

康定元年（公元1040年）三月，嚣张的李元昊化被动为主动，向宋朝发起进攻。

李元昊使出计谋，一方面假装攻打宋朝的金明寨（今陕西延安安塞区南部），另一方面，又给宋朝的延州（今陕西延安）知州范雍写了一封信，在信中态度"诚恳"地说自己不想与宋朝起太大冲突，只求两边坐下来，以和谈的方式解决危机，希望范雍带话给皇帝赵祯，择机展开谈判。

范雍没有多想，立即上书赵祯汇报了李元昊的求和意愿，同时，对延州的防御松懈下来。

没多久，李元昊突然派大军将延州包围。范雍与朝廷大呼上当，赵祯派出两员大将刘平、石元孙前去增援。当两人带兵来到三川口时，李元昊的大军早已埋伏妥当，等着宋军自投罗网。

宋军被西夏军团团围住，双方展开激烈厮杀。宋军终究寡不敌众，杀出包围圈之后，退守在三川口附近的山上。西夏军乘胜增援，宋军陷入被动。

李元昊写信给刘平劝他投降，许诺给他荣华富贵。但刘平宁死不屈，拒绝了李元昊。李元昊下令全力围攻，宋军战败，刘平、石元孙被俘虏。

李元昊很是高兴，忽略了还有一支宋军悄悄摸了过来，那便是将军许怀德的军队。许怀德对李元昊来了一次狠狠的偷袭，打了李元昊一个措手不及。李元昊拿不准是否还有更多宋军前来支援，谨慎起见放弃围攻延州，火速撤离宋朝边境。

三川口之战以李元昊撤退收场。宋军勉强抵御了西夏入侵，但损失了刘平、石元孙两员大将及大量兵力，整体算下来，宋朝是吃亏的。

三川口之战后，宋仁宗深感西夏强盛，任命夏竦为陕西路经略安抚使，韩琦、范仲淹为副使，共同负责西北边境防务。

庆历元年（公元1041年）二月，李元昊再次率领十万大军南下。这一次，李元昊把主力部队埋伏在好水川口（今宁夏隆德西北），另外派出一支小部队攻打怀远（今宁夏西吉东），还放出风声，要攻打渭州（今甘肃平凉）。

李元昊的目的是制造假象，诱使宋军深入，打歼灭战。

韩琦、范仲淹两位副使就如何应敌产生了分歧。范仲淹看透了李元昊的计谋，主张不要轻易进攻，以免上当；而韩琦立功心切，认为范仲淹纯属多想，派将军任福率五万余人，长驱直入，直捣黄龙。

任福的大军浩浩荡荡开向西夏，岂不知，李元昊的大军正等着他自投罗网。宋朝先头部队与李元昊派出来作为诱饵的军队在张义堡（今甘肃武威城南）发生了遭遇战，而后任福率领五万大军到达。西夏的诱饵部队按照事先计划，看到宋朝主力部队后扭头就跑。

任福一看西夏军队这么不经打，兴奋起来，命令全军急速追赶。就这样，西夏军拼命跑，任福军拼命追，一直追到了好水川。李元昊的主力部队在这里埋伏已久，而任福军因为持续长途追击，此时人困马乏。

李元昊一声令下，西夏主力军倾巢而出，杀向宋军。宋军慌了阵脚，在一片混乱中匆忙抵抗。最终任福被杀，宋军阵亡一万多人。

好水川之战以宋朝溃败为结局。远在东京的赵祯震怒，下令将韩琦、范仲淹贬官，以示惩罚。

好水川之战给西夏增强了信心，得知范仲淹被贬后，李元昊把第三次攻打宋朝的计划提上日程。

李元昊麾下有一个谋士名叫张元，很有战略思维，他向李元昊分析：经过前面两场战争，宋朝把精锐部队聚集在了边境地区，关中地区的军力势必薄弱。此时西夏派出一支军队假装牵制宋朝边境的精锐主力，同时西夏军主力快速长驱直入，直插关中平原，便可拿下长安（今陕西西安）。

庆历二年（公元1042年），李元昊按照张元的战略部署，派出十万大军，兵分两路南下：一路从刘燔堡（今宁夏隆德）出击，一路从彭阳（今宁夏彭阳）出发向渭州发起攻击。

宋军赶紧增援，结果在定川寨（今宁夏固原西北）陷入西夏军的包围圈，全军覆没，十六名将领全部被杀。

经由以上三场战争，西夏士气大增，宋朝士气低落，赵祯不得不考虑效仿当年的澶渊之盟，与李元昊和平谈判。

定川之战的同年六月，李元昊派遣皇族李文贵前往宋廷谈判。赵祯当即表示愿意接受议和建议，并将谈判全权交给太师庞籍。这位庞籍便是在近年"包青天"相关的影视作品里经常出现的大奸臣、反派庞太师的原型。

事实上，历史上的庞籍并不像影视作品中刻画的那么坏，还为国家立下了很多功劳。庞籍与西夏一谈就是两年多，直到庆历四年（公元1044年）十月，双方才签订最终协议，史称"庆历和议"。协议主要内容如下：

1. 西夏向宋称臣，李元昊不再称帝，而是接受宋朝的封号，改称国主。

2. 宋夏战争中双方掳掠的将校、士兵、民户互不归还。

3. 宋朝每年要赐西夏绢十三万匹、银五万两、茶二万斤，加上乾元节和贺正回赐及仲冬赐时服，合计绢十五万匹、银七万两、茶三万斤。另外，李元昊过生日时，宋朝还要赏银器二千两、细衣着一千匹、杂帛二千匹作为生日礼物。

4. 如果以后双方边境的人逃往对方领土，双方都不能派兵追击，要主动归还逃来的人。

5. 宋夏战争中，西夏所占领的宋朝领土和其他边境蕃汉居住区，全部从中间一分为二划界，相当于西夏白白获得宋朝的大面积国土。

6. 宋夏双方可以在本国领土上自由建立城堡。

总体而言，宋朝是吃亏的。

赵祯希冀以割地、赔款的方式换取和平，但这是一厢情愿。因为宋朝是以战败国的身份与西夏签订协议，这种协议对于弱势的一方是制约，对于强势的一方仅仅是一纸空谈。事实上，"庆历和议"仅仅为宋朝换来了十多年短暂的和平。到了宋仁宗嘉祐七年（公元1062年）时期，西夏单方面撕毁和平协议，再次侵犯宋朝。

宋朝对待西夏的懦弱态度引发了一系列连锁反应，其中一个表现便是北方的辽国趁机也来揩油。庆历二年（公元1042年）初，契丹大军趁着宋朝疲于应付西夏，突然向宋朝边境调集军队。消息传到开封，满朝哗然。

辽国派特使面见赵祯，要挟宋朝割让后周时收复的北方十个县，否则将正式宣战。赵祯十分惊慌，赶紧派大臣富弼出使辽国，希望通过谈判解决军事冲突。

经过复杂的谈判，辽国提出，可以不割地，但是宋朝需要增纳岁币，说白了就是要赵祯赔钱。这年十月，双方缔结和约，宋朝以后每年增纳契丹银二十万两、绢二十万匹。

辽国什么也没做，仅仅靠虚张声势吓唬了一下赵祯，便凭空获得了巨额物资！宋朝给西夏赔款是因为吃了三次败仗，不得不低头，而对辽国连仗都没打，就直接低头赔钱，这无异于奇耻大辱。负责谈判的富弼回国以后，被赵祯册封为翰林学士。富弼觉得这件事办得非常丢人，拒绝接受册封。

朝廷中有一些既有良心又有脑子的忠臣，看到了宋王朝外强中干的潜在危机。他们意识到，国家有必要立刻进行一场改革，否则将彻底积贫积弱，距离亡国也就不远了。基于这样的背景，一场轰轰烈烈的改革拉开了序幕。

庆历新政

宋朝的官僚系统执行恩荫制。

何为恩荫？恩荫又叫任子、门荫、荫补、世赏，听上去很抽象，其实就是两个字：世袭。说得直白点儿，官员的儿子、孙子在考学、当官等方面享受特殊待遇，要么门槛降低，要么免试，直接封官。这种操作是合法的，是朝廷给予官员的福利待遇。

恩荫制越搞越泛滥，到了后来，不仅官员的子孙享受世袭特权，连其远房亲戚、门下食客也都可以享受这一特权。寒门子弟寒窗苦读十年，也难以与官员的七大姑、八大姨家的孩子相提并论，后者无须付出努力，便能直接步入仕途，担任官职。

恩荫制导致的恶果有二：

其一，领俸禄、吃闲饭的公职人员越来越多，财政开支庞大，同时，办公效率低下。

其二，社会不公平加剧，有能力的人没有施展的舞台，而关系户垄断了绝大多数职位和资源。

恩荫制在宋真宗赵恒时期愈演愈烈，到了宋仁宗赵祯时期，已经到了触目惊心的地步，就连军队也"注水"严重。据研究，宋仁宗赵祯时期军队人数达到了一百四十万，创下古代王朝军队人数纪录，养这些冗兵的费用占全国赋税收入的十分之七八。

同时，朝廷对西夏、辽国采取用金钱买平安的政策，财政支出激增，国库不堪重负。宋真宗赵恒又喜欢大兴土木，修建豪华的道观、寺庙充门面，这部分支出也是一笔庞大的开销。

宋朝还有一点做得非常不好，那就是纵容土地兼并。当官的和地主以低价从农民手中购入土地，农民丧失土地，只能为官员、地主打工。时间一久，土地快速向少量既得利益阶层集中，出现了"富者有弥望之田，贫者无立锥之地；有力者无田可种，有田者无力可耕"的局面。

当时还出现了一个现象：僧、道等出家人的数量激增。是因为大家一心向佛、一心求道吗？非也。是因为出家可以不纳税，很多人便托关系买度牒，依法逃税。寺庙发现这是一笔绝佳的生意，便公开标价售卖度牒，从而方丈、住持也成为身价不菲的富人。

上述种种，最终导致宋朝表面繁荣昌盛，实则积贫积弱。阶级矛盾尖锐，各地农民起义风起云涌，强盗贼寇遍地丛生，威胁了官员、地主的人身安全。一些有远见的官员觉察，再不改革，国家要么被西夏、辽国侵略而亡，要么被农民起义冲击而亡。官僚集团改革的诉求日益强烈，代表人物是范仲淹。

前文讲过，赵祯没有亲政的时候就发现了范仲淹的才能。刘娥垂帘听政时，身为地方官的范仲淹频繁上书朝廷，希望进行各种改革，但都石沉大海。赵祯亲政后，第一时间把范仲淹调回都城，担任权知开封府事一职。

此时，丞相是吕夷简。吕夷简当上丞相后迅速腐化，任人唯亲，党同伐异，总想着捞取利益。范仲淹来到开封府后掌握了吕夷简腐败的证据，便不点名地向赵祯进言，谈论用人之道。明眼人都能看得出来他是在影射当朝丞相吕夷简，吕夷简便记恨上了范仲淹。

吕夷简知道赵祯最痛恨大臣们搞小团体，也就是"朋党"，便经常在赵祯面前对范仲淹造谣，说他从地方调到朝廷后不好好工作，一门心思拉帮结派、结党营私。其实，这正是吕夷简干的事，他却巧舌如簧，栽赃陷害给范仲淹。

此时，赵祯更信任吕夷简。听完诬陷，震怒的他不容范仲淹分辩，将其贬到饶州（今江西鄱阳）。

范仲淹、吕夷简到底谁才是结党营私的人，诸位大臣都看在眼里。如今范仲淹竟然以这样的罪名被贬，引起了许多官员不满，他们纷纷上书鸣不平。

吕夷简看到大家为范仲淹说情，高兴得笑出声来，对赵祯说："范仲淹大搞朋党，陛下您看，这还不够明显吗？"

赵祯再次震怒，将这些支持范仲淹的人全部贬官，还专门抄写了一份范仲淹"朋党"的名单，挂在上朝时的醒目位置，告诫诸位官员不得再为范仲淹求情。这样一搞，许多官员不敢再说话。

副丞相王曾对吕夷简这一套下三滥的整人做派非常不满。别人怕吕夷简，他和吕夷简是平级，不惯着吕夷简，直接对赵祯揭发吕夷简当面一套、背后一套，还提交了他受贿的证据。

赵祯让吕夷简、王曾当面对质，两个人没有理性辩论，而是互相破口大骂、人身攻击，完全不考虑皇帝就坐在旁边。

赵祯一怒之下，将吕夷简、王曾同时罢相，贬为外官。参知政事宋绶和蔡齐被认为分别党附吕、王，同时被贬。就这样，朝廷竟然没了丞相！

赵祯只好匆匆任命王随、陈尧佐为新的丞相，韩亿、石中立、程琳为参知政事，辅佐丞相议政。赵祯本以为新的丞相班子会很不错，事实证明他过于一厢情愿了。

王、陈、韩、石、程之间矛盾重重，互相不服气，每次讨论工作，凡是对方同意的，自己就无脑反对，凡是对方反对的，自己就无脑同意，都是出于私人恩怨发泄情绪，没人认真考虑具体工作该如何去做。

更搞笑的是，这几位大爷还有任性的小脾气。丞相王随上任几个月后瞧不惯其余四个人，便向赵祯请病假，回家歇着去了。另外一位丞相陈尧佐则声称年事已高，精力不济，也要求回家歇着。赵祯哭笑不得，索性把这五个活宝全部轰走了。

赵祯就像买彩票一样，又任命张士逊为新的丞相。可是他履职后不久，就有谏官弹劾，说他能力平庸，完全配不上丞相一职。张士逊心情不好，某次上班途中从马上跌落，摔成重伤，只好央求赵祯，辞去丞相一职，回家养伤。

万般无奈，赵祯只好再次起用吕夷简为丞相。

吕夷简杀回朝廷之后，本想利用权力对曾经反对他的人大肆报复，不巧的是他得了风眩病，头晕严重，无法工作，只好被迫辞职。赵祯迫不得已，又匆忙任命章得象、晏殊为丞相。

经过如此频繁的高层人事变动，政局愈发不稳，赵祯也深刻体会到朝廷里的混子实在太多，需要提拔真正有才干的人。这时，他想到了被贬官的范仲淹。

赵祯把范仲淹调回朝廷担任参知政事，同时提拔之前与辽国谈判的大臣富弼为枢密副使，授以特权组成改革班子，令其尽快拿出系统的改革方案。

范仲淹、富弼结合谏官欧阳修等人提出的建议，推出十项改革方案，呈于赵祯的案牍之上。赵祯认真阅读后，几乎全部予以采纳，下诏颁布全国执行，史称"庆历新政"。

我们来研究一下"庆历新政"的主要内容：

第一，明黜陟。

在此之前，赵祯对待官员只看资历，不看政绩，官员到了一定年限便可晋升，导致他们不必担责，没有压力，天天混日子，过得很舒服。新政制定了对官员的政绩考核机制，对有政绩的官员破格提拔，有罪和混日子的官员则靠边站。

第二，抑侥幸。

前文讲到，恩荫制度造成官员的亲属不论能力高低，都能进入官僚系统。有的一人当官后，家中二十多个兄弟、子孙都得以无门槛出任京官，十分夸张。新政限制了中高级官员的特权，防止权贵亲属垄断官位。

第三，精贡举。

改革科举考试内容，把原来只注重诗赋改为重策论，把只要求死记硬背儒家经典改为要求阐述经书的意义和道理。州县建立学校，士子们必须在学校学习一定时间之后方可应举。彻底封死了官员子弟不读书免试获取功名的漏洞，所有学生凭借真才实学获取功名。

第四，择长官。

新政加强了对地方官员（主要是州县官员）的考察，奖励有能力的，罢免混日子的，主张由各级长官保荐下属，对下属的能力负责。

第五，均公田。

宋朝官员有属于自己的"职田"，可以依靠这份田地的收入养活自己。以前，职田分配极其不合理、不公平，新政均衡了各级官员的职田，按等级配发，使基层官员也有足够的收入养活自己。

第六，厚农桑。

新政对农桑立法，命令全国各路转运使及其所管辖的乡县真正重视农业，对收成好的地方进行奖励，把农业的好坏作为考察、黜陟官吏的重要指标。

第七，减徭役。

宋朝的赋税很高且名目繁多，迫使农民纷纷破产，也是引发农民起义的重要原因。新政合并户口稀少的县邑，减轻人民的徭役负担。

第八，修武备。

新政提出恢复府兵制，在京城附近地区招募强壮男丁，充作京畿卫士，来辅助正规军。这批人每年以三个季度种地，一个季度军训，寓兵于农，节省军费。可惜的是，这条政策得到很多大臣反对，没能落实。

第九，重命令。

对朝廷的法律进行精简，审定成熟后再颁行天下，一旦颁布，执法必严。这样便可树立朝廷在法制方面的威严，不再朝令夕改。

第十，推恩信。

原来便有规定，宋朝皇帝每三年要大赦天下，免除老百姓多年积欠的赋税。可惜的是，这项规定一直没有彻底施行。新政为取信于民，要求严格执行，若有官员拖延或违反施行，要依法处置，并派遣使臣，巡察各种惠政的落实情况。

通过以上十条内容不难看出，新政大大侵犯了官僚（尤其是高层官僚）与贵族的既得利益，也可以说是侵犯了士大夫阶层的既得利益。

改革条例颁布之后，引发了强烈反应。既得利益者借鉴了吕夷简当年的做法进行反击，对范仲淹等人大肆污蔑，说他们借改革结党营私。更夸张的是，还有人上书诬陷范仲淹等人企图废掉赵祯，另立新君。

赵祯不相信这些鬼话，但是作为皇帝，他要平衡改革派与守旧派的矛盾，不然，一旦激化引发政变，他这个皇帝也不好收场。

新政实施的过程阻碍重重，守旧派的力量远远大于改革派，改革根本推行不下去。从庆历四年（公元1044年）到庆历五年（公元1045年），范仲淹、富弼、欧阳修等人陆续被贬为地方官，新政政策陆续终止，宣告失败。值得一提的是，欧阳修被贬到滁州（今安徽滁州），大家熟悉的《醉翁亭记》就是在这里创作的。

改革主角范仲淹被贬之后，直到去世再也没有调回朝廷。他晚年患病，赵祯经常派人给他送药。他病逝后，赵祯哀悼许久，派专人慰问其家属。下葬后，赵祯亲自为其墓碑题写"褒贤之碑"，加封兵部尚书，赐谥号"文正"。

富弼则只是临时被贬，等着他的是更大的舞台。

富有戏剧性、讽刺性意味的是，富弼、欧阳修在未来的王安石变法时变成了守旧派，成为阻挠变法的主力军。是为后话。

"庆历新政"在宋朝历史上留下了深远的影响，为后来的改革者提供了宝贵的经验和教训。其中，最为显著的继承者是王安石，他的变法在许多方面都受到了"庆历新政"的启发和影响，从某种程度上说，王安石变法是"庆历新政"的升级版。

❸ 混乱的晚年

"庆历新政"失败，让赵祯心气大减，官僚集团的腐败比过去更为严重，朝纲更加混乱。

赵祯实在无人可用，只好提拔枢密使贾昌朝、参知政事陈执中为新的丞相，枢密副使吴育为参知政事。这批新执政者工作能力一般，内斗起来却十分了得。

吴育与贾昌朝素来不和，每次讨论国家大事时，只要贾昌朝同意的，吴育一定反对。贾昌朝恨得牙痒，暗中搜集可以扳倒吴育的资料。没人经得起全方位调查，找来找去，还真找到了吴育的黑点。

在宋朝，寡妇是有改嫁权利的。吴育在弟弟去世后，不让弟媳改嫁，非要她为吴家守寡。贾昌朝就把这件事上报给了赵祯，说吴育人品不佳。

吴育是一个刚正不阿的人，看不惯的人和事都要明确说出来，不怕得罪人。在赵祯看来，作为朝廷高官，应该圆融一些，没必要如此锋芒毕露。吴育偏偏不听告诫，和贾昌朝针锋相对，让赵祯颇为头疼。最终，赵祯不得不顺应贾昌朝的意思，贬了吴育的官。

贾昌朝此后更加嚣张，对看不顺眼的官员大加排挤，导致很多官员被贬。一时间朝廷内外意见很大，纷纷上书赵祯弹劾他。

恰逢第二年春天全国大旱，赵祯以工作不力为由将贾昌朝罢相，贬到河北当安抚使。而后他任命文彦博为参知政事，临时代理国政。

他万万没想到，让他更头疼的事情发生了。庆历七年（公元1047年），王则在贝州（今河北邢台清河）起兵造反。

王则，涿州人，逃荒到贝州，卖身给地主家，成为一名牧羊人，后来参军，晋升为小校。贝州民间秘密流行着弥勒教，尊奉弥勒佛。王则入了弥勒教，本来是找个精神寄托，却在宣传教义、组织信众的时候动了谋反的心思。

王则当年逃难前，他的母亲为保其平安，在他的后背上刺了一个"福"字。此时，这个文身对王则有了大用处，他对信徒们宣称这个字是天生的，说明他是天选之子，是改朝换代的新皇帝。

"庆历新政"之后，社会矛盾加剧，当地老百姓流离失所，对王则的说法深信不疑，推举他为领袖，跟着他造反。有两个名叫张峦、卜吉的基层官员在腐败的官僚系统中晋升无望，也加入了王则的队伍，成为其谋士。

起义军毫不费力地攻占了贝州城的兵器库，武装起队伍，又攻占监狱，把囚犯们全部释放，逮捕了知州，占领了贝州城。王则自封东平郡王，建国号安阳，任命张峦为丞相，卜吉为枢密使，当起了土皇帝。

贝州被攻占的消息传到朝廷，赵祯立即下令调集兵马连夜攻打。讽刺的是，宋军气势汹汹地来到贝州，反被起义军打败。这反映了宋朝军队此时的外强中干。

尴尬的赵祯又派人带着圣旨去招安王则，王则拒绝，双方再次陷入混战。

朝廷接二连三地调集军队镇压贝州起义，一个多月过去了，仍然没能攻进贝州城。这时，刚刚晋升的参知政事文彦博主动请缨，亲自去一线指挥战斗。

文彦博为什么不一开始就主动请缨呢？这里面涉及一个阴谋，后面会讲。

文彦博来到贝州后，派出一支军队假装攻打贝州城的北门，吸引王则的注意力，同时偷偷派出另一支军队在城南挖地道，让宋军通过地道潜入城内，打开城门。

起义军寡不敌众，王则、张峦、吉卜三位头目被俘，审判后被诛杀。持续两个多月的贝州起义终于平定了。

赵祯悬着的心可算平静下来，本以为能够安心睡个好觉了，却发生了更刺激的事——有人刺杀他！

一天夜里，赵祯正在睡觉，皇宫侍卫官颜秀、郭逵、王胜和孙利等人一路杀死守宫的士兵，直奔赵祯的寝宫而来。他们马上就要打开最后一道门时，一位宫女惊醒，大喊起来。

为首的颜秀抬刀向宫女的脑袋劈了过去，宫女一躲，刀砍在她的胳膊上，疼得她嗷嗷大叫。叫声惊醒了赵祯，他拿起一件衣服披在身上，就要开门向外冲。如果他冲出门，刚巧会撞上门口的几个杀手，必死无疑。

睡在他身边的曹皇后更加冷静，赶紧从后面抱住赵祯，阻止他冲出门，又把门闩牢牢插紧，让宫女快速去找士兵。蜂拥而来的士兵与几位杀手展开搏斗，将杀手全歼。

这件事对赵祯的冲击非常大。事后，赵祯进行了疯狂的清洗，将相关官员全部贬黜，宫女、宦官凡是被怀疑与杀手有联系的，全部杀光。

本来这件事是几位杀手遭遇了不公平待遇，一时冲动导致的，随着赵祯的清洗扩大化，事情的走向耐人寻味起来。

谏官王贽突然给赵祯上了一封秘奏，说这次叛乱绝非偶然，而是有计划、有预谋的，幕后主使便是关键时刻抱住赵祯的曹皇后。读完奏折，赵祯的脑子乱了。

事实到底如何？曹皇后真的是幕后主使吗？

答案是：否。

那么，王贽为什么陷害曹皇后呢？

当年赵祯娶了曹氏后没多久，又宠爱上了一个宫女张氏，先后封为才人、修媛、美人。张氏不是个省油的灯，不仅讨赵祯欢心，还经常干预政事。后宫干政会引发想走捷径的官员来攀附、巴结，进而打破官场晋升的公平。参知政事文彦博就是通过向张氏行贿，张氏频繁给赵祯吹枕边风，才被火速提拔起来的。

文彦博搭上张氏这条线之后，从政就像开了作弊器，张氏从赵祯那里得到什么有用的信息，都会第一时间告诉他，这让他说话办事都十分合赵祯的心意。一个典型的例子便是，王则起义的时候，张氏向文彦博悄悄透露，赵祯告诉她，谁能够镇压起义，就提拔谁为下任丞相。这才有了前文所述文彦博主动请缨前去贝州镇压起义的"壮举"。贝州起义平定以后，文彦博果然晋升为丞相。

其他人不是傻子，对文彦博的所作所为看在眼里，有样学样。王贽便是其中一位，他也想抱上张氏这条大腿。王贽诬陷曹皇后，就是给张氏送人情，促成赵祯废掉曹皇后，另立张氏为皇后，这样他便有了泼天的富贵。

枢密使夏竦看明白了王贽的心思，心想：这富贵可不能让你一个人独占，我也要来搭个顺风车。他向赵祯提出，应该对张氏行尊异大礼。赵祯采纳了他的建议，晋升张氏为贵妃。

张氏当上贵妃后，送给王贽一大笔金币，并忽悠赵祯给他升官。贪婪的张氏也没忘记自己的七大姑、八大姨，她的伯父张尧佐本来是一名六品小官，在她当上贵妃后，迅速调入朝廷，担任礼部侍郎、三司使等职，他的两个儿子也免试赐进士。

文武百官惊讶于抱张氏这条大腿这么给力，纷纷效仿文彦博、王贽、夏竦对张氏巴结、行贿。最夸张的是前文提到的贾昌朝，不知道从哪里找来张氏的族谱，"考察"发现张氏有一个奶妈贾氏，他非说贾氏是自己的姑妈，对其伺候起来。

如此乌烟瘴气、腐朽堕落，便是当时朝廷的风气。赵祯对于这些已经习以为常，他觉得不正常的只有一件事——迄今为止，还没有皇子。

赵祯十五岁便娶了郭皇后，后来又纳了妃嫔无数，奇怪的是，这么多年过去了，竟然没有一个后妃为他生出皇子。

赵祯遍访名医，又向各路神仙祈祷。直到他二十八岁时，后宫一名低级御侍俞氏才为他生下第一个孩子赵昉，可惜没多久便夭折了。

赵祯三十岁时，苗贵妃为他生下一子赵昕，可惜活了不到两年便又夭折了。

赵祯三十二岁时，朱才人为他生下一子赵曦，仍是不到两年就夭折了。

一个皇帝，生出来的儿子全部夭折，这在历史上是少见的。时间一久，皇帝没有继承人便成为社会第一热点话题。基于这个背景，皇祐二年（公元1050年），还出现了荒诞可笑的冒充皇子事件。

这一年四月，京城来了一位名叫全大道的和尚，带着一名少年，声称是当今圣上在民间的私生子。这种花边新闻最具有传播力，很快传遍了京城，成为老百姓茶余饭后热议的话题。大量"吃瓜"民众纷纷赶来，都想看看皇帝的私生子长什么样，要不然等他以后真继承了皇位，想看也看不着了。

老百姓就为看个热闹，当官的则面临两难选择：假如他是假的，那就直接抓起来治罪，可万一是真的呢？提前巴结攀附一下，将来他真登基当了皇帝，自己至少也能连升三级。

于是乎，更荒诞的事情来了，很多地方官员拿他当真皇子一样好吃好喝侍奉着，绝不敢怠慢。全大道在此过程中敛金无数。

赵祯听到消息后，当即震怒！这不只是骗子问题，更是对自己赤裸裸的抹黑啊！赵祯心想：朕什么时候在外面偷腥还生出个儿子了？这太恶心人了啊！他马上成立调查组，令他们快速查明真相，还自己清白。

调查组组长是翰林学士赵概与知谏院的包拯。还得是咱们的包青天包大人，包拯审问得知，这位少年名叫冷青，他的母亲王氏曾经在后宫中做过一段时间的宫女，后来因为犯了错误被开除。回到地方后，冷青的母亲嫁给一名叫冷绪的郎中，先生下一个女儿，后生下冷青。

冷青家拿不出钱供他读书，在那个奉行恩荫制度的时代，平民家的孩子即使读了书也很难与官宦子弟竞争。冷青整日无所事事，游手好闲，闲逛到了庐山，被和尚全大道收留。全大道得知冷青母亲有过后宫经历，来了灵感，便带着冷青来到都城，以假皇子的身份进行炒作，从贪官污吏那里骗得巨额财富。

包拯当即将二人诛杀，以正视听。

虽然真相搞清楚了，赵祯内心最敏感脆弱的地方却被狠狠戳疼了，他对没有皇子的事情更加忧虑。

皇祐六年（公元1054年），赵祯最宠爱的张贵妃去世了，她也没有生下皇子。这一年，赵祯四十五岁，危机感更加强烈。他思来想去，做了一个决定：从后宫选十个年轻漂亮的姑娘宠幸。就不信了，十个人都不能生出皇子吗？

宫内还给这十个民女取了名字，谓"十阁"。阁，指的是大门旁的小门，用在此处十分合适，意思是说，这十位女子在后宫地位不高，是皇帝生孩子的工具人。

作为四十多岁的中年男子，和十名年轻女子云雨，身体透支极其严重。至和三年（1056年）正月，赵祯突然晕倒，醒后神志不清，精神恍惚，太医诊断为风眩病。一天夜里，赵祯突然从睡梦中惊醒，跳下床，摘下挂在墙上的刀就要自杀。侍候在旁的董御侍赶紧上前将刀夺下，赵祯侥幸免于一死。

丞相文彦博、富弼听说以后，对外假称留在皇宫为赵祯祈福，实际是留宿在寝宫外，随时观察赵祯的情况，一旦他发疯，立马做出应对。

经过禁欲并精心治疗，赵祯的病情好转，清醒了许多。从此以后，他深居宫内，坚持服药，无心参与政事。大臣向他汇报国家大事时，他很少说话，只是点头或者摇头敷衍一下。国家最高权力枢纽陷入半瘫痪状态。

或许苍天不负有心人，嘉祐四年（公元1059年），后宫的董御侍、周御侍先后怀孕，赵祯大喜。不料，二人生下的均是女婴，五十岁的赵祯彻底绝望了。

这些年，赵祯像当年宠爱张氏一样，对"十阁"放任，她们有许多亲朋得到晋升、赏赐。许多官员对此意见很大，屡屡上书表达对"十阁"的不满。赵祯这时痛下决心，放弃了对"十阁"的希望，将其部分遣散，顺便开除了四百多名吃朝廷饭的宫女。在生皇子问题上，赵祯彻底认命了。

这时，文武百官又纷纷上书请赵祯尽早定下继承人：如果确实生不出皇子，不妨从赵家侄子里选一个作为皇位继承人。

最终，还是司马光出面，说服了赵祯听大家的建议。一天，赵祯把韩琦、司马光等人叫到跟前，说："其实继承人问题朕早就在权衡中，诸卿有什么建议的人？"

韩琦道："这种事，我们做人臣的没有权力发表议论。请陛下认准了就做决定，我们鼎力支持。"

赵祯道："立宗实。"

众人点头，悬而未决的大难题终于有了答案。

这位赵宗实是何许人也？是宋太宗赵炅的曾孙。他四岁时入宫成为赵祯的养子。赵祯立他为继承人的这一年是嘉祐七年（公元1062年），他三十一岁，改名赵曙。

赵曙接到诏命后，当即表示身体不好，不适合当皇子，接连上了十多次奏折请辞。赵祯自然不会同意，派出很多富有资历的老臣去他家里劝告，希望他以国家为重接受册封，赵曙这才答应。

众臣拥着赵曙进入皇宫，当面接受赵祯的册封。赵曙对身边人说："把我住的房子看好了，东西都不要动，等皇子出生，我就回来。"从此以后，赵曙每天两次朝拜赵祯，有时还到皇宫内亲自服侍，就像亲生儿子孝敬父亲一样。

第二年，赵祯病重。御医精心诊治但终究没能将他从鬼门关拉回，三月，他驾崩于福宁殿，终年五十四岁，庙号仁宗。宋仁宗在位四十二年，是南北两宋在位时间最长的皇帝。

赵祯任内的政治改革是失败的，对外打仗也总吃败仗，但是他有两项绝活，一是擅长书法（"天纵多能，尤精书学"），尤其习得一手漂亮的飞白体，一是通晓音律，《宋史·乐志》说他"洞晓音律，每禁中度曲，以赐教坊，或命教坊使撰进，凡五十四曲，朝廷多用之"，意思是说，赵祯能够创作和编曲，在朝廷开会、活动时就演奏他的曲子。

赵祯是一个出色的文艺青年，但终究不是一个出色的人君。

伍 宋英宗赵曙：活在皇太后阴影里的王者

❽ 养子登基

赵曙是宋太宗赵炅的曾孙、宋真宗赵恒的弟弟赵元份的孙子、宋仁宗赵祯的堂兄赵允让的第十三个儿子。

赵曙的母亲是仙游县（今福建莆田仙游）人。按照史书记载，赵曙出生之前，他的父亲赵允让梦见两条龙与太阳一起坠落，他赶紧脱下衣服去接，接着就醒了。明道元年（公元1032年），赵曙出生，据说当时屋里神奇地出现了一道红光，把整个房间照亮，有人看见刺眼的红光之中有一条黄龙来回游动。当然了，史书对于帝王的出生总是有神乎其神的描写，大家不必当真，笑笑就好。

话说赵祯即位不久便沉迷于酒色。当时太后刘娥去世了，赵祯的另外一位养母杨太妃很有远见，她断定赵祯这么放纵，将来很有可能生不出高质量的孩子，便让赵祯挑选养子，放在身边培养，万一赵祯以后真的没有皇子，就可以立养子为继承人。赵祯答应了这一安排，把赵曙（那时候叫赵宗实）接入宫中，交给曹皇后抚养。

赵曙自幼喜好读书，对嬉戏玩乐的事情不感兴趣，也不尚奢侈消费，平时穿衣打扮很是节俭，就像民间的儒生一样。但他每次见自己的老师，都脱掉素服，穿上豪华的朝服。他的理由是："您是我的老师，穿朝服见您是基本的礼貌。"如此知书达理，赵曙自幼便得到身边人的一致喜爱。

宝元二年（公元1039年），赵祯的亲生儿子赵昕出生，八岁的赵曙便被遣返出宫，回到亲生父亲赵允让的身边。回到自己家之后，赵曙并没有任何心理落差，依然很开心。

可惜的是，皇子赵昕没多久便夭折了。这让赵祯对出宫的赵曙颇为想念，询问起他的日常生活。

嘉祐四年（公元1059年），赵允让去世，他生前所佩戴过的玩物平均分给各位儿子，赵曙把分给自己的那份送给了曾经侍奉父亲，如今即将离开王府的仆从。

宗室子弟里有人借过金带，故意拿铜带来还。主管把真相告诉赵曙，赵曙不但不生气，反而替对方打掩护："借出去的是我的铜带，没错。我看了，还回来的就是我的那条带子。"

还有一次，赵曙让身边的侍者帮他卖掉一根估值三十万钱的犀带，那位侍者却不小心把犀带弄丢了。赵曙知道后并没有追责。

嘉祐七年（公元1062年），赵祯立赵曙为皇子。赵曙拿到圣旨之后，以生病为由，迟迟不肯进宫接受册封。赵曙有一位心腹谋士，名叫周孟阳，问他："天大的好事砸到你的头上，为什么反而装病不起呢？"赵曙道："我没有看到这里面的福分，只看到了里面的祸害。"

赵曙明白，他毕竟不是宋仁宗赵祯的亲生儿子，与他同辈分的赵家子弟有很多，他被立为皇子，势必会引发很多人的嫉妒，进而被当成攻击目标。这样一来，他未必撑得到继承皇位的那一天，极有可能在那之前就被人构陷，导致被罢官甚至获罪，还不如安心当一个王爷安全。

周孟阳知道了赵曙的顾虑，但箭在弦上，不得不发，岂能因为害怕被人针对就主动放弃当皇帝的机会呢？周孟阳说："你的想法确实有道理，但是你忽略了更重要的一点。"

赵曙道："什么？"

周孟阳道："你如果拒绝了皇上，按照你的猜想，一定有人趁机在皇上那里搬弄是非，对你极尽抹黑之能事，皇上一旦听进去了，你会更倒霉，到时候你连当个清闲的王爷都不可能了！何去何从，还请你做出正确的选择。机不可失,时不再来啊!"

赵曙听完,赶紧从床上坐起,拍了一下脑门,激动地说道:"幸亏你指教及时,我怎么没想到呢?"

花开两朵,各表一枝。赵祯本以为给赵曙下旨之后,他会满心欢喜地前来接受册封,结果等来的却是他的拒绝,这属实让赵祯没有想到。赵祯当然不惯着他,派人拿着圣旨,携带皇子的衣服、金带、银绢等来到他的家里,让他穿戴好,即刻入宫。赵祯还特别嘱咐:"如果他拒绝,就是抬也要给朕抬来!"

赵曙正在为拒绝赵祯后悔,没想到赵祯再次派人来请,这一回赵曙不用大家抬,主动跟着去了。临走,除了带上随身仆人外,他还特别带了几橱子最爱看的书。

赵祯年轻时贪爱酒色,而赵曙对酒色不感兴趣,他的爱好便是看书。他对金钱、权力没有兴趣,他最大的愿望就是钻研典籍,探究古代先贤的思想与智慧。他适合当大儒,专心做学问,而不适合从政、搞权术。

赵曙在此之前名叫赵宗实,册封皇子时,赵祯回想起第一次见他的地方叫迎曙亭,便灵机一动,给他赐名赵曙。

嘉祐八年(公元1063年),宋仁宗赵祯驾崩。曹皇后下令关闭宫门,禁止任何人出入,以防生变。等到天亮以后,她急宣文武百官入宫,宣布赵祯去世的消息,并宣诏赵曙登基即位。

赵曙听后,大声喊道:"我可不敢!我可不敢!"转身就要向大殿外跑去。丞相韩琦给几位高官使了一个眼色,几个人追了过去,把赵曙连拖带拉地抓了回来。韩琦告诉赵曙:"这是皇上生前的安排,你必须同意,这是你的责任,你必须承担起来。"在韩琦说话的时候,其他几人为赵曙戴上皇冠,穿上龙袍。

韩琦当众宣读宋仁宗赵祯的遗嘱,赵曙在高度紧张的状态下勉强即位,成为宋朝第五位皇帝宋英宗。

第二位垂帘听政的宋朝太后

赵曙在登基仪式结束后，提出恢复古制，亮阴三年，三年之内由韩琦代理政事。

亮阴，又名谅阴，指老皇帝驾崩之后，政事全权委托大臣处理，新皇帝为老皇帝守丧，默而不言。这个习俗出自先秦《书经》，相对宋朝而言是非常古老的旧习俗。赵曙从古书中搬出这么个习俗，目的只有一个，便是逃避参政，因为他实在不喜欢端坐在那里与大臣们斗心眼。

此话一出，全场哗然，最生气的便是从小抚养他长大的养母曹太后。

曹太后拿赵曙当亲生儿子一样看待，对他自幼抱以极高的期望，现在好不容易熬到他登基了，盼着他大展拳脚，充分展现治国才能，岂料他登基后的第一件事竟然是交出权力，逃避三年。

曹太后震怒，不顾及赵曙作为新皇帝的面子，当场提出反对。大臣们一看皇太后都表态了，便见机行事，纷纷请赵曙放弃亮阴三年的旧制，到御前殿听政。赵曙偏偏犯起了倔脾气，执意不肯。最后不得不退朝。

几天之后，赵曙因为过度紧张和压抑，突然昏迷不醒。等到抢救过来之后，他语言错乱，行动反常，呈现癫狂状态。

丞相韩琦紧急召集御医为赵曙诊治，但效果不佳。韩琦发现赵曙的状态不能亲政，便召集大臣们开会，商议由曹太后垂帘听政，与诸位大臣一起主持军政大事。为大局考虑，曹太后只好答应，效仿当年的刘娥，成为宋朝第二位垂帘听政的皇太后。

转眼到了赵祯遗体大殓的日子，赵曙的病情不但没有转好，反而恶化，他高声大喊，四处奔跑，像个疯子。韩琦等诸位大臣紧紧抱着赵曙，勉强完成了入殓仪式。此后，赵曙便被关了起来，服药治病。

前文讲过，曹太后是宋朝开国将军曹彬的孙女。她自幼接受上流社会的教育，熟读经史，还写得一手漂亮的书法，在诸位大臣心目中的威望是极高的。在曹太后执政期间，大臣们非常配合她的工作，朝廷秩序井然。

赵曙时而清醒，时而发疯，在发疯时经常说一些忤逆曹太后的话，曹太后窝了一肚子火。很多趋炎附势的人为了投机谋利，找曹太后说赵曙的坏话，挑拨离间，建议她废掉赵曙，另立新君。时间一久，在周围人的撺掇下，曹太后产生了废掉赵曙的想法。

一次，曹太后在丞相韩琦、参知政事欧阳修的面前情绪失控，放声大哭，诉说赵曙诸多离经叛道的举动，表示实在无法容忍，希望诸位大臣考虑废掉赵曙。

废皇帝是非常大的事，搞不好就会留下历史骂名，甚至引发政变。韩琦当然不会轻易答应曹太后，他只能好言安抚，让她的心里舒服些。

而赵曙经过一段时间的服药后，神志清醒了很多，犯病的频率大大降低。他清醒后发现，生病期间，本该属于自己的权力被曹太后拿走了，自己这个皇帝总是受到垂帘听政的皇太后掣肘。于是，他经常甩脸子给曹太后看。

有一次，赵曙突然拒绝喝药。丞相韩琦前来规劝，结果话不投机，赵曙端起碗就泼，药全部洒在韩琦的衣服上。曹太后听说后赶来，让人拿来衣服让韩琦换上。韩琦没好意思换，穿着脏衣服离开。从此之后，赵曙耍起了性子，拒不出屋。

韩琦、司马光等人一看，赵曙这是针对曹太后呢，只好来像哄孩子那样哄他，说曹太后没有恶意，让他多从孝道的角度考虑，好好对待曹太后。赵曙这才慢慢消气。

安抚两边只是临时办法，赵曙与曹太后之间的矛盾本质上是皇帝与皇太后的权力之争，赵曙想要独揽大权，而曹太后不想放权。丞相韩琦看穿了这一切，决定找机会让曹太后还政于赵曙。

韩琦先把这个想法告诉了赵曙，岂料赵曙反对。

这是为何？

因为赵曙其实很忌惮曹太后，在没有十足把握的情况下，贸然让曹太后撤帘，极有可能引发曹太后的报复与打压。简言之，赵曙心里没底。

韩琦只好另想办法。

一天，韩琦选取了十多件军国要事，先请赵曙批示。赵曙这时候刚好头脑清醒，一会儿就批示完毕。韩琦拿着赵曙的批语又去见曹太后。曹太后看着赵曙的批阅，连连点头，称赞批语写得好。

韩琦这是故意安排的铺垫，先营造出赵曙执政能力过关的氛围，趁机劝曹太后交出权力，退居二线。

韩琦说道："太后您看，您理政的能力这么强，现在皇上也康复得差不多了，您对他的能力也算认可。臣想告老还乡，请太后准许。"

曹太后惊讶地说道："朝廷不可一日缺卿，卿绝不能退。我都老了，要退也是我先退，你不能先于我退。"

韩琦一看曹太后上道了，趁机说道："话既然说到这里了，容臣多说一句，太后若能还政，在历史上将会成为前无古人、后无来者的第一贤后！"

曹太后发现韩琦希望自己撤帘归政，便说："也不是不行。"

韩琦步步紧逼追问道："那太后您想什么时候退呢？"

曹太后说："随时都行。"说完，她站了起来。

韩琦提高嗓门，对左右大声喊道："都傻站着干吗呢？没听到太后说要撤帘归政吗？你们要抗旨吗？"

在场的工作人员赶紧过来撤掉了曹太后面前的布帘，扶着她走向后宫。就这样，韩琦顺利地说服了曹太后退位，虽然很突然，但是很顺利。其实，归根结底是因为曹太后不那么贪恋权力，试想如果换作武则天，十个韩琦来说也没用。

赵曙听说曹太后已归政，当即下诏要求曹太后以后的出行规格与先前的皇太后刘娥相同，她想要什么，都将得到满足。

从此之后，赵曙开始独自裁决政事。

濮议之争

赵曙登基之后，有一个重要的问题需要解决，那就是如何给亲生父亲赵允让定名分。

赵允让的封号是濮安懿王，简称濮王。赵曙登基之后应该称呼他为皇考，这是从血缘关系的角度来讲。可是，赵曙的皇位继承自养父宋仁宗赵祯，继承了他的皇位，就应该尊他为皇考，赵允让比赵祯年龄大，应该被称为皇伯。这便是两种不同的意见，称为"濮议"。

一开始，赵曙想得简单，以为把这个问题放出去，让满朝文武讨论，大部分人都会识趣地给他面子，同意他尊亲生父亲赵允让为皇考。他万万没想到，除了韩琦、欧阳修外，以司马光为首的大部分官员都赞同尊先帝宋仁宗赵祯为皇考。这一下，赵曙被啪啪打脸。

讲到这里，很多人会有疑问：不就是个虚名，至于这么较真吗？

赵曙一开始也是这么想的，可是，当他看到朝廷大部分官员都反对他，意识到这件事不简单。这说明了一个更严重的问题：朝廷的大部分官员根本没把他这个皇帝放在眼里，还是把曹太后当真正的实权一把手。

尊宋仁宗赵祯，是给曹太后面子，驳赵曙的面子；尊濮王赵允让，是给赵曙面子，驳曹太后的面子。每个人都面临站队的选择，韩琦、欧阳修选择了力挺赵曙，其他大部分官员则选择了站队皇太后。这不能不让赵曙的神经紧张起来。说白了，赵曙对这帮官员根本指挥不动。

如果任由大家讨论下去，赵曙方没有人头优势，必然是输家，而这一次输了，也就彻底没有话语权了，以后这群官僚联合起来反对自己，自己的政令根本出不了开封城。因此赵曙立马下令，关于此事的讨论暂且搁置。

赵曙召集韩琦、欧阳修研究对策，最后三人一致认为，先不要管那些反对派官僚，当务之急是想办法说服曹太后，让她表态支持尊赵允让为皇考。

三人到底采用了什么方法说服曹太后，史书没有记载，只知道曹太后在尊赵允让为皇考的诏书上签了字。

一些野史说当时曹太后喝醉了，迷迷糊糊地签了名，等她清醒之后，悔之晚矣，可又无法更改，只能听之任之。这种离奇的情节并不足信。就算是赵曙故意把曹太后灌醉了索取签字，事后赵太后也完全可以向群臣说明真相，到时候赵曙照样无法达到目的，所以说，这个说法很有故事性但不足取。最靠谱的应该是赵曙等人说服了曹太后，毕竟赵曙独自挑起了治国重任，曹太后立足长远，最终采取了不与赵曙激化矛盾的做法。

曹太后的表态让以司马光为首的守旧派官僚十分吃惊，可毕竟黄纸黑字写在那里，他们也不好再多说什么。赵曙下令讨论结束，尊生父赵允让为皇考。

本来这件事就这么结束了，可是韩琦、欧阳修却动了私心。他们通过这件事发现自己潜在的政敌数量庞大，这批人无疑会成为将来仕途上的绊脚石，于是他俩决定利用这次机会清洗一批守旧派官员。

韩琦拉着脸，严肃地对赵曙说："谁是奸臣，谁是忠臣，相信陛下应该知道了。"

欧阳修也跟着煽风点火，说："既然那些人觉得和臣等无法并立，那臣等也觉得和他们没法共事。陛下要是觉得臣等有罪，就留下他们；要是觉得他们有罪，也请只留下我们。"

韩琦、欧阳修这么讲，就是逼着赵曙罢免持反对意见的守旧派官员。本来这件事属于工作中大家发表不同观点，没被采纳的一方也称不上罪人。现在韩琦、欧阳修逼着赵曙将反对自己的人治罪、罢官，是为了打击政敌，属于假公济私。

赵曙看出了他们的心思，但他们是自己的嫡系，既然嫡系提出诉求，就要给予安抚。思前想后，他最终决定顺应韩琦、欧阳修，贬黜了三位御史吕诲、范纯仁、吕大防。赵曙心里知道这样处理他们是过分了，因此对身边人特别交代："对他们不要责罚过重。"

那些没有被罢免的守旧派官员反应强烈，以司马光为首集体上书，请求辞官，以罢工的方式表达不满。赵曙不得不对一部分守旧派官员升官，软硬兼施，才把大家安抚住。

"濮议之争"是赵曙登基之后首次向官僚集团宣示皇权，耗时十八个月，才勉强取得了胜利。

⑧ 饮恨早逝

打击完守旧派官僚之后，赵曙开始部署对政府的改革，以求实现宋仁宗赵祯关于改革的遗愿。他除了重用韩琦、欧阳修之外，还重新提拔赵祯时期的改革派主力富弼为枢密使，并给守旧派官僚头子司马光安排了工作，让他带着团队去编著《资治通鉴》，借此降低改革阻力。

可是，当一个创新精神十足的治国团队打造完毕，大家摩拳擦掌要搞一场轰轰烈烈的改革时，边境传来消息——西夏再次反叛，改革只好暂停。

此时，西夏统治者已经是第二任皇帝李谅祚（夏毅宗）。赵曙刚登基时，李谅祚派了一位名叫吴宗的特使前来朝贺。赵曙本以为这是李谅祚臣服于宋朝的表现，岂不知，对方是憋着一肚子坏水来捣乱的。

吴宗来宋后，看到赐予的酒食，却偷偷嘲笑并不愿意动筷子。按照旧时规定，西夏使者应该在皇仪门外朝见皇帝，并在垂拱殿进行朝辞。但这一天，吴宗等人不愿意在门外朝见，到了顺天门，还想佩戴鱼符和仪仗物品进入，由此和宋朝引伴使发生了争执。

赵曙得知这些后很生气，送走吴宗之后，给李谅祚写了一封信，斥责并警告他今后要精心挑选使者，不要扰乱朝廷的规矩。

李谅祚等的就是赵曙的斥责，立马以自己被冤枉为借口，发兵十万，侵掠宋朝的泾原、秦凤（今宁夏、甘肃、陕西交界地区）等地，杀死了数千名弓箭手，抢走数以万计的人和牲畜。

赵曙与上任皇帝赵祯一样，表现得比较软弱，只是派外交官员过去强烈谴责。丞相韩琦看不下去，建议发兵反击。于是，朝廷从陕西征集了十五万人，开向宋夏边境戍边。

治平三年（公元1066年）九月，西夏军再次对宋朝发动入侵。这回李谅祚亲率大军围攻大顺城（今甘肃华池东北），入侵柔远寨（今甘肃华池柔远），沿途烧毁村寨无数。

赵曙大惊，赶紧召集文武官员商讨御敌之策。丞相韩琦提出，把每年给西夏的"岁赐"停了，并派特使责问李谅祚到底想怎样。赵曙采纳了韩琦的建议。

李谅祚迟迟没能攻下大顺城并中箭负伤了，听说宋朝要停掉"岁赐",便在当地大肆掳掠一番之后撤退。而后他给赵曙上表说:"此次纯属误会,是驻守边境的官吏擅自搞事,我并不知道他们会发动战争。"

赵曙明知李谅祚狡辩,但看他已经撤军,无意与之纠缠,便回了一封信,希望他信守承诺,不要再犯。

赵曙之所以不对西夏发动大规模反击,主要原因是朝廷腐败、国库空虚。他知道眼下的当务之急是通过改革整肃国家内部,发展经济,等国力强盛、政治清明,才有报仇的本钱。

赵曙的这个判断是正确的。但就在暂时安抚住西夏,即将展开全面改革时,老天爷给他开了一个玩笑——他突然病重。

赵曙正值人生壮年,很不甘心选继承人,闭口不谈册封皇太子的话题。

一天,韩琦来看望赵曙。之后,皇子赵顼送韩琦出门。韩琦一眼就看出赵顼有心事,便问他:"殿下有何心事?"

赵顼说:"父皇始终不谈立太子之事,我有两位弟弟觊觎皇位已久……"

韩琦环顾左右,把赵顼拉到一旁,附耳低声道:"你这段时间尽心服侍皇上,不管发生什么事情都寸步不离。"

赵顼先是一愣,而后恍然大悟,连连点头。

赵曙的病情日益严重,逐渐失去了语言能力,需要裁决国家大事时,只能靠笔书写。韩琦率大臣前来探望,看到赵曙面容憔悴,恐怕时日不多,于是走到床边,说道:"陛下为大局考虑,宜早立皇太子。"

赵曙听后毫无反应。韩琦把纸和笔递过去,请他写下皇太子的名字。

赵曙是一万个不甘心,但他也明白自己的身体状况,无可奈何地写下了"立大王为皇太子"几个字。

韩琦看了,说道:"陛下应该写得更明确些,写出名字。"

赵曙又写了"颍王顼"三个字。

韩琦把赵曙的字交给负责起草遗诏的官员保管。赵曙看着韩琦的背影，流下了不甘的泪水。

治平四年（公元1067年）正月初八，宫中传出讣告，赵曙驾崩，享年三十六岁，在位仅三年多，庙号英宗。

如果赵曙身体状况良好，哪怕再多活十年，一场富国强兵的改革就会被推动，对于宋朝遏制腐败、强盛国力会有很大的帮助。可惜，历史不容假设。

陆

宋神宗赵顼：在改革中左右摇摆的纠结者

政治天才王安石

赵顼，本名赵仲针，庆历八年（公元1048年）出生，是宋英宗赵曙的长子。

赵顼遗传了父亲勤奋好学的基因，经常废寝忘食，学习到太阳落山而忘记吃饭。父皇赵曙见他如此好学，颇为欣慰，同时又因为自己的身体素质较差，不希望儿子过度劳累而重蹈自己覆辙，有时会派人去劝阻赵顼。

赵顼还很讲规矩，着装、日常礼仪都非常符合规范。即使是炎热的夏天，他也不用扇子，因为在那个时代的上流社会，乱摇扇子有失庄重。他也非常尊师重道，每次老师来上课，他都亲自迎接，并领着弟弟一齐向老师参拜。

赵顼熟读诸子百家，最崇尚法家，尤其喜欢韩非子。他自幼就立下了富国强兵的远大志向。

赵曙即位时，赵顼十六岁。这期间，他经常听到身边的大臣韩维、孙永等人提到王安石。他们对王安石评价极高，经常转述王安石的政治观点，引起了赵顼的关注。

治平四年（公元1067年），宋英宗赵曙驾崩，二十岁的赵顼即位，便是宋神宗。

父亲留给他的是一个各方面矛盾十分尖锐的政权。此时，宋朝已经建国一百年了，就像一位老人，不复当年的青春与活力，各种弊病显露出来。

首先，国家财政处于亏空状态。为了应对随时可能入侵的辽国、西夏，军费开支巨大；每年还要分别向辽国和西夏给予巨额钱款；同时受"恩荫"制的影响，官僚机构臃肿，大量官员的关系户混进来吃财政饭。

其次，官僚、地主阶级疯狂兼并土地，导致大量农民失去赖以生存的土地，为生计而从官僚、地主那里借高利贷，背负沉重的债务。赵顼执政初期，由于严重的社会不公和经济压迫，底层的暴动、起义此起彼伏，国家治安到了崩溃的边缘。

以上问题在宋仁宗赵祯时期就已经显现，所以赵祯重用范仲淹，实施了"庆历新政"。但由于侵犯了官僚集团、地主阶级的既得利益，引发了他们的强烈反对与疯狂阻挠，"庆历新政"实施了仅仅一年多就宣告失败，范仲淹等改革派官员被贬出京城。从此之后，国家的诸多弊端更加严重，社会矛盾更加尖锐。

宋英宗赵曙即位后，本想继续进行改革，但老天不作美，他在即将施展拳脚时突然英年早逝。

如今，皇位的接力棒交到赵顼手中。改革已刻不容缓，赵顼立有大志，又刚满二十岁，精力旺盛，心气高昂，于是，一场轰轰烈烈的改革拉开了序幕。

或许是缘分，或许是天意，雄心壮志的赵顼遇上了天才王安石。

王安石，抚州临川县（今江西抚州临川区）人，出生于宋真宗天禧五年（公元1021年）。他比赵顼年长二十七岁，比赵顼的父亲宋英宗赵曙还要大十一岁。

王安石自幼聪慧过人，又勤奋好学，可以过目不忘，下笔成文，是一位真正的神童。

王安石出生时，父亲王益担任临江（今江西樟树临江）军判官。王益有一点做得非常好，经常带王安石到不同的地方游历，让他接触底层民众，体验民间疾苦，这让他在很小的时候就对老百姓的疾苦及贪官污吏的腐败有了深刻的体会。

十七岁时，王安石跟随父亲进京，结识了同龄人曾巩。曾巩对王安石的才华十分钦佩，经常向别人推荐他的文章，其中就有欧阳修。欧阳修读完王安石的文章，对其大加赞赏。此时的王安石和欧阳修都没有想到，两个人将来在政治上有很多交集。

庆历二年（公元1042年），二十出头的王安石来到都城开封参与会试，考中进士。北宋王铚的笔记文集《默记》记载，王安石本来毫无悬念地考中了状元，但其文章中有"孺子其朋"四个字，宋仁宗赵祯不悦，将其名次与第四名互换，王安石就这样与状元失之交臂。

"孺子其朋"出自《尚书》，是周公对周成王的告诫之语。在这里，"孺子"指的是年幼的周成王，"其朋"强调做君王的要与大臣们像朋友一样相处。前文讲到，赵祯最头痛的便是官僚集团，发起的"庆历新政"便是被这群大臣们搞失败的。当他看到"孺子其朋"时，内心最敏感脆弱的地方被深深刺痛，王安石很不幸地撞在了枪口上。

不过，第四名也是很好的成绩，王安石被封为淮南节度判官。任期结束后，王安石原本可以选择调入京城，但是他放弃了当京官的机会，主动要求去鄞县（今浙江宁波鄞州区）当知县。王安石在鄞县干了四年，期间兴修水利，扩办学校，为当地老百姓办了许多实在事。

其中有一件事让王安石声名鹊起：王安石把县府粮库里的粮食借给农民，规定了很低的利息，等到秋后丰收后，老百姓再把粮食连同那一点利息归还给县府。

这条举措看似没什么了不起，影响却是巨大的。首先是消灭了整个县的高利贷市场。王安石来鄞县之前，当地的地主、官员对农民放高利贷。现在王安石拿着县府闲置的粮食去放贷，利息极低，老百姓便不再借高利贷。其次，农民拿到粮食之后，可以满足基本的饮食需求，也可以用于农业生产，大大发展了当地经济。再者，粮库里的旧粮食放出去，等到秋收之后换回新粮食，实现了以旧换新。说王安石是政治天才，不夸张吧？

王安石声名鹊起，连朝廷高层都知道鄞县有个王安石才华出众、能力非凡。

这四年当知县的经历，让王安石对老百姓的实际生活状况有了更全面、客观的了解，对地主、官僚盘剥老百姓的手段更加熟悉，也对国家如何改革有了思考。

王安石后来又调到舒州（今安徽潜山）担任通判。州的一把手是知州，通判是知州的副手。王安石在那里的几年，舒州每年都有大饥荒，民不聊生。当时的知州是个保守的人，不想借鉴王安石在鄞县积累的工作方法，还对王安石有所打压。王安石十分压抑，写下了《感事》一诗：

贱子昔在野，心哀此黔首。
丰年不饱食，水旱尚何有。
虽无剽盗起，万一且不久。
特愁吏之为，十室灾八九。
原田败粟麦，欲诉嗟无赇。
间关幸见省，笞扑随其后。
况是交冬春，老弱就僵仆。
州家闭仓庾，县吏鞭租负。
乡邻铢两徵，坐逮空南亩。
取贷官一毫，奸桀已云富。
彼昏方怡然，自谓民父母。
揭来佐荒郡，懔懔常惭疚。
昔之心所哀，今也执其咎。
乘田圣所勉，况乃余之陋。
内讼敢不勤，同忧在僚友。

这首诗深刻地揭露了贪官污吏敲诈勒索贫苦农民的凶恶面目，表达了王安石对"欲诉嗟无赇"、哀告无门的老百姓的同情。

丞相文彦博听说下面有一个叫王安石的官员，能力出众，又淡泊名利，从不钻营、拉关系，属实是官场中的另类。如此人才怎么能不重用呢？他向宋仁宗赵祯郑重举荐王安石，请求朝廷奖励并越级提拔他，给乌烟瘴气的官场树立一个正能量标杆。

岂料，王安石拒绝了文彦博，理由是：既然你想树立我这个标杆来给腐败的官场起引导作用，那就不能越级提拔我，这是不合规矩的。

文彦博万万没想到，王安石竟然拒绝自己！要知道，多少人做梦都想着能够得到皇帝、丞相的重视，现在有这么一个机会砸到王安石的头上，他竟然拒绝了。由此可见，这是一个多么有定力、有主见的人啊！

欧阳修早就读过王安石的文章，为他的才华折服，看到他拒绝了文彦博的举荐，便向宋仁宗赵祯举荐他为谏官。岂料，王安石又拒绝了欧阳修。这一次，王安石给出的理由是：奶奶年事已高，需要他这个当孙子的照顾。

欧阳修万万没想到，王安石会拒绝他，这让他哭笑不得。不过，欧阳修非要给自己找补回面子，又推荐王安石担任工作轻松但薪酬丰厚的群牧判官。群牧司是主管国家公用马匹的机构，群牧判官工作相对轻闲，但是级别很高。由此可见，欧阳修对王安石是多么欣赏。王安石勉强接受了这个职务。

那么，王安石为什么一再拒绝晋升呢？

他后来的死对头司马光对他有一个非常中肯的评价："人言安石奸邪，则毁之太过；但不晓事，又执拗耳。"意思是，好多人说王安石是个奸臣，这是对他严重的诋毁，只不过王安石这人不明事理，太过执拗。说白了，王安石很傲气，是个理想主义者，这种人的通病就是偏执、不合群、做事不圆融。

就像王安石在《感事》里所表达的，周围都是些不靠谱的贪官，他提出来的治国方略根本得不到机会施展。在这样的大环境下，去哪里都一样。与其到朝廷钩心斗角，还不如做个地方官，图个清静。

之后不久，王安石被调到常州（今江苏常州）担任知州。在此期间，他最大的收获是认识了知己周敦颐，也就是大家熟知的《爱莲说》的作者。

《濂溪先生周元公年表》里记载："先生东归，时王荆公安石年三十九，提点江东刑狱，与先生相遇，语连日夜。安石退而精思，至忘寝食。"意思是说，王安石遇到了周敦颐，两人一见如故，从白天聊到夜晚，有说不完的话。周敦颐给王安石带来了思想风暴，以至于王安石回去之后还在认真回味周敦颐的话，到了不思饮食、睡眠的程度！

周敦颐到底跟王安石说了什么，不得而知，但王安石接下来的表现，足以证明周敦颐对他的影响是巨大的。就在二人谈完话之后不久，嘉祐五年（公元1060年），王安石破天荒接受了朝廷的提拔，调入京城担任度支判官。

他利用进京述职的机会，拿出十二分的诚意，把在地方从政多年关于治国的思考，系统总结为一份万言的《上仁宗皇帝言事书》，呈给了宋仁宗。在这份著名的奏疏里，王安石指出国家当前面临的经济困窘、社会风气败坏、国防安全隐患的残酷现实，尖锐地指出这一切的根源在于官僚们不懂得法度，解决的根本途径在于进行制度层面的改革，系统、全面地提出了改革方案。

大家看，王安石的改变是巨大的，从过去的孤傲，变成了主动、积极地争取话语权，向皇帝展现自己的才学和思想。

这一切，都是拜周敦颐所赐。什么是知己？知己是能够看到阻碍你进步的性格缺陷，引导你、鼓励你去突破、去改变，让你拥有精彩的未来。

王安石把万言书提交上去之后，本以为会等来宋仁宗的召见，结果石沉大海，因为宋仁宗根本不赞同他的方案。

前文曾经讲到，宋仁宗重用范仲淹、韩琦、富弼、欧阳修，搞了"庆历新政"，但没想到阻力巨大，很快以失败告终。宋仁宗从此不再想改革的事，任由官僚集团腐败加剧，社会贫富差距拉大。

宋仁宗庙号里的"仁"字指的就是他的执政风格很软，不敢和既得利益者硬碰硬。要知道，"庆历新政"的改革力度跟王安石的改革思路比起来，算是温和了许多。"庆历新政"让宋仁宗没了心气，他怎么敢再推行王安石的改革呢？

这件事把王安石心中好不容易燃烧起来的火焰狠狠地浇灭了。此后，朝廷多次委任王安石以要职，他都坚定地拒绝，概不赴任。

后来，朝廷试着任命王安石直集贤院，王安石竟然答应了。满朝文武听说王安石终于接受了朝廷的晋升，当成热点新闻一样讨论，好不热闹。

王安石后又担任知制诰，负责起草皇帝的诏书。当时有规定，皇帝说什么，下面的人就机械记录，不能修改一个字。王安石觉得这个规定太死板，应该在保证皇帝本意的前提下，适当润色一下。

王安石的意见，换回的是劈头盖脸的批判。他据理力争，但人微言轻，势单力薄，根本无法对抗王公大臣们。这让王安石对从政更加心灰意冷。

嘉祐八年（公元1063年），四十三岁的王安石借母亲病逝的机会，辞职回江宁府（今江苏南京）守丧。

宋英宗赵曙即位后，本想搞一场轰轰烈烈的改革，屡次召王安石回朝，但都被他以丧期未满为由婉拒。

换了新皇帝，王安石为什么依然拒绝回朝呢？因为当时是曹太后垂帘听政，实权在她的手中，而曹太后是政治守旧派，仍执行前朝宋仁宗赵祯的执政方针，即便宋英宗赵曙有意改革，曹太后也会阻拦，这样的情况下，改革成功的可能性很小。

陆 | 宋神宗赵顼：在改革中左右摇摆的纠结者

几百年后，清朝的光绪帝面临着与宋英宗相似的境况，而光绪帝选择了同慈禧太后撕破脸，强力推动改革，最终以失败告终，自己也被囚瀛台。以此作为对比的话，王安石要比康有为、梁启超更加务实。

短寿的宋英宗赵曙去世后，治平四年（公元1067年），宋神宗赵顼即位。

赵顼在即位以前，常与幕僚韩维讨论天下大事，韩维经常说出一些观点让他豁然开朗。赵顼很纳闷，问韩维："平时也没见你有这么深刻的思想，最近怎么进步如此之大？"

韩维神秘一笑，说："我就跟您承认了吧，其实我只是复述了一位高人的政见。"

赵顼的好奇心被调动起来，问："世间还有这等高人？快说是谁。"

韩维说："此人名叫王安石，不知道您听说过没有？"

赵顼说："王安石？我可太熟悉了。当年他曾经上万言书给仁宗，但仁宗没有重视。他那份万言书我读了不知道多少遍，简直是神人！"

韩维说："我也觉得他是个神人。"

赵顼又问："此人现在何处？"

韩维说："在江宁守丧呢。"

赵顼把这件事记在脑子里。他意识到，一旦自己登基，王安石将是辅助他治国的一把好手。

赵顼即位后，立即派人前去召王安石回京，可王安石又婉拒了。赵顼新君登基，血气方刚，持续派人去召。可这王安石也是个执拗的人，一直称病拒绝。

赵顼为此召集大臣们开会，一起猜测王安石死活不肯入京的原因。

赵顼说："这位王安石可真是让朕没脾气了。他在先帝朝的时候就多次拒绝任命，或许是他觉得先帝对他不够重视。现在朕登基，拿出诚意请他入京，他还是拒绝。你们觉得，他是真有病，还是另有所求呢？"

丞相曾公亮说道："王安石乃天下少出的奇才，要么不用，要么就大用。现在给他一个大用的机会还不来，想必是真生病了。凭借我对王安石的了解，他不会随便骗人的。"

大臣吴奎却持相反的意见，他说："我曾经与王安石共事，深知其为人。此人刚愎自用，性格偏执，主张也很迂阔。万一朝廷起用他，必然紊乱朝纲！"

曾公亮怒斥道："王安石是真正的辅相之才，水平远在你我之上。吴奎你就是胡说八道，造谣中伤！"

吴奎只是讨厌王安石的众多官员中的一个代表。为什么朝廷有这么多人讨厌王安石呢？原因有二：

一为嫉妒。王安石才华出众，在基层工作时就干出了名气，在宋仁宗、宋英宗两朝时就是第一政治明星。满朝文武都对皇帝谄媚，盼着得到皇帝的重视，皇帝都不一定正眼瞧自己。唯独这个王安石不给皇帝好脸，说辞职就辞职，说走人拍拍屁股就走，就这么任性，皇帝还不生他的气，还放低身段求着他回来，这让其他官员眼红得都要着火了。

二是害怕。王安石在地方上是怎么干出名声的，满朝文武看在眼里，十分害怕。朝廷的许多高官是兼并土地的大地主，是放高利贷剥削农民的既得利益者，他们当然明白，假如王安石的改革纲领得以实施，自己的利益首先会被侵犯。这群官僚，别看平时在朝堂上说什么忠君爱国，心里装着的还是利益和生意。以吴奎为代表的既得利益者希望王安石老死在江宁，一辈子都不要被重用。

宋神宗赵顼并不是傻子，他希望通过改革，压制表面忠君爱国、实则中饱私囊的官僚集团，看到吴奎等人如此害怕王安石，他更坚定了重用他的决心。

赵顼也不是个简单的角色，他下诏任命王安石为江宁知府。

这一招还是很厉害的。你王安石不想进京，好，我满足你，但是我又要体现出真心起用你的诚意，那我先把你提拔为江宁一把手。要知道，江宁在宋朝可是个富庶的地方，多少人盯着江宁府流口水呢！

王安石感受到了赵顼的诚意，"带病"赴任。

赵顼听说之后，大大松了一口气："这位爷，可算是给朕面子啦！"

几个月后，赵顼再次下诏，命王安石入京担任翰林学士兼侍讲。赵顼还特别强调，这可不是让你入京当官哟，而是让你入京给我当老师。王安石坦然赴任，直奔东京开封而来。

那么，王安石在江宁守丧、"养病"期间，干了些什么呢？

答案是：开培训班。

是的，你没有看错，他在招收学徒。王安石是不会白白浪费时光的，他充分利用这段时间收徒讲学。其实，收徒只是表面，他的真实目的是招揽人才，打造团队，为将来大干一场提前培养好可以重用的嫡系。事实证明，他的学生龚原、陆佃、李定、蔡卞等在他日后的变法中起了非常大的作用。

熙宁元年（公元1068年），宋神宗赵顼正式召见已经四十八岁的王安石，两个人终于见面了。赵顼开门见山地提出，他想推行一场改革，请王安石谈谈看法。

王安石问："陛下想成为历史上哪个皇帝？"

赵顼道："朕自幼的偶像是唐太宗。"

王安石轻蔑一笑。

赵顼问："莫非你瞧不上唐太宗？"

王安石道："唐太宗算什么！陛下要学也该学做尧、舜！"

赵顼问："尧、舜有什么优点吗？"

王安石道："尧、舜治国讲究简明而不烦琐，扼要而不迂阔，容易而不繁难。"

赵顼道："你这说的怎么跟朕过去学的不太一样呢？"

王安石道："世人就爱将简单的问题复杂化，不能通晓尧、舜之道，认为其高不可攀。"

赵顼说："你这可说是以难为之事要求我了，恐怕无法与你的这番好意相称。你可以尽心尽意地辅助我，希望共同成就这一目标。"

第二年，赵顼任命王安石为参知政事，同时成立改革的领导机构"制置三司条例司"，由王安石全权负责改革事务。

党争对手司马光

王安石被火速提拔到朝廷之后，有一个人十分不开心，那便是《资治通鉴》的作者、以童年时砸缸而闻名天下的司马光。司马光比王安石年长两岁，此时的职务是御史中丞，级别在王安石之下。

司马光是晋宣帝司马懿的弟弟司马孚的后代。他二十岁参加会试，一举高中进士甲科，开始从政之路。第一份工作是华州（今陕西渭南华州区）判官，作为地方一把手的幕僚，辅助其展开工作。后来他又陆续担任苏州判官、武成军判官、宣德郎、将作监主簿、权知丰城县事，都不是一把手且都是短暂担任。

这期间，司马光的父亲去世。司马光的父亲有一位好朋友是朝内高官庞籍。庞籍十分欣赏司马光，拿他当养子一样看待。

庆历六年（公元1046年），司马光接到诏旨，离开地方进入朝廷，担任大理评事、国子直讲。虽然不是什么实权官职，但是靠近国家的权力中枢，视野、舞台都更加开阔。

三年后，庞籍升任枢密使，举荐提拔司马光任馆阁校勘。但是皇帝以司马光提拔过快为由予以拒绝。又过了两年,庞籍成为丞相,再次举荐司马光。司马光成功晋升为馆阁校勘,同知太常礼院。

当司马光凭借前辈的大力支持进入快速上升通道时,作为同龄人的王安石在干什么呢?此时的王安石正在地方上,通过一系列措施打击地主、放高利贷者,给农民减负呢。

王安石之所以一而再再而三地对官场悲观失望而选择赋闲在家,很大程度上就是因为当时的官场是司马光这种有背景、有关系的"官二代"的舞台,他要想靠努力表现来获得重用,门儿都没有。典型的例证就是,他给宋仁宗上万言书阐述改革方案,宋仁宗连个回复都不给。

司马光的履历决定了他的根系生长在以庞籍为代表的守旧派官僚集团里。这个集团人多势众,把控着朝廷的话语权。王安石被皇帝破格提拔为参知政事并负责政治改革,势必成为司马光这种老派官僚的眼中钉。要知道,王安石的改革针对的就是现有的官僚体系,打击的就是以司马光为代表的既得利益者,"断人钱财如杀人父母",更何况他还要打击这些人的政治话语权呢!

所以王安石与司马光的矛盾,本质绝对不是施政纲领、政治理念不同,而是两个字:党争。通俗点讲,就是派系之间的政治斗争。党争一旦开演,双方将会陷入"为了反对而反对"的局面。

司马光先给了王安石一个下马威,两个人因为财政问题吵了起来。

当时河朔一带受灾,而国家财政不足,丞相曾公亮提出,今年皇帝行郊祀礼时,不再赏赐大臣们金帛。司马光跟进,提出救灾节约开支,应从皇帝身边的高官近臣做起。

猛一看,曾公亮、司马光的提议好像非常伟大,相当于自降工资,省出钱来捐给灾区,确实了不起呀!但是不要被他们表面的仁慈所蛊惑。朝廷的高层官僚,主要收入根本就不是这点工资,而是来自土地兼并及发放高利贷。

王安石道:"当今朝廷的当务之急不是国库余款不足。"

司马光针锋相对,说:"当今朝廷的当务之急就是国库余款不足。"

在一旁听着的赵顼立马闻到了火药味。

王安石道:"你说的国库不足只是一个结果,而非原因。造成这一切的原因是没有开源,只能被动节流。"

司马光先给王安石扣帽子,道:"你所谓的财政来源,无非就是加大克扣老百姓的力度而已。这算什么本事?"

王安石道:"我有办法,不用增加老百姓的负担,就能增加财政收入。"

司马光摇着头说:"天下所生财货万物,总量就那么多,不在老百姓的手里,就在当官的手里。你肯定是表面不增加老百姓的税赋,但是搞一些见不得人的潜规则,在暗处克扣老百姓的钱财。这么搞,比直接给老百姓加税还恶劣!"

二人争论不休,最后被赵顼劝下。

总之,王安石刚来到朝廷不久,司马光就给了他一个下马威,王安石也完全不给司马光面子,气势上绝不输给他。两个人的争论反映出变法派和守旧派的基本思想:王安石的主张概括起来就是,不提高政府的赋税基数,靠大力发展农业生产,提升经济水平,进而获得财政上的增收,同时不增加底层老百姓的负担,而是拿大地主、大富商开刀,从他们的利益中收取部分税赋归于朝廷;司马光的意思是,就不该进行改革,既不要增加老百姓的负担,更不能触碰官僚集团、大地主、富商的利益,或者说,只要你王安石支持的,我司马光就反对,绝不能让变法派获得政治话语权。

此时宋神宗赵顼是支持王安石的,所以司马光暂时靠边站。赵顼亲自督促王安石推行变法,史称"熙宁变法"。这场变法从熙宁二年(公元1069年)开始,至元丰八年(公元1085年)宋神宗去世结束,共持续了十七年。

⑧ 熙宁变法

王安石的变法内容共分三部分：富国之法、强兵之法和取士之法。富国之法，指发展经济、充实国库的措施。强兵之法，指加强国防、军力的措施。取士之法，指选拔人才的措施。

先说富国之法，包含：青苗法、募役法、方田均税法、农田水利法、市易法、均输法。

青苗法其实就是王安石在鄞县时曾经做过的事情，经过验证，切实可行。其主要内容是：在每年春季由政府向农民贷款、贷粮，每半年取利息二分或三分，远远低于当时的高利贷，等农民丰收之后，再归还贷款、贷粮。

好处有两点：政府增加了利息收入；有效打击了大官僚、大地主、大富商施行的高利贷。简言之，青苗法利国利民，同时侵犯了大官僚、大地主、大富商的既得利益。

募役法，又称免役法。过去，老百姓必须按户轮流服差役，募役法改为由官府出钱雇人服役，不愿服役的家庭，只需要交纳一定数量的免役钱即可。募役法一视同仁，官僚、地主、富商也不例外。

好处是：可以让农民摆脱苦役，有充分的时间种地，发展农业生产；同时，政府多了免役钱的收入，充盈了国库。

方田均税法，是在全国范围内重新丈量土地，核实土地的真正所有者，将土地按土质的好坏分为五等，差别化征税。

好处是：发现了大量地主、官僚、富商长期隐匿霸占（可以偷税漏税）的土地，逼着他们按实际持有的土地数量足额纳税；同时，一部分持有劣质土地的农民减少了税赋，负担明显降低。

农田水利法，指鼓励垦荒，兴修水利，由当地住户按贫富等级出资，或向州县政府贷款兴修水利。地主、官僚、富商多出钱，农民少出钱，甚至不出钱。

好处是：在全国范围内掀起了兴修水利、开垦荒地的高潮，粮食产量明显提高，财政收入明显增加。

市易法，指政府根据市场行情，出钱收购滞销、低价的货物，等到市场短缺时再卖出。

好处是：有效打击了大商人对市场的操控，稳定了物价，增加了政府的财政收入。

均输法，指设立叫作"发运使"的新机构，负责掌控东南六路的经济生产情况。

路，是行政划分单位。宋朝共有二十四路，换言之，共有二十四个行政区。其中，东南六路最富裕，是供应全国的生产物资的主要产地。

王安石设立的发运使只有一个工作，就是实时掌控这六个行政区的物价波动。当政府需要采购时，只对最便宜、距离最近的地区进行集中采购，这样可以大大节省采购成本，同时可以打击东南六路的大富商对市场价格的操控，价格打压下来之后，老百姓的生活成本也大大降低。

以上为全部的富国之法，接下来谈强兵之法。

所谓强兵之法，就是对军队进行改革，包含：保甲法、裁兵法、将兵法、保马法和军器监法。

保甲法，指对农民进行编制，十家编为一保，农户家有两丁以上抽一丁当作保丁。保丁的任务是，农忙的时候在家种地，农闲的时候集中起来接受军事训练，其实就是在农民里面发展民兵。

好处非常多：首先，对农民进行编制以后，加强了政府对农村的管理，农村的社会治安明显改善；其次，为外敌入侵储备了潜在的兵力；最重要的是，半农半兵可以节省大量军费。

裁兵法，指的是强制士兵在五十岁后必须退役。测试士兵，禁军不合格者降级为厢军，厢军不合格者降级为民籍。

好处是：军队的战斗力明显提升。

将兵法，是针对宋朝老传统"兵将分离"进行的改革，把各路驻军分为若干单位，每单位置将与副将，专门负责本单位军队的训练，以提高军队素质。

"兵将分离"可追溯到宋朝建国之初，宋太祖赵匡胤采纳丞相赵普的建议，让禁军分驻在都城开封与外郡，经常内外轮换，定期回驻京师，调动军队的时候将领不随之调动，故意制造出"兵无常帅，帅无常师"的状态。这一政策的目的是防止将领形成自己的嫡系和山头，大大降低将领反叛的可能性，利于政局稳定。没有想到的是随着时间的推移，这个政策被执行成另外一个极端，将领们索性不再认真带兵，因为不管带好带坏，兵总会离开自己，到别人的手底下去。时间一久，全军将领、士兵集体摆烂，毫无战斗力可言。

将兵法取消了这种将领与士兵轮换的制度，将领固定统率特定的军队，军队的战斗力得到了明显提升。

保马法，指撤销牧马监，改为由老百姓替政府养马。不强制，由老百姓自愿养马。买马的钱由政府出，政府免除老百姓的部分赋税。

好处是：马匹的质量和数量得到明显提高，同时政府节省了大量养马成本。

军器监法，指加强对兵器制造过程的监管，提升兵器质量。

经过以上几条强兵之法，宋朝军队的战斗力明显提升。

以上是富国之法与强兵之法，再介绍一下取士之法，即选拔、培养和使用人才方面的改革。

首先，王安石对科举制度进行改革，颁布了贡举法，废除明经科，进士科的考试则以经义和策论为主，并增加法科。通俗点说就是，过去考的是对经文的死记硬背，改革之后考的是一个人是否真能经纶济世。很明显，改革后的考试更利于选拔具有真才实学的人。

其次，执行三舍法，就是把学生分成上、中、下三个等级，分别进行教学。以平时成绩来取代科举考试，不再一考定终生，成绩优异者可不经过科举考试直接做官。重新修撰儒家经典，编纂《三经新义》，相当于编写新教材。另外，设置武学、医学、律学等专业性较强的学校，培养专门人才。

再者，坚持唯才是用。重视对中下级官员的提拔和任用，使许多低级官员和下层士大夫得到发挥才干的机会。

以上便是王安石变法的主要内容。从新法实施到最终被以司马光为代表的守旧派完全破坏，持续了十七年。在这十七年间，宋朝富国强兵的效果十分明显。

守旧派的复仇

通过审视王安石的改革纲领，不难发现这些纲领一旦实施，国库充盈了，老百姓的负担减轻了，唯独大地主、大官僚、大富商的利益被大大削减。因此，新法势必引起这三种人的强烈仇恨。

这场变法是在宋神宗赵顼的支持下展开的，地方上的守旧派不敢直接反对，他们采取了更加"高明"的破坏方法：扭曲化执行。

举例说明：青苗法非常好，王安石当鄞县知县的时候就进行了验证，非常成功，可是以变法的形式全国推广之后出现了大问题。青苗法说老百姓可以自愿找政府贷款，但到了执行的时候，地方官员为了完成政绩，不管老百姓是否需要贷款，一律强制摊派。不需要贷款的老百姓被强制贷款，还要偿还利息，相当于地方政府从老百姓手里抢劫了利息。本来规定利息是两分，"而施行之际则不然也"，到了地方政府执行的时候，变成了三分利息甚至更多。本来让利于民的贷款，被扭曲化执行为高利贷。到了催贷的时候，地方官吏"鞭笞必用"，采用暴力手段，加重了百姓对新法的憎恨。老百姓看不懂变法背后的道理，只知道是王安石搞的，也就只骂王安石。

过去，农民向大地主贷款，虽然利息高，但是双方讲好价钱即可立马成交。现在农民向官府贷款，地方官吏故意增加了烦琐的手续，先要书面申请，后要层层审批，一道又一道手续都成为地方官员吃、拿、卡、要"油水"的关卡。

就这样，变法先取得成效，而后在官员的扭曲化执行中渐渐变样，最终引发天怒人怨，走向失败。

上面说的是地方的执行层。在朝廷高层，守旧派大臣们也对王安石展开了强烈的攻势。

例如，枢密使文彦博在变法之初就说"祖宗之法制俱在，不须更张"，直接提出反对。后来到了熙宁五年（公元1072年）冬天，华州东部的山上发生地震，引发山崩，活埋居民几百户，损失粮田几千顷。本来这件事属于自然灾害，可是文彦博却找到赵顼，控诉这是王安石变法不得民心导致，连老天爷都看不下去了。王安石明知道这是无稽之谈，也只能硬着头皮据理反驳。

不仅朝廷高官，就连皇宫的宦官也反对变法。过去，后宫物资都是由宦官采购，宦官仗着自己代表的是皇后、妃嫔，对供货的小商人勒索、吃回扣。王安石变法之后，后宫再需要物资，由市易司按照最低价格统一采购，宦官们的回扣没了，"断人财路如杀人父母"，他们自然对王安石恨得牙痒痒。

后宫的宦官有个特点，那就是和皇太后、皇后亲近。他们没少在皇太后、皇后面前讲王安石的坏话，慢慢地，皇太后、皇后也痛恨变法，经常在赵顼那里抱怨变法的诸多不是。

在后宫、老臣的强大舆论攻势下，赵顼开始动摇，推进改革的底气变得有些不足了。

王安石看到赵顼渐渐向守旧派官僚倾斜很生气，倔脾气又上来了，先是称疾在家，而后又写了一封辞职信交给赵顼。赵顼知道，这是王安石以退为进给自己施加压力，如果这时候答应辞职，变法很快会沦为第二个"庆历新政"。赵顼十分不甘，只好屈尊降贵挽留王安石继续改革。

赵顼还要考虑守旧派官僚的情绪，于是搞了一个折中的小手段：让司马光代替自己给王安石回信，请他重新出山，继续推进变法。

本来这封信的主题很明确，就是请王安石消消气，赶紧回来工作，可是司马光却在里面夹带私货，故意以皇帝赵顼的口吻批评王安石："今士夫沸腾，黎民骚动，乃欲委还事任，退取便安。卿之私谋，固为无憾，朕之所望，将以委谁！"这分明是批评王安石遇事就躲起来，不担当，不作为。

王安石看完诏书，以为这就是赵顼的意思，当即震怒，提起笔写了一封自辩书。赵顼丈二和尚摸不着头脑，通过调查得知，原来是司马光这家伙夹带了私货，赶紧亲自给王安石回信："诏中二语，失于详阅，今览之甚愧。"他不想激化矛盾，没有提司马光的事，而是自己承担了责任，说之前说过的话欠考虑，用语不当，表示惭愧。又换了王安石一手提拔起来的下属吕惠卿拟旨，换了口气，客客气气地请王安石回来。

王安石看完回信，坚持罢任。赵顼坚持让他留下。

从这里可以看出，封建社会的皇帝并不总是高高在上、一言九鼎，真实的皇帝通常会被大臣们掣肘，如果遇上野心大、手腕强的权臣，皇帝发号施令时不会被按照本意执行，还会被公开反对。历史上，强势大臣废掉皇帝另立一个傀儡新皇帝的事，不算新鲜。皇帝不是好当的，处处受到牵制，还要处处寻找平衡。

赵顼为了安抚守旧派官僚集团，想重用司马光。他以此征求王安石的意见，王安石说："司马光表面上是为皇帝进谏良言，实际上却在暗中拉拢下属。他的言论，大多是有害于朝政的；他所结交的人，也大多是对朝政有害的人。然而，皇帝您却想要将他置于身边，让他参与国家政事，这无疑是给那些持不同政见的人树立了一个明显的旗帜。"

赵顼发现王安石这边不依不饶，就趁他休假时，任命司马光为枢密副使。枢密使主管国家军事，权力很大，仅次于丞相。司马光这个枢密副使的级别也是相当高的。

任命通知下达给司马光之后，司马光和当初的王安石一样，写信回绝赵顼："陛下如果能停止王安石的变法，即使不让我当官，我也感激不尽！"

各位读者朋友，你有没有为赵顼这个皇帝感到心累？好不容易哄好了一个，另一个又开始闹了。

赵顼给司马光回信，不允许他回绝。司马光也来了倔脾气，一连写了七八封辞呈。最后把赵顼搞得实在没脾气了，回复司马光说："这枢密副使是掌管军事的，你不应该把反对变法当作辞官的理由吧？"

司马光牙尖嘴利，回复道："陛下这话就说错了。臣现在没有答应要当枢密副使，臣现在的身份就是陛下的侍从，有什么看不惯的事情都可以畅所欲言。"

赵顼看完，差点儿一口老血吐出来，心想：得了，朕还不伺候了。索性没再继续征召司马光。

值得一提的是，司马光有一个做法很高明。私下，他表现出拿王安石当朋友，以朋友的身份写信给王安石（《与王介甫书》），请他停止变法，撤销因为变法而新设立的机构。司马光在信中言辞恳切，态度和蔼，完全看不出与王安石是政敌。而王安石也写了《答司马谏议书》回复司马光，也是像朋友一样态度和蔼。

现在，有人拿司马光写给王安石的信试图证明，二人仅仅是政治见解不同，私交还是很好的。事实是这样吗？

答案：否。

我们要听其言，更要观其行。在王安石变法失败后，司马光上位，对王安石一派的官员进行了彻底清洗。司马光给王安石写的那封信，只是表面文章，他对变法派下狠手的时候，可丝毫没有信中的和蔼态度。

守旧派官僚里，还有三位颇具代表性，便是苏洵与苏轼、苏辙父子。

这三个人都名列"唐宋八大家"，文笔一流，其家族利益在变法中遭受了损失。值得一提的是苏洵，年轻时他在家读书、没有任何官职的时候，曾经写过《几策》《权书》《衡论》等数十篇著作，系统提出涉及政治、经济、军事等领域的改革主张，等到他官做大了，看到王安石要对自己这批人进行改革，又立刻站在了改革的对立面。昔日的屠龙少年，变成了今日的恶龙。

苏轼也毫不掩饰，在工作中同变法派针锋相对。

有一年的进士考试中，一位名叫叶祖洽的考生在文章中表达了支持变法。主考官吕惠卿是变法派，便把他列为第一名。

复试时，主考官是刘攽和苏轼。刘攽是司马光的下属，是司马光牵头编纂的《资治通鉴》的副主编。两位主考官读完叶祖洽的文章，发现他支持变法，就给他压了成绩，搞成了第二名。

这一下，吕惠卿便与刘攽、苏轼吵了起来。吵来吵去，三人索性去找皇帝赵顼评理。赵顼读完文章，认为叶祖洽值得拿第一名。苏轼不乐意了,气呼呼地指责赵顼:"叶祖洽诋祖宗以媚当朝,让他为第一,何以正风化!"他给叶祖洽扣的帽子是诋毁祖宗,拍变法派的马屁,还对赵顼进行道德绑架:你要是给他第一名,就是破坏风化!

通过这件事不难发现,苏轼对变法派是多么痛恨。

熙宁七年(公元1074年),宋朝遭遇了史上罕见的旱灾,农民苦不堪言,四处流亡。这时候需要大家众志成城,共同抗灾,守旧派官僚却把旱灾当成攻击变法的借口,纷纷对赵顼说,旱灾的原因是变法惹怒了老天爷。

赵顼耳根子软的毛病又犯了,一时间上了头,把王安石召来,带着情绪问道:"关于这次旱灾,你怎么看?"

王安石心想:这还能怎么看?便耐心解释道:"水旱之灾是自然现象,即使是尧舜再世,也无法阻挡天灾呀!关键还是看活着的人怎么做。"

赵顼驳斥道:"天灾绝不是小事!"

担任安上门监的小官名叫郑侠,擅长画画,专门画了一幅《流民图》,写了千言的《论新法进流民图疏》,假冒成边关告急文件进献给赵顼,指责王安石变法导致了这场旱灾和老百姓的凄惨遭遇。

皇太后本就反对变法,看了《流民图》以后,放声痛哭,流着眼泪对赵顼说:"你看这王安石把天下祸害成什么样子了!"

王安石的阵营里有一位叫曾布的大臣,本来是变法派,如今也调转屁股。他给赵顼上书,论奏了判官吕嘉问在执行市易法时的问题。

王安石对守旧派的攻击已有预见,但他没想到自己一手提拔起来的下属也反水了。他陷入内外交困的境地。

这一年,守旧派官僚集团取得了阶段性胜利,王安石被罢相,出任江宁知府。

王安石临行前,向赵顼推荐韩绛为相,吕惠卿为参知政事。这两位都是王安石变法阵营中的得力干将，其中吕惠卿还是王安石的学生。赵顼任用了这二人，继续推行新法。

王安石走了以后，吕惠卿的心态发生了改变。他当上了参知政事，距离丞相的位子仅有一步之遥，此时的他最不希望看到的是王安石回到朝廷，否则就轮不到他当丞相了。他要想实现"丞相梦"，得否定恩师王安石的变法政策，刻意迎合守旧派。

吕惠卿完全以个人利益出发，急于标新立异，乱改变法内容，引来老百姓更大的不满。昔日战友、现任丞相韩绛成了他的眼中钉，这两个变法派的得力干将率先内斗起来。韩绛知道吕惠卿想当丞相，索性上书赵顼，请求让王安石回朝继续当丞相，而这恰恰是吕惠卿最害怕的事情。

王安石恢复相位之后，第一时间对吕惠卿的错误做法进行了修正，把他罢免的官员重新提拔回来，继续推行变法政策。吕惠卿则对王安石展开疯狂的攻击，经常到赵顼那里告王安石的黑状。

赵顼一眼看破了吕惠卿的小心思，知道他想对王安石取而代之，加上他屡次被人弹劾，索性将他贬到陈州（今河南淮阳）。

曾布、吕惠卿的背叛，对王安石的打击是巨大的。守旧派攻击王安石，王安石早就心中有数，他可以像个斗士一样逐一反击，展开激烈的论战，愈战愈勇；但被他一手提拔起来的下属甚至爱徒背刺，他的心彻底碎了。第二次回归的王安石已经没有了当初的心气，精力明显不足，而宋神宗赵顼也对他不再像过去那样重视。

王安石曾经对赵顼慨叹地说："天下的事就像煮汤，先加一把火，接着又添一勺水，这怎么能烧开呢？"意思是说，你这个皇帝耳根子太软了，听到守旧派的话就泄气，听到变法派的话又想改革，左右摇摆，起伏不定，怎么能够成功呢？

这之后不久，熙宁九年（公元1076年），王安石的儿子王雱年纪轻轻就病逝了。王安石悲痛欲绝，精神再次受到极大打击，外加身体有病，实在无法推进改革。赵顼只好让他辞去相位，回到江宁。第二年，王安石连江宁府的官也辞了。他选择了城外一处叫白塘（今南京玄武区中山门北白塘）的地方，建了一处宅院，取名"半山园"。此后直到去世，他再也没有回过朝廷。

元丰七年（公元1084年），王安石得了一场大病，赵顼专门派医生到江宁给他治病。病好以后，王安石上书赵顼，建议把自己的宅院改建为寺院。赵顼赐名"报宁寺"，又叫"半山寺"。

第二年，宋神宗赵顼去世，宋朝的第七位皇帝赵煦即位，由高太后垂帘听政。高太后在宋神宗时就支持守旧派官僚，痛恨变法，垂帘听政之后，立即起用反对变法的急先锋司马光为丞相。司马光上位后，全面废除新法。至此，王安石变法被守旧派全面粉碎。

一年之后，元祐元年（公元1086年），王安石带着愤懑与不甘病逝于钟山，享年六十六岁，遗体葬于半山园。

8 充满挫败感的晚年

赵顼执政时期，共有两次对外战争：第一次是攻打交趾，第二次是攻打西夏。

交趾，又名交阯，位于今越南北部红河流域。从宋仁宗时期，交趾开始侵犯宋朝边境。

熙宁八年（公元1075年），交趾军先后攻占了宋朝的古万寨（今广西崇左扶绥）、廉州（今广西北海合浦）、钦州（今广西钦州）和邕州（今广西南宁）。

熙宁九年（公元1076年），宋朝任命郭逵、燕达，带五万（对外宣称十万）大军进行反击，很快便收复了失地。而后宋军乘势进入交趾境内，攻占了门州（今越南谅山同登）。又在红河边大败交趾主力，杀死了交趾洪真太子。交趾国王李乾德求和，宋军班师回朝。

这次战争虽然取得了胜利，但并不是什么光彩的事情，因为像交趾这样的小国胆敢侵犯宋朝，是宋朝国力衰败的表现。

同交趾的战争是先防守后反击，对西夏的战争则是宋朝主动出击。王安石变法带来的最直接的改变就是国库比过去充盈，军队的战斗力也有明显提高。赵顼一直都有反击西夏的想法，现在终于可以主动秀一下肌肉了。

此时的西夏皇帝是李秉常。李秉常十六岁亲政，在此之前由皇太后代为执政，也就出现了年轻的皇帝与皇太后之间的权力之争。

李秉常不同于前面两任皇帝，他自幼崇尚汉族的儒家文化。在与宋军作战中，西夏俘虏了不少宋朝读书人，李秉常向他们虚心请教宋朝的礼仪制度，甚至准备在西夏推行汉礼。

西夏大安六年（公元1080年），二十岁的李秉常正式下令废掉旧礼仪，全面推行汉族礼仪。以皇太后为代表的守旧派势力强烈反对，但他不予理睬，坚定推进改革。

第二年，李秉常觉得只凭借自己的力量与皇太后斗法不容易成功，于是做了一个大胆的决定：借助宋朝的力量对付太后一党。他派一个名叫李清的下属出使宋朝，打算向宋神宗赵顼开出条件：把黄河以南的领土归还宋朝，希望宋朝帮助自己消灭皇太后一党，夺回实权。

不得不说，李秉常的这个想法是相当有魄力的。可惜的是，李清正要出使宋朝时，这一秘密被皇太后发现。她假装请李清来喝酒，诱捕杀之。接着皇太后发动政变，将李秉常囚禁。

这一消息很快传了出去，支持李秉常的皇亲、部下纷纷起兵，誓与皇太后决一死战。西夏乱作一团。

有一位将军名叫禹藏花麻，一向看不惯皇太后专权，此时便向宋朝发出求救信，信中说：皇太后把李秉常囚禁了，举国一片混乱，此时宋朝如果发兵来讨，西夏一定会有很多人积极响应。

赵顼核实情况之后，派出五路大军共二十万兵力，全力攻打西夏。西夏挖开黄河大堤将宋军淹没，导致宋军大败。

第二年，赵顼听从大臣徐禧的建议，在边境修筑永乐城，屯扎军队以抵抗西夏。可惜的是，宋军刚站稳脚，西夏竟然出动了三十万大军将永乐城围住。最终，永乐城沦陷，徐禧阵亡，宋军损失二十多万人。

永乐城战败的消息传回朝廷，赵顼在朝堂之上放声大哭。这件事情对赵顼的精神打击是巨大的，他终日忧虑，病情加重，两年多后便驾崩了。

赵顼共执政十九年。执政之初，他心气很高，重用王安石发动变法，可是他低估了守旧派给予的阻力，在守旧派、变法派之间摇摆不定，最后向守旧派认输，变法失败。晚年，他原本想通过讨伐西夏出一口恶气，结果反而被狠狠地击败，这成为压垮他精神世界的最后一根稻草。

柒 宋哲宗赵煦：短寿的理想主义者

奶奶与孙子同朝执政

赵煦,原名赵佣,生于熙宁九年十二月(公元1077年1月),是赵顼的第六个儿子,前面的五个哥哥全部夭折。中国古代有个迷信说法,如果孩子从小身体不好,给他取一个贱名反而好养活,所以赵顼给这第六个儿子取名赵佣。佣,古代通"庸",意指平凡。故意给皇子取名"平凡",就是希望他好养活。

元丰七年(公元1084年),赵顼在集英殿宴请群臣,故意安排赵佣侍立在旁。在场的群臣一下就明白了皇帝的意思,这是在告诉大家,将来赵佣就是皇位继承人啊。这场宴会的主角表面上看是皇帝赵顼,其实是皇子赵佣。大臣们都在仔细观察皇子,见他仪表出众、气质非凡,对他很是满意,赵顼也很有面子。

第二年春,赵顼的病情突然恶化,不能处理朝政。丞相王珪率大臣来到他的病榻前,请求尽早定下储君,由赵顼的母亲、皇太后高氏垂帘听政。此时赵顼已经说不出话,躺在床上连连点头。

赵顼失去了语言能力,让一些人有了投机想法。其中就有赵顼的弟弟赵颢和赵頵,他俩想要截和,不让赵顼传位给儿子。他俩要想继承皇位,必须说服高太后。于是这两人找了大臣蔡确和邢恕,让他们去找高太后的侄子高公绘、高公纪做思想工作,想让这两人去说服高太后支持他俩中的任何一人当下任皇帝。

高公绘一听就知道,这是大逆不道的做法,当即拒绝了蔡确和邢恕。

蔡确和邢恕发现高太后这条路走不通了，便突然变脸，不再支持赵颢、赵頵两兄弟，而是高调喊着拥立赵佣为新皇帝。

其实，根本不需要他们拥立，赵顼本来就想让赵佣继承皇位。他们这么做就是投机主义，想跟着蹭一点拥立赵佣的功劳，期待赵佣登基后给自己封赏。

赵颢、赵頵两兄弟还做着皇帝梦。赵顼病重之后，他俩经常去皇宫探视赵顼。赵顼虽然不能说话，但是头脑清醒，一眼就看出他们两个想篡位，只能瞪大眼睛狠狠地盯着他俩。当时的场景很诡异，皇帝的弟弟在病榻旁对皇帝嘘寒问暖，而皇帝对他俩怒目而视。

到了赵顼弥留之际，赵颢还请求留在身边侍疾，说白了，就是想等赵顼咽气之后，捏造假遗言，说赵顼传位给自己。高太后把这一切看在眼里，立马下令把这哥儿俩轰了出去，还加强守卫，严禁二人出入赵顼的寝殿。与此同时，高太后下令心腹宦官梁惟简让他的妻子秘密赶制一件十岁儿童穿的皇袍。

高太后为了稳住政局，在赵顼还活着的时候即宣布垂帘听政。丞相王珪率领大臣前来觐见，高太后向诸位大臣称赞赵佣性格稳重、聪明伶俐，自从父皇生病以来一直手抄佛经为父皇祈福，是个大孝子。接着，高太后拿出赵佣手抄的佛经，让在场的大臣们传看。大臣们心里明白，这是要大家拥立赵佣为皇太子。

这时，高太后把赵佣叫了出来，丞相王珪带领众大臣齐声祝贺高太后垂帘听政，夸赞赵佣德才兼备。得到众大臣拥护的高太后当即下旨册封赵佣为皇太子，改名赵煦。就这样，高太后的当机立断避免了一场潜在的宫廷政变。

元丰八年（公元1085年）三月，宋神宗赵顼驾崩，赵煦即位。高太后被尊为太皇太后，奶奶为孙子临朝听政。

守旧派的清算

高太后是一位狠人。

前文讲到,宋仁宗赵祯的皇后是曹皇后。赵祯死后,宋英宗赵曙即位,曹皇后为了掌握权力、维护曹氏家族利益,将自己姐姐的女儿高滔滔嫁给赵曙当皇后。换言之,高滔滔既要喊曹太后姨妈,又要喊她婆婆。

高滔滔有个最大的特点,就是性格强势。她为宋英宗赵曙生下四个儿子、四个女儿,而在她的把控下,后宫没有一个妃嫔、侍御。涉及端茶倒水的事情,高滔滔这个皇后宁可自己干,也不让赵曙和任何一个宫女有近距离接触。

时间一久,曹太后觉得这不是长久之计,皇帝终究是要有妃嫔的,便让人给自己这位亲外甥女兼儿媳妇带话:"皇帝即位这么久了,怎么可以除了你之外身边没有一个人侍奉呢?"

高滔滔听后很生气,回了曹太后一句:"我当初嫁给他的时候,他还不是皇帝呢!"言外之意是:我当初嫁给赵曙,并非图他将来能当皇帝,现在他当上皇帝了,反而嫌弃我,这对吗?

由此可见,高滔滔的性格十分强势,连婆婆兼姨妈都敢顶撞。

后来,赵曙生病。按照那个时候的迷信说法,为了冲喜,皇帝需要娶三个妃嫔。高滔滔为了自家男人的身体健康,只好听从曹太后的建议,亲自给丈夫选了三位妃嫔。

赵曙身体很差,靠多娶三个女人来延寿是不可能的,没多久就驾崩了。赵顼即位，曹太后成了太皇太后，高滔滔成了皇太后。

宋神宗赵顼活得也不长，而后宋哲宗赵煦即位。高滔滔成了太皇太后，为孙子赵煦垂帘听政。她的执政能力十分强，垂帘听政期间把国家管理得有模有样，带领宋朝进入了一段经济繁荣、政治清明的时期。历史上唯一一个被称为"女中尧舜"的人就是高滔滔。

而宋哲宗赵煦既聪明，又早熟。

宋神宗赵顼去世后，辽国派使臣前来吊唁。大臣蔡确献媚于高太后、赵煦，大惊小怪地提出："这契丹使者的打扮和咱们汉人不同，臣担心陛下幼小，见到契丹人会害怕，现在就请臣提前给陛下描述一下契丹人真实的样子，请陛下不要害怕！"

接着，蔡确大献殷勤，描述起契丹人的相貌打扮。九岁的赵煦只管听着，没说一句话。蔡确手舞足蹈地表演了半天，汗都出来了。赵煦板起面孔，指着蔡确问道："朕就问你，这契丹人是人吗？"

蔡确大吃一惊，说："回陛下，契丹人当然是人，只不过和我们属于不同民族。"

赵煦说："既然大家都是人，朕怕他做甚？！"

此话一出，全场骇然。诸位大臣心中暗暗叫道："这位小皇帝可不是一般人啊，如此年纪便霸气外露，将来一定是一位雄主！"

别看赵煦年纪小，他一直在默默观察奶奶的做法。话说，高太后在当年的王安石变法中是坚定的反对派，对反王安石的急先锋司马光十分欣赏，而今她垂帘听政，便火速提拔守旧派官僚司马光、吕公著等人辅佐朝政。司马光顺势提出"以母改子"的口号。母，指太后高滔滔；子，指高滔滔的儿子宋神宗。这句口号的意思是，由母亲来修正儿子的错误，也就是司马光要打着高太后的旗号全面推翻王安石的变法政策。

元丰八年（公元1085年），司马光首先废除保甲法，而后于半年之内快速废除方田均税法、市易法、保马法等王安石精心设计的一些政策。

第二年，司马光突然病重，他将废除新法的任务交给吕公著，想在有生之年全面废除王安石制定的一切政策。此时司马光有着强烈的发泄私愤的意味，以至于连当年和他一起反对王安石的"战友"苏轼、苏辙都看不下去了，指责他过于激进，建议在充分考察、权衡之后从长计议。

但司马光一意孤行，他说服高太后下诏，五天以内废除免役法。与此同时，他对曾经支持变法的官员展开了疯狂的报复：时任丞相蔡确被罢相，最终客死他乡；章惇也被贬到外地；就连曾经支持王安石，后又背叛的吕惠卿也被贬黜。

司马光又将已经八十一岁的四朝元老文彦博请了出来，担任要职。这年九月，司马光去世，去世前的一个月，还废掉了王安石制定的青苗法。

改革派被彻底清算干净之后，守旧派迎来了政治上的春天。这批人不顾吃相，为了抢夺官位、利益，迅速分化成三个山头，互相内斗，打得不可开交。三个山头分别是：以洛阳人程颐为首的"洛党"，以四川人苏轼为首的"蜀党"，以及由河北人刘挚、梁焘、王岩叟、刘安世等人为首的"朔党"。三党为了利益，展开了你死我活的政治斗争。

元祐三年（公元1088年），吕大防、范纯仁分任左、右相。范纯仁坚定地支持司马光废除新法，但他反对快速、全面地废除新法，主张缓慢推进。蜀党领袖苏轼也持有相同的观点。朔党见到苏轼支持就要反对，连同反对与苏轼想法一样的范纯仁。范纯仁被朔党群起而攻之，没多久就被罢相。

守旧派官僚掌控了整个朝廷的实权，对当年的变法派的复仇愈演愈烈，最典型的便是"车盖亭诗案"。

前文讲到，变法派的蔡确已经被罢相，但是守旧派对他不依不饶，希望将他置之死地。元祐四年（公元1089年），一位名叫吴处厚的守旧派官僚向高太后举报，说蔡确曾经写过一首诗，里面提到了武则天，涉嫌影射高太后。这个说法提出来之后，守旧派官僚们心领神会，纷纷站出来支持吴处厚。高太后震怒,将蔡确贬到岭南新州(今广东云浮新兴)。蔡确在那里终日抑郁,几年后客死。

"车盖亭诗案"开了一个非常恶劣的先河,那就是官员们可以用造谣、诬告的方式对别人打击报复。如果一个朝代的高层官员每天想的都是怎么污蔑人,那么这个朝代也就走向了没落。

祖孙关系恶化

高太后独揽大权,守旧派官僚又忙着对变法派复仇,大臣们都懒得搭理赵煦,每次上朝时大臣们直接向高太后汇报工作,遇事也只听高太后一人决断。赵煦的御座与高太后的座椅相对,他穿着龙袍,却尝尽了冷落。他的内心窝火,但碍于强势的奶奶,不敢表现出来。后来,赵煦亲政之后,回忆起高太后垂帘听政的日子,带着怨气说道:"朕当年只能看到朝中官员的屁股和后背!"

按照当初的约定,到了赵煦十七岁,高太后应该撤帘,将实权交还赵煦。可高太后在这件事情上装糊涂,只字不提。大臣们也跟着装傻,有事依然先禀奏高太后。高太后和大臣们集体装傻的态度让赵煦愤恨无比,对他们产生了强烈的敌意。因为这些人都是守旧派官僚,赵煦便慢慢同情起了变法派。

在赵煦成长的过程中,高太后和守旧派大臣还试图通过给他洗脑,让他放弃对皇权的争取,支持守旧派的政治主张。具体做法是,由吕公著、范纯仁、范祖禹、苏轼这些资深的守旧派大臣组成侍读团队,轮流给赵煦上课,持续给他灌输恪守祖宗法度的观念。说白了,就是让他听高太后的话，一切遵照旧制度，不要乱搞变法。然而，这种做法让赵煦对这群守旧派官僚愈发厌恶。

赵煦的生母朱氏出身平民，父亲姓崔，在她很小的时候就死去，母亲带着她改嫁给朱士安，她也就改姓朱。继父朱士安很讨厌她，因此她被托付给一个姓任的亲戚。

朱氏长大后，为了逃离没有温暖的家庭，参加了宫廷选秀，成为宋神宗赵顼身边的御侍宫女。她被宋神宗赵顼临幸，生下两儿一女，长子就是赵煦。朱氏母凭子贵，一步步晋升为德妃。赵煦即位后，将朱氏尊为皇太妃。

朱氏从小就在寄人篱下的环境里成长，现如今成为皇帝的亲妈，她很知足，并没有变得骄横，在婆婆高太后面前更是毕恭毕敬、温良贤淑。可是，在高太后眼里，这是懦弱的表现，又因为她出身低微，高太后经常呵斥她。

宋神宗赵顼去世后，朱氏护送灵柩前往墓区安葬，途中停在永安（今河南巩义西南的芝田镇）休息。地方官韩绛赶到永安，礼仪侍奉极其周到。她回到宫中后，高太后勃然大怒，指责她不懂规矩，说："韩绛是先朝老臣，你如何配受他的礼遇？！"得知亲生母亲被欺负，赵煦对高太后的愤恨更深了。

赵煦即位后，高太后对他的私生活管控得也很苛刻，派给他二十多个四五十岁的老宫女。赵煦很想找同龄的小姑娘陪伴自己，可又不敢向高太后说，就秘密派人出去找，对外宣称宫里要为宋神宗去世后留下的几位年幼小公主找乳婢（小孩的奶妈）。

赵煦打着给小公主找奶妈的旗号找年轻宫女这件事在民间传开，人们都说当今圣上好色，还没成年就物色美女，引爆了大臣们上书批评他的热情。

礼部侍郎范祖禹也是赵煦的老师，他上了一道奏折，对赵煦批评了一番，说皇帝才十四岁，不是亲近女色的时候，希望皇帝洁身自好。他给赵煦上课时,讲到《尚书》的"内作色荒,外作禽荒",声音突然提高,反复念了好几遍,还对赵煦说:"请陛下格外留意这句话!"

这群大臣不去压事,反而挑事。高太后为了面子,只好对大臣们说:"确实是神宗留下的几个小公主需要奶妈。"等到大臣们离开之后,高太后恼羞成怒,将侍奉赵煦的那些老宫女唤去严厉审讯,逼问真相。这些宫女被训斥完,红着眼睛回到赵煦身旁。打狗还要看主人,高太后这么做,赵煦对她的恨意愈发强烈。

赵煦虽然没有实权,但是他以自己的方式来表达抗议。大臣们向高太后汇报工作时,赵煦故意一个字都不说。有一次,高太后看出赵煦在故意沉默,便问他为什么这样。赵煦说:"您都处理好了,还要我说什么呢?"高太后听后,知道赵煦已经对自己非常不满。

赵煦经常使用一张旧桌子,高太后命人把它换掉,结果赵煦故意又让人搬了回来。高太后知道后,问他为什么非要用这张旧桌子。他回答:"因为这张桌子是父皇曾经用过的!"这句话是在提醒高太后:我才是皇家的权力继承人,你忘了宋神宗临终时的安排了吗?

高太后看到赵煦对自己的敌意越来越强,更加不敢放弃手中的权力。就这样,两个人之间的矛盾越来越尖锐。

随着赵煦到了十六岁,高太后决定给他立个皇后。高太后看中的是眉州防御使兼马军都虞候孟元的孙女。高太后很早就为封她为皇后做好了准备,手把手教她后宫礼仪。高太后这么做的目的只有一个:赵煦的皇后必须是她的人。

赵煦没有发言权,只好服从于高太后的强势包办,册封孟氏为皇后。举行大婚典礼的当天,赵煦没有喜色,反而一脸抑郁。高太后看在眼里,自言自语道:"皇后贤淑,只恐福薄,哪一天国家有事变,怕是要担当其祸。"

高太后知道这是基于政治斗争需要而安排的婚姻,孟氏注定是牺牲品。可是为了巩固权力，她必须这么做。

婚后没多久，赵煦和皇后的矛盾便激化了。一天，赵煦出宫祭祀天地，车队正要进入太庙，突然，前边的路上出现了另一支队伍，把他的车队挡了下来。当时，随行最大的官员是苏轼，他赶紧派人去打听前方到底是何方神圣，如此嚣张！

不打听还好，这一打听，尴尬了。前方队伍的主子正是皇后孟氏和高太后的女儿。苏轼本来是高太后一派的人，但这次他也看不下去了，对负责礼仪的御史中丞李之纯说："你的职责之一是严肃政纪，这件事不能不报告。"他的意思是，把这件事告诉高太后，让她管一管孟氏和自己的女儿。虽然大家仗着高太后作为后台飞扬跋扈习惯了，可表面上还要过得去，别太过分。

李之纯不敢说，苏轼就在车中向皇帝上奏了这件事。

赵煦派人骑马把关于这件事的奏疏递交给高太后。第二天，赵煦又下诏要求宫内整肃仪仗卫队，从皇后而下都不许迎接谒见。他已经不怕与高太后撕破脸了。

高太后自然想一直把控朝政，可惜的是，生老病死的自然规律是不以人的欲望为转移的。元祐八年（公元1093年），高太后去世，享年六十二岁。这一年，赵煦十七岁。

拨乱反正

赵煦终于迎来了真正的亲政。守旧派官员、翰林学士范祖禹接连上了好几道奏章，强烈呼吁皇帝坚守高太后的执政思路。赵煦读完范祖禹的上书，连基本的回复都没有，直接丢到一边。

与此同时，赵煦下令晋升伺候他的宦官梁从政、刘惟简等人，奖赏他们亲附自己之功。这几个宦官其实都是高太后任命的，最初并非赵煦的心腹。

苏轼立刻以此为切入点，上书批评道："陛下刚刚亲政，那么多有才华的士大夫都未重用，就先提拔几个宦官，外面议论起来，恐怕不妥吧？"

赵煦看完，心想："满朝官员都是你们的同伙，你倒是揣着明白装糊涂！"他回复："朕的宫中缺人手，这是为了多多使唤他们而已，你怎么能说委以重任呢？"

高太后垂帘听政以来，赵煦一直表现得唯唯诺诺，上朝时连一句话都不敢说。苏轼以为这是赵煦的真实性格，岂不知，赵煦是在装弱势，内心的复仇之火一直熊熊燃烧着。他万万没想到，赵煦亲政之后竟然变了一副面孔，直接驳斥自己。

也有被打压的支持变法的官员，这些年来一直没有讲话的机会，看到赵煦的动作，认定他要对守旧派官僚展开报复清算，便趁势上书，主张变法。

礼部侍郎杨畏就是其中的代表人物。他上书说："当年，神宗延续了变法，那可是万世之功。希望陛下能继承神宗遗志，继续推进新法。"

赵煦看完，当即高调召见杨畏，问他先朝旧臣谁可重用。杨畏马上列举出一串名单，全部是当年王安石变法团队的成员。赵煦很是信从，立马任命章惇为资政殿学士，吕惠卿为中大夫，李清臣为中书侍郎，邓润甫为尚书右丞。次年，追谥王安石为"文"，允许其配享宋神宗的庙廷。

这些任命都是赵煦直接发布的，没有经过常规程序。守旧派官员因此非常害怕，都感觉将要大难临头。

元祐九年（公元1094年）三月，赵煦任命变法派官员李清臣主持三年一次的进士考试，题目是论述高太后垂帘听政以来（元祐年间）国家政策为何有种种弊端。

苏轼得知后，在朝堂上大声谏道："臣看出来了，这题目就是在恶意诋毁近年来的政事，大有恢复王安石乱政的意思！臣以为，高太后执政以来，君臣同心，上下奉行，真的做到了国泰民安。至于缺点，历朝历代哪个没有？退一步讲，父作于前，子救于后，遵循老一辈的古法才是圣人所说的孝。当年汉武帝也是推行变法改革，最后国家一片混乱！陛下若轻易改变高太后执政以来推行的政策，提拔王安石乱党的余孽，臣恐怕朝廷大势将去！"

这里有一个历史背景：在宋朝，汉武帝是被作为反面典型批判的。为什么会这样呢？因为汉武帝时期注重武将，文官没有太多的晋升空间，通过读书、考试晋升的士大夫阶层对此十分痛恨，所以后世文官对汉武帝普遍持否定态度，将其定性为无道昏君。

赵煦勃然大怒，说："你怎么能拿先帝和汉武帝相比呢？！"

苏轼的同伙范纯仁站了出来，替苏轼辩解："汉武帝怎么了？汉武帝在臣看来也算是有雄才大略的人，苏轼拿汉武帝比喻先帝，不算骂人。臣倒是觉得，陛下刚刚亲政，就对苏轼这种忠臣像呵斥奴仆一样讲话，恐怕不合适吧？"

苏轼、范纯仁的配合天衣无缝，正反话都让他们说了，还给赵煦扣了个不礼貌的帽子。赵煦气得说不出话来。

变法派官员邓润甫赶紧站出来指责苏轼、范纯仁："你们总说要遵守古法，那司马光、苏辙为什么带头破坏先帝推行的变法呢？"

范纯仁驳斥道："你这就胡说八道了！从来就没人阻挠变法，是变法这件事本身就是错的，既然是错的，那就应该改变。"

赵煦慢慢缓了过来，加入论战："人们历来都把秦皇、汉武归为一类暴君。苏轼是什么意思显而易见，你范纯仁还要狡辩到底吗？"

范纯仁道:"苏轼只是就事论事,不是指的人品。"

赵煦发现,跟这群人搞辩论是辩不过他们的,索性也就懒得再跟他们吵,直接将苏轼贬官至汝州(今河南汝州)。

这里还发生了一个小插曲。苏轼被贬,官方需要出一份文件,来说明被贬原因。当时负责起草的是中书舍人吴安诗。吴安诗也是苏轼一派的人,在写诏书的时候,只字不提苏轼的问题,反而全是赞美之词。在外人读来,这哪是贬官,分明是要升官的节奏嘛!赵煦大怒,又将吴安诗贬为起居舍人。

最终,在这次大考中,凡是支持守旧派观点的答卷全部被判为下等成绩,凡是支持王安石变法的答卷全部被判为上等成绩。赵煦在这次交锋中取得了胜利。

高太后垂帘听政时的年号为"元祐",现在赵煦下令停止这一年号,改元"绍圣"。这是赵煦彻底否定高太后的执政纲领,夺回实权的标志。

赵煦不再同守旧派官僚打嘴仗,而是动用手中的权力,直接给予清算。以文彦博为首的三十多个资深守旧派官员被贬出朝廷,已经去世的司马光被给以否定性批判,就连高太后活着时身边的亲信宦官也被发配到偏远地区。

赵煦雷厉风行的做派要强于当年的宋神宗赵顼。赵顼执政时,始终不敢与守旧派官僚针锋相对,在守旧派、变法派之间左右摇摆,最终还是向人多势众的守旧派妥协,导致变法失败;赵煦则坚定地支持变法,以雷霆手段快速清洗守旧派官僚,没有任何动摇。

赵煦重用变法派官员章惇、曾布,恢复王安石变法中的保甲法、免役法、青苗法等,大大减轻了农民负担,国家又有了起色。

⑧ 避免垂帘听政

前文讲到，赵煦与皇后孟氏毫无感情。当初高太后就曾有过预言，她死之后，孟氏一定下场很惨。现在预言开始走向现实。

在高太后去世前，就有一位姓刘的御侍获得了赵煦的欢心。她不仅长得漂亮，还受过良好的教育，诗词歌赋样样精通，既能伺候赵煦的饮食起居，又与他有共同话题。时间一久，赵煦便离不开刘氏了。

此时高太后已死，一次，赵煦高调带着刘氏去大相国寺游玩，随行安排了教坊奏乐。这一下，整个都城的老百姓什么都不干了，都挤到大街上观看皇帝和刘氏。孟皇后得知后，怒火中烧却又无可奈何。

历史上从来不缺乏精明的投机主义分子，他们的特点是总在认真观察谁会得势、谁会失势，抢在别人前面去攀附即将得势的人，进而获得水涨船高的利益。这时期，就有这么一位顶级投机主义者，此人的姓名大家并不陌生，在《水浒传》里也出现过，便是蔡京。

刘氏得宠之后，翰林学士蔡京第一时间前来溜须拍马，发挥读书人的优势，专门写了好几首诗赞美刘氏。一时间，蔡京被赵煦注意到。

蔡京是仙游县（今福建莆田仙游）人，自幼聪明异常，很顺利地考中了进士。从政后，他业务能力一流，又善于逢迎各路达官贵人，屡屡得到晋升。弟弟蔡卞跟他一样，也是一个聪明的读书人。兄弟二人曾经同时期担任中书舍人，替皇帝书写诏命。蔡京后被晋升为知开封府，是宋朝都城的第一执政官。

前文讲到，高太后垂帘听政之后，司马光掌权，对王安石的新法展开报复，十分激进地提出限期五天全面废除。当时苏轼等人提出，废除可以，但是没必要这么激进，应该缓缓图之。所有地方官中，只有蔡京一个人坚定地执行了司马光的命令，在其管辖的地区五天之内全面废除王安石的变法纲领。司马光得知此事大为高兴，当众夸奖蔡京："如果人人都像蔡京这样奉行，天下还有什么行不通的政令吗？"

然而没多久，就有人举报蔡京有违法乱纪行为。就这样，蔡京被调离朝廷，先后贬到扬州、成都。谁都想不到，这段被贬的经历反而成为蔡京二度崛起的资本。

高太后去世后，赵煦清算一众守旧派官僚，大肆起用变法派官员。蔡京声称自己其实是变法派，被守旧派排挤、迫害，说他被贬到外地就是被守旧派迫害的证明。

赵煦正是用人之际，便把蔡京调回朝廷，任命他为代理户部尚书。回到朝廷的蔡京摇身一变，成为坚定的变法派，为变法出谋划策，全力打击当年提拔过自己的守旧派官僚。

当时，牵头变法的是章惇。他对如何恢复变法、恢复到什么程度，心里没有底气，便召集大伙开会。会议持续时间很久，章惇始终不能下定决心。这时候，蔡京站了出来，义正词严地说道："照我说，就全面按照王安石当年的做法，一点不改，全面继承，这还有什么可议论的吗？"

在场的好多人听完蔡京的发言，心想："这蔡京果然是坚定的变法派啊！看来当初他坚定执行司马光的政策，是不得已而为之呀！"投机主义者蔡大师的内功很深厚吧？他是当时唯一一个在守旧派、变法派斗得水火不容时，自由地跳来跳去且在两边都吃香的人。

蔡京看到赵煦专宠刘氏，有意疏远孟皇后，便第一时间写诗赞美刘氏。他知道，按照赵煦刚硬的脾气，孟皇后很可能会被废掉，刘氏大概率会取而代之，提前抱上刘氏的大腿，才可以实现他做了多年的丞相梦。

孟皇后和刘氏之间争斗不断。有一次，孟皇后率众嫔妃朝拜。按照礼仪，孟皇后坐着，其他嫔妃必须恭恭敬敬地站在她的周围，拱卫着她。这时候，只有刘氏一个人故意背朝大家，站在远处。

皇后的贴身侍女替主子出恶气，对刘氏呵斥道："你赶紧转过身来！"刘氏故意不搭理她。孟皇后只能生闷气，她知道自己的后台已经没了，如果对刘氏态度不好，赵煦一定不会轻饶了自己。

孟皇后明着不敢报复刘氏，私下里的小动作却不断。这之后没多久，她率众妃嫔去拜见宋神宗赵顼的皇后向太后。当时老太太还没出来，大伙就坐在那里等着。孟皇后坐的是朱髹金饰的椅子，其余嫔妃只能坐普通座位。刘氏不愿屈于人下，随从也给她搬来一张与皇后所坐相同的椅子。

孟皇后看到，动了报复刘氏的心思。她让人假装喊了一声："老太后驾到！"全场女性纷纷起立。就在这一瞬间，孟皇后的手下偷偷溜到刘氏身后，撤掉了她的椅子。过了一会儿，发现太后没来，孟皇后招呼大家继续坐下等着。刘氏"扑通"一声，摔了一个屁股蹲儿。刘氏这才意识到是孟皇后戏弄自己。她十分生气，当即哭着离开，找赵煦告状。

赵煦对孟皇后更加讨厌。他知道，以"不得宠"为由是无法废掉孟氏的，必须以特殊手段解决掉她。

孟皇后与赵煦结婚以来，只生下一个女儿福庆公主。绍圣三年（公元1096年），福庆公主生了重病，喝药不见起色，孟皇后的姐姐便请了个道士，把治病的符水带入后宫。

孟皇后一开始不知道姐姐这么做，她看到姐姐给女儿喂下符水，赶紧把她拉到一边，小声说道："姐姐你不知道宫中有规定，后宫严禁搞这些神鬼符咒吗？"

二人赶紧一起收拾现场。这时，刚好赵煦赶到，撞了个正着。孟皇后吓傻了，赶紧向赵煦解释了事情的来龙去脉。赵煦听完，不但没有生气，脸上反而露出平常很难见到的笑容，和蔼地说道："皇后想多了，这不都是人之常情嘛,朕才不会怪你。"

赵煦离开后不久,宫中就传开了"谣言",说皇后经常在后宫搞法会,诅咒皇帝早死,她好效仿前人垂帘听政。谣言传到孟皇后耳中,她意识到事情很不对劲,但是只要赵煦不责怪她,她暂时也不用担心什么。

不久,福庆公主病逝。孟皇后的养母见皇后悲痛,找来一个尼姑为她祈福。刘氏早就盯着她这边的动静了,得知此事,立刻上奏给了赵煦。

赵煦表面震怒,实则内心狂喜,下令逮捕了孟皇后身边的宦官、宫妾三十余人,对他们严刑拷打逼供。有的人被硬生生打断了四肢,还有人被割掉了舌头,最终构成冤狱。

这一年九月,赵煦降诏,以孟皇后搞巫术为罪名,废掉其皇后身份,贬入冷宫,赐法号华阳教主、玉清妙静仙师,法名冲真。这相当于将孟氏直接打成尼姑了。

圣旨颁布以后,有好几位大臣上书,说这件事有些蹊跷,皇后极有可能是被误解甚至诬陷的。赵煦把上书的官员贬出朝廷。

废掉孟氏之后,刘氏十分开心,等着赵煦晋升她为新任皇后。可是左等右等,赵煦只进封她为婉仪。

原来,赵煦废掉孟皇后并非基于男女情事,而是为国家长远考虑。他饱尝高太后垂帘听政的苦头,孟皇后又是高太后的人,他不希望守旧派官僚集团死灰复燃,至少绝对不能再出现又一个守旧派皇太后。鉴于此,哪怕是搞些不光明的手段,他也要废掉孟皇后。

至于刘氏,赵煦确实很宠爱她,但他发现刘氏在争风吃醋这些年的表现还不具备母仪天下的水平。鉴于此,赵煦很冷静,并没有因为一时宠爱就把刘氏立为皇后。

不得不说,赵煦是一位了不起的皇帝。他既坚定,又有手段,还遇事冷静,在宋朝皇帝中,算得上高水平。

元符二年(公元1099年)八月,刘氏生下赵煦独子赵茂。赵煦便不再犹豫，封刘氏为皇后。这期间，又有官员旧事重提，说当年孟皇后被废得不明不白，现在册封刘氏，对孟皇后不公平，难以服天下。赵煦懒得与之纠缠，将其贬出朝廷。

不幸的是，好景不长，这位小皇子在出生的第二个月就生病夭折了。没过几天，刘皇后的小女儿扬国公主也暴病死去。这些事对赵煦的打击很大，他病倒了。元符三年（公元1100年）正月，他猝死于宫中，享年二十四岁，庙号哲宗。

假如赵煦有正常的寿命，他一定可以干出一番伟业，把宋朝带入一个辉煌的时代。可惜，历史不容假设。

值得一提的是，赵煦与前面几任宋朝皇帝相比，一个最大的不同就是不怕打仗。赵煦执政以后，对西夏一反过去几任皇帝懦弱的表现，变得异常强硬，在边境线上修建了一道长达千余里的防御工事，还打退了西夏的进犯。

在赵煦去世两年前，即元符元年（公元1098年），宋朝与西夏发生了平夏城之役，击败西夏三十万大军，取得了空前的胜利，西夏被迫求和。

赵煦不仅在内政方面强势而有手段，对待外敌也不像前几任皇帝那样怯懦，是个坚定的鹰派。他的短寿是宋朝最大的遗憾！

捌 宋徽宗赵佶：不该成为皇帝的艺术青年

❁ 特殊的继承人

宋哲宗赵煦驾崩了,需要选出新的皇帝,可赵煦没有儿子,大家为难起来。

此时宫中地位最高的是向太后。向太后嫁给宋神宗赵顼之后,并没有生下皇子,宋哲宗赵煦登基之后,向太后心中有数,皇帝不是自己的亲生儿子,自然要格外注意分寸,便没有掺和赵煦与奶奶的政治斗争。她选择置身事外,是一种明哲保身的表现。如今赵煦猝死,向太后是后宫中地位最高的老太后,选谁为继任皇帝,她有最大的话语权。

向太后组织几位高级别大臣开会讨论此事。丞相章惇先发言:"按照一直以来的礼法,自然是立哲宗同母弟赵似。这还需要讨论吗?"

向太后说:"所有姓赵的皇子都应该有机会,不能按照你说的这种方法来选天子。"

章惇问:"那太后心目中的人选是谁?"

向太后道:"端王赵佶是最佳人选。"

端王赵佶也是宋神宗赵顼的儿子。在赵顼的几个儿子里,赵佶与向太后关系最好,向太后力挺赵佶,分明是带着私心,想要巩固自己将来的利益。

章惇听后十分吃惊,大声说道:"不是我故意反对太后您的意见,只是端王赵佶平时行为轻佻,根本不是做皇帝的材料啊!"

大臣曾布说:"赵佶是不是当皇帝的材料,你章惇有什么资格判定?

皇太后既然说了，那就按照她老人家的圣谕执行！"

还没等章惇继续开口反驳，在场的其他官员一起表态支持向太后，立赵佶为接班人。

向太后笑着点了点头，说道："不瞒大家说，神宗活着的时候亲口对我说过，赵佶是所有皇子里最孝顺的人。我可不是随便推举他的，我是执行先帝的遗言！"

好家伙，向太后搬出先帝宋神宗，势单力孤的章惇怎么敢再反驳？只好任由向太后定夺。向太后当场宣旨召赵佶入宫，即位于赵煦的灵柩前，便是宋朝第八位皇帝宋徽宗赵佶。

佶，在古汉语中有"身体健壮"的意思。赵顼给这个儿子取名为赵佶，就是希望他健康成长，有一个强壮的身体。赵顼的心愿还真实现了，赵佶身体健壮，体力充沛，尤其爱蹴鞠，也就是擅长踢足球。

赵佶的母亲陈氏，出身平民，十几岁时被选入宫，成为宋神宗赵顼身边的御侍。后来被赵顼临幸，生下赵佶，被封为才人。宋神宗死后没几年，陈氏也病死，这时候的赵佶仅仅八岁，没有儿子的向太后肩负起抚养赵佶的义务。考虑到他这么小就失去了父母，向太后对他格外骄纵，赵佶慢慢养成轻佻浪荡的公子哥性格。

赵佶从小不爱看书，没有大的志向，对治国没有任何兴趣，却把各种不务正业的事情玩得有声有色。他喜欢书法、绘画，尤其是在书法方面很有天赋，是"瘦金"字体的发明者，独创一派。他还对骑马、射箭、蹴鞠样样精通，对奇花异石、飞禽走兽也兴趣浓厚。

所以章惇反对让赵佶当皇帝，他确实不是当皇帝的材料。可惜，向太后有私心，强行推举赵佶继承皇位。

在赵佶的成长之路上，有一位父辈对他影响很大。此人名叫王诜，是宋英宗赵曙的女儿蜀国公主的丈夫（驸马），也就是赵佶的姑父。

这位姑父有一个爱好，那就是女色。他不仅家中姬妾成群，还喜欢出入妓院，开封城里哪家妓院新添了姑娘，王诜了如指掌。他的妻子，也就是蜀国公主，根本管不住他。

最夸张的是，公主重病之时，他不仅不伤心难过，竟然当着公主的面和旁边的小妾乱搞起来。宋神宗多次警告他检点一些，并为此两次将他贬官，但他拒不悔改。

偏偏这样一个比赵佶大三十多岁的人，竟然和赵佶成了忘年交。王诜在赵佶很小的时候就把自己寻花问柳的故事讲给赵佶听，等赵佶稍大些还亲自带他去妓院。史书中还记载了这爷俩最喜欢去的妓院的名字——撷芳楼，可见这两人的所作所为在当时不是秘密。

古代的有钱人爱收藏古董与名画，王诜也不例外。王诜家藏名画《蜀葵图》，但只有半幅。他时常在赵佶面前提到这件事，连连表示可惜。赵佶还真走心了，派人四处寻找，终于找到了另外半幅。

赵佶想给姑父一个惊喜，不告诉他已经找到另外半幅画，而是来找王诜，提出要拿走他手里的那半幅。王诜以为同样酷爱收藏书画的赵佶看上了这半幅《蜀葵图》，就让他拿走了。

赵佶回去以后，把两个半幅拼在一起并精心装裱，然后把完整版送给王诜。王诜拿到画，感动得一塌糊涂。

还有一次，赵佶在皇宫遇到王诜，刚巧没有带篦子，便向王诜借篦子梳头。

篦子是一种特殊的梳子，中间有木头梁，两侧有密齿，比现今的普通梳子的齿密集得多，因为它的功能是刮掉头发里藏着的头皮屑和虱子。古人没有洗发水，也没有天天洗头的条件，外加古人蓄发，头发很长，所以必须用篦子清理头发。篦子在古代是不轻易送人的，通常在男女恋爱时作为定情物赠送，或者关系特别好的人之间送或借。赵佶向王诜借篦子，说明赵佶根本没拿王诜当外人。

赵佶拿着王诜的篦子，左看右看，直夸做工精美。王诜就说："我还有一把没用过的，回头我派人给你送过去。"

当天，王诜便派他府里的小吏去给赵佶送篦子。这个小吏的名字大家很熟悉，就是《水浒传》里的太尉高俅。接下来发生的事情是历史上的真事，也被《水浒传》写了进去。

话说这高俅拿着一把篦子来到赵佶府中，正赶上赵佶在蹴鞠。高俅就在旁边站着等候，见到赵佶踢到精彩之处，便大声叫好。赵佶一看，旁边这哥们儿竟然也懂球，便招呼他加入一起踢。

高俅平时没啥爱好，就爱和一些小混混蹴鞠，此时他使出浑身解数，在赵佶面前大秀球技。赵佶一看，好家伙，这哥们儿可以呀，就告诉王诜，篦子收下了，高俅也别回去了，留下来成为他蹴鞠队的队员。

从此之后，高俅经常陪赵佶踢球，他善于溜须拍马，成为赵佶的心腹。日子久了，赵佶府内的其他仆人很不平衡，抱怨高俅刚来没多久就被赵佶如此器重。赵佶听到后说："你们别眼红，先问问自己有高俅那样精湛的脚法吗？"

众人哑口无言。

赵佶本身是没有什么政治天赋的，但他身边不缺帮他出坏心眼的人。宋哲宗赵煦病重期间，通常来讲，有野心的王爷会积极守在病榻前赖着不走，等到赵煦去世，便有抢到皇位的机会。可是赵佶没有这方面的意识，只管吃喝玩乐，快乐一天算一天。

一次退朝之后，有一位名叫郭天信的大臣走了过来，把赵佶拉到一旁。

赵佶一脸好奇，问道："郭先生有何指教？"

郭天信说："端王您是有机会得到天下的。"

郭天信说完转身离开。赵佶站在那里一动不动，心中品味着他的话，突然恍然大悟："对呀！我哥他没儿子啊，皇位继承人要从兄弟里找。我怎么就没想到呢？"

从此之后，开了窍的赵佶有事没事就爱往向太后那里跑，嘘寒问暖，主打一个母慈子孝。没多久，向太后就被哄得五迷三道，认定赵佶是所有王爷里最值得信任的。赵煦驾崩后，向太后坚定地推举赵佶为新任皇帝。

赵佶登基之初，大臣们提出希望向太后与赵佶"权同处分军国事"，意思是向太后有必要垂帘听政，与赵佶平分最高权力，至少要有个过渡期。向太后答应了，但并不像之前几位垂帘听政的皇太后那样强势。

六贼辅政

向太后垂帘听政的时间并不长，半年以后她主动退出，将最高决策权完全交给了赵佶。

在垂帘听政的半年时间里，向太后在人事安排上做出了很多调整。与之前的历任皇太后一样，她支持守旧派官僚，坚决反对变法。因此她上台之后，停止变法的诸多纲领，起用守旧派官员韩琦的儿子韩忠彦任丞相，给文彦博、司马光这些顽固的守旧派平反，给被赵煦废掉的孟皇后恢复名誉，把章惇等变法派官员贬出朝廷。

赵煦生前所做的诸多努力，在他这位没有血缘关系的母后手中全部付诸东流，实在可惜！

赵佶即位的第二年，向太后去世。向太后活着的时候，赵佶对她的政治主张没有任何异议，支持守旧派，打压变法派，可是当向太后去世以后，赵佶改变了政治主张，支持变法派，反对守旧派。

赵佶这么做，并不是真的想富国强兵，而是单纯从个人角度考虑。如果政治上支持守旧，就要遵从老传统、旧礼仪，这对于放浪形骸、喜欢吃喝玩乐的赵佶是极大的约束，是他绝对不能忍受的。反之，主张改革，意味着不用遵从老传统、旧礼仪，赵佶就可以肆无忌惮地怎么开心怎么来了。

因此向太后去世后，赵佶突然变脸，大肆批判守旧派的政治主张，把火力集中在向太后任命的丞相韩忠彦身上。最终，韩忠彦被罢相，前文提到的顶级投机主义者蔡京成了新丞相。

前文讲到，蔡京凭借高超的投机技能，在守旧派、变法派之间左右横跳，混得风生水起。宋徽宗刚即位的时候，蔡京根本没有进入他的视线，他遭到政治对手的排挤，连续被贬后到了杭州。

离开朝廷，又和新皇帝赵佶没有任何交集，任由蔡京投机的本领再强，也很难回去。本来他的政治生涯可以说就这么结束了，可是，后面还有一个大贵人在等着他。

这个大贵人便是赵佶最信任的宦官童贯。

童贯曾是宋神宗时大宦官李宪的手下，跟着主子多年，游走于后宫之中，学会了一身察言观色、溜须拍马的本事，见人说人话，见鬼说鬼话，不管是谁，都能被他的马屁拍得内心荡漾。新皇帝赵佶偏偏就喜欢这一套，童贯很快被赵佶视为心腹。

向太后去世后，赵佶没了约束，放开手脚尽情享乐。他成立了一个历朝历代都没有的新机构，名为金明局，办公地点设在杭州，主要职能是为他搜集古玩字画、奇珍异宝。

为什么放在杭州呢？正所谓"上有天堂，下有苏杭"，当时的杭州经济发达，商业繁荣，搜集古玩字画、奇珍异宝就得在繁华的大都市。

童贯拿着赵佶拨给他的巨额公款南下来到杭州，向当地打听有什么好的书画作品。蔡京这人偏偏有一手绝活：写得一手好字且自成一派。抛开人品不谈，仅就书法而言，蔡京的字称得上大师级水平。

童贯来到杭州之后，很快看到了蔡京的书法作品，被他的水平震撼，两人建立了联系。蔡京意识到这是他咸鱼翻身的机会,天天与童贯在一起,把他伺候得舒舒服服。

童贯带着蔡京的书法回到京城呈给赵佶,赵佶当时就被吸引了。童贯趁机说明书法作者是蔡京,又将蔡京狠狠地赞美了一番,说他是一个支持变法的官员,建议给予重用。

前文讲到,赵煦废掉了孟皇后,立了刘皇后,而在刘氏还未当皇后时期,蔡京早早地预判了她将来会成为新的皇后,从而巴结攀附她。这时候刘氏也向赵佶推荐蔡京,说他有治国才华,建议重用。

赵佶一看蔡京的口碑竟然这么好,书法又很对自己的口味,立马下旨把蔡京调回朝廷,代替韩忠彦为新丞相。就这样,蔡京戏剧性地咸鱼翻身。

赵佶、蔡京对外宣称实行的是变法纲领,同时对当年的守旧派官僚发起了新一轮批判。但他俩只是表面上支持变法,所作所为并非为了富国强兵,而是挂羊头卖狗肉,给自己胡作非为找一个遮羞布而已。

后人提到王安石变法时,会有一些人举宋徽宗赵佶、蔡京的例子,说这二位就是支持变法的,结果国家被搞得快要灭亡了,以此来"证明"王安石变法是错的。了解了真相之后,我们就会发现,事实并非如此。

赵佶列出一百二十人的奸党名单,亲笔书写并刻成石碑,放在端礼门外,让上下朝的文武百官每天都能看到。蔡京又发动文字狱,严查过去大臣们的上书,凡是有过不支持变法的言论的,统统降职。把当年闹得最凶的守旧派官僚苏洵、苏轼、苏辙等人的文集全部封杀、焚烧,禁止流传。

如果只是打击守旧派官僚倒也罢了,事实上蔡京夹带私货,如果一个人是变法派,但他得罪过蔡京,也会被蔡京列为被打击的对象。比如,蔡京的政敌曾布是王安石变法的坚定支持者,被列入奸党名单。整场闹剧折腾下来,就变成:凡是和蔡京关系好、善于对赵佶拍马屁的,都被留下了;凡是和蔡京关系不好、敢对赵佶提意见的,不管能力、人品如何,一律被作为奸党打倒。这样一搞，官员人人自危，大家每天想的不是工作，而是怎么变着花样来巴结蔡京、赵佶。

举例说明。大臣张商英是王安石的忠诚追随者，属于真正的变法派。当丞相时，他看到赵佶大兴土木，建设大量面子工程，便提醒赵佶，应该节省预算，不要劳民伤财。

作为丞相，向皇帝提出这种建议是合情合理的，赵佶不能以此作为罢免他的理由，只好告诉施工队，发现张商英来的时候就赶紧停工，让工人们藏起来，等到张商英走了之后再继续施工。

张商英不是傻子，一眼就看穿了赵佶的小把戏，继续向赵佶提意见，督促他做一个好皇帝。最后，赵佶烦了，随便找了个借口将其罢相，贬出京城。

与之形成对比的是，蔡京完全不管事情对错，只想着让赵佶开心。有一回，赵佶召集大臣们喝酒，一时兴起，让人拿出一套珍贵的酒器，说道："朕是真喜欢这些酒器，用它们喝酒特有面子，可是朕怕被人说太奢靡。"

蔡京听完，张口就来："陛下，臣分享一段自己的亲身经历给大家伙听吧？"

赵佶兴趣大增，催促道："好，快说，快说。"

众大臣竖起耳朵与赵佶一起听了起来。

蔡京道："臣当年出使辽国时，在酒桌上，接待我的辽国官员曾举着玉盘盏向我显摆。其实那些都是石晋时的东西，契丹人却拿来在臣面前夸耀，说南朝没有。陛下您现在用这些酒器，并不过分。"

赵佶说："上书的很多，朕很怕他们的话。这些玉器已放置很久了，如果人言又起，无法分辩。"

蔡京说："事情如果合乎情理，言多也不值得害怕。陛下应当享受天下的供奉，这代表了我大宋朝的尊严！区区玉器，又算得了什么！"

赵佶听完，高兴地连连叫好。现场的官员心里无不暗叹："蔡京也太会拍马屁了！"

赵佶身边共有六个最信任的高官，后人称之为"六贼"，分别是：蔡京、童贯、王黼、梁师成、朱勔和李彦。

排名第三的王黼也是个传奇人物。他本名王甫，因为与东汉时期的宦官王甫同名，有损体面，皇帝重用他之后赐名王黼。王黼长相奇特，虽然是汉人，却有一头金发，有一双炯炯有神的眼睛，瞳孔也是金色的，嘴巴特别大，可以吞下一个成年人的拳头，所以无论走到哪里，他都是人群中最引人注目的。

王黼的嘴巴很灵，同蔡京一样，见人说人话，见鬼说鬼话，靠溜须拍马攀上了丞相何执中，被安排了一个校书郎的工作，负责给皇家修书，无实权且工作内容枯燥，可是有一个好处，那就是在朝廷工作，能够接触到上层达官贵人。那时候，善于给皇帝提意见的张商英也是丞相，他一眼就看出王黼是个善于溜须拍马的小人，便对王黼疏远，这让王黼怀恨在心。

后来，王黼发现赵佶对杭州的蔡京很是关注，感觉到蔡京极有可能会被重用，便主动向赵佶上书，疯狂地夸赞蔡京，顺便对张商英展开了人身攻击。蔡京后来果然被赵佶调回朝廷，封为丞相。他十分感谢王黼，短短时间内把他晋升为御史中丞，晋升速度堪比火箭升空。

王黼从政路上的第一个贵人是何执中，如果没有何执中给他一个校书郎的工作，他是不可能来到朝廷并攀附上蔡京的。正常人的思维是对待恩人应该想办法报恩，王黼此刻却只想逐去何执中，让蔡京专权。

说干就干，王黼给赵佶写了一封举报信，给何执中罗织了二十条罪状，建议将何执中法办。王黼用力过猛，把何执中的罪名描述得这么严重，赵佶无论如何都不相信这是真的，只当他俩私下里有什么矛盾，并没有采纳他的建议。

"六贼"的第四位是个宦官，名叫梁师成。名字让人感觉挺正能量的，实际上这人的下限比王黼还低，所以王黼把梁师成当成他的精神教父。

梁师成，字守道，因为读过书，所以最早在皇宫中负责外出宣旨。我们经常在影视作品里看到，皇帝下了圣旨之后，有个小宦官拿着圣旨去宣读，梁师成干的就是这个工作。

赵佶即位之后，梁师成凭借一流的溜须拍马能力成为心腹。这时候，梁师成面临一个问题：如果他想继续升官，作为一个没有学历的宦官是没有资格被提拔的。梁师成胆子很大，决定篡改学历。

凡是考上进士的人，在皇宫中有专门的名册备案。梁师成手下有一个跟班小宦官，有一手绝活，擅长模仿别人的字体，达到了以假乱真的程度。梁师成偷偷拿到名册，让跟班小宦官模仿名册上的字迹，把自己的名字写了进去。就这样，梁师成也有了进士学历。看来，早在宋朝就有篡改学历来谋求晋升的事儿了。

只是这样还不够，接下来梁师成做了一个更加大胆的决定：到处向人说自己是苏轼在民间的私生子。

是不是很离谱？梁师成这么说，是为了给自己塑造一个书香门第的人设。有了这个人设，大家也就不再怀疑他的进士学历了。

赵佶听说梁师成是苏轼的私生子，那文学水平肯定很牛，就把他安排在自己身边，替自己起草诏书。起草诏书不需要太好的文笔，把皇帝说了什么记录下来，稍微润色一下，就可以派人去宣读了。

这时候，梁师成的胆子变得更肥了。前面说了，梁师成有个跟班小宦官，模仿别人的笔迹可以达到以假乱真的程度。他就让这个小跟班模仿赵佶的字体，拟定诏书时往往掺杂私货，朝廷的大臣没有人能辨别。这就很厉害了，相当于打着皇帝的旗号发号施令。

前文讲到，赵佶后来下令把苏轼的作品全部封杀，这时候梁师成就必须表态了，因为他一直对外吹自己是苏轼的私生子。他找到赵佶，扑通一声就跪下了,把赵佶吓了一跳。还没等赵佶开口,梁师成就哭喊了起来:"请问陛下,我父亲犯了什么罪,您要这么对待他老人家?"

如果苏轼泉下有知,不知该做何感想。

赵佶看梁师成哭得这么悲痛,有些心软,从此之后便对苏洵、苏轼、苏辙父子的作品睁一只眼、闭一只眼,苏轼的作品又流传了起来。从这个角度来讲,我们现在能看到苏轼那么多作品,还多亏了梁师成这个没有血缘关系的"亲"儿子。

苏轼是个大文豪,梁师成是苏轼私生子的人设也立起来了,戏一旦拉开帷幕就必须演到底,梁师成便公开向天下招募名士,凡是有才华的人都可以投到自己门下。一时间,有文学、绘画才能的人纷纷前来投奔,不过梁师成选择留下的并不是有才华的人,而是善于攀附自己、听话的人。王黼就被梁师成忽悠了,拿他当精神教父一样尊重;蔡京也很佩服梁师成,放低身段前来巴结。

当时的人们私下里称梁师成"隐相",意思是说,梁师成是朝廷的无冕丞相。梁师成的诈骗能力放在整个中国历史上都是独一份的,就这样一个骗子,却被赵佶当作心腹,这大宋朝还能好吗?

"六贼"的第五位是朱勔。

朱勔出生于贫苦之家,父亲朱冲是个不务正业的小混混,有钱人需要干一些动手打架的事情时,就雇用朱冲去完成,朱冲在当地就有了好勇斗狠的名声。

有一次,朱冲在跟人动手时,把人搞成重伤,被官府通缉后抓获,罚以鞭刑,从此之后不敢再吃"刀口饭",只能游走于郊县,靠行乞、借贷为生。在某次行乞时,朱冲碰到一个神医。神医送给他一笔钱和自己治病用的医学秘笈。朱冲回家之后开了一家诊所,按照医学秘笈里记载的方法给人看病,结果病人吃了他的药后立马见效。

由此,朱神医声震八方,成了当地富户,扩建了大房子,结交地方富贵，从一个小混混变成了社会名流。

接下来，更传奇的事情发生了。前文讲到，蔡京曾经被贬到杭州。有一次，他经过苏州想修建佛寺，需要花费巨资。他一肚子坏水，不想自己出钱，想利用自己是"朝廷下来的官员"的身份，讹诈别人的钱来搞建设。有人就把朱冲介绍给了他。

朱冲独家出资赞助蔡京，第二天就把几千根木料送到了蔡京手中。从此之后，两人成为挚友。

第二年，蔡京在童贯的运作下得到赵佶重用，奉诏返京，特意把朱冲父子一起带了回去。回到京城之后，蔡京利用童贯的关系，给朱冲父子搞了假军籍、假军功证明，给他们封了官。朱冲父子摇身一变，成为立过军功的功臣。

后来，宋徽宗迷恋上了奇花异石，蔡京怎么能放过这个巴结皇帝的机会呢？便把这件差事交给朱冲父子去办。没多久，朱勔就把三株奇异的黄杨运到赵佶面前。

赵佶高兴极了，将蔡京好好表扬了一番。蔡京借着赵佶正在兴头上，趁机把朱勔正式引荐给赵佶。从此之后，朱勔也成为赵佶的心腹。

童贯、蔡京对赵佶忽悠道："陛下，直接成立个专门采办奇珍异宝的新部门，让朱勔全权负责，您就更省心啦！"

赵佶一听，这个提议太好了，当即下旨设立"应奉局"，由朱勔担任负责人，为他搜集天下的奇珍异宝。朱勔南下苏州，专门搜集了奇花异石，用船从淮河、汴河运入京城，号称"花石纲"。

如果朱勔为赵佶老老实实搜集购买宝贝倒也算了，实际上，朱勔采取的是明抢的方式，回到赵佶这里则虚报开支，大量国库金银统统进了朱勔的口袋。

苏州的老百姓谁家只要有什么看上去有些特殊的东西，朱勔就带着打手砸开人家大门，贴上皇家封条直接没收。老百姓敢有怨言，就会被治罪，再被讹一笔罚款。通常被朱勔闯进去的家庭都会倾家荡产。

只抢活人也就算了，朱勔还经常挖别人的祖坟来搜索陪葬的珍宝，惹得民怨沸腾。因为他打着皇帝的旗号，所以老百姓最终恨的是朝廷和赵佶。

后来赵佶要修建面子工程景灵宫，下令到吴郡的太湖征集四千六百块太湖石。这件差事交给了朱勔。他差遣成千上万的山民石匠、船户水手，保质保量地挖了出来。石头有了，运输成了大问题。赵佶授权朱勔可任意抽调全国的任何一只官、商用船，一度影响了国家日常漕运。

当时有一块最大的太湖石，高四丈，用一艘巨船载着，数千名纤夫站在岸上拉了好几个月才运到汴京（开封）。赵佶看到这块石头之后大为震惊，给它赐名为"神运昭功石"，还给它封官为"磐固侯"。朱勔经由此事之后，被擢升为威远节度使。

在给赵佶采办石头的过程中，朱勔积累了大量财物，名下良田达到三十万亩，还建立了好几千人组成的武装，俨然苏州地区的土皇帝，当时民间称之为"东南小朝廷"。

大家熟悉的《水浒传》里的方腊起义，在历史上是真实存在的。与《水浒传》不同的是，历史上的方腊起义打出来的旗号是"诛朱勔"。方腊起义军范围涉及宋朝两浙、江南、淮南等十八个州郡，全部是被朱勔压迫和祸害过的地方。

赵佶听说方腊起义，立刻派童贯率领宋朝的皇家卫戍部队和驻守西北边防的骑兵主力军团组成联军，对其镇压。起义军的战斗力无法和朝廷的正规军抗衡，最终方腊起义以失败告终。《水浒传》里写攻打方腊的是宋江率领的梁山好汉，其实是小说的艺术加工。

不但方腊起义没有影响朱勔的仕途，赵佶还拿朱勔更加不当外人，以至于朱勔在面见赵佶时可以不避讳后宫佳丽。

有一次，赵佶喝酒喝多了，忘了君臣礼仪，竟然走到朱勔跟前，握着他的手臂。这对于一个大臣来说是莫大的荣誉，从此之后，朱勔就在这只被握过的手臂上缠上黄色的绫罗，向身边的人炫耀皇帝曾经握过自己的手臂。与人见面行礼的时候，这支胳膊保持不动，以此来凸显它的高贵。

朱勔在宋徽宗赵佶执政时期一直过着奢靡的生活，到宋钦宗时期才被清算，是为后话。

最后再说下"六贼"的第六位李彦。

李彦是赵佶执政中后期的大内总管。他在巴结赵佶之余，最爱干的一件事就是以暴力手段侵占土地。他一共侵占了三万四千多顷土地，让无数老百姓家破人亡，流离失所。李彦的这种做法势必引起一些老百姓的反抗，他十分狠毒，谁敢反对他，直接派刽子手杀光，由此杀了上千人。

被李彦逼出来的民间起义有很多，都被童贯等人调集军队予以镇压。李彦也是到了宋钦宗时期才被清算。

以上是对"六贼"如何祸国殃民的介绍。这六个人偏偏是赵佶最信任和重用的人，赵佶在老百姓中的口碑如何，可想而知。

修仙、好色两不误

人间的奇珍异宝带来的新鲜感很快过去了，赵佶把注意力放在了更离谱的修道成仙上。

赵佶没有登基的时候，一天夜里，梦到自己被一个道士领到一所巍峨的宫殿里，抬头一看，一个老道坐在殿上，威严无比。

赵佶问道："您是哪位？"

老道开口："太上老君是也。"

赵佶赶紧行礼。

太上老君道:"你命中注定要帮我振兴道教。"

赵佶醒来后觉得很神奇。

后来没多久,他又遇到道士出身的郭天信对他说:"这天下早晚是你的。"赵佶当时没多想,只觉得郭天信故意奉承。结果,赵佶真的当了皇帝。这让他对道教产生了浓厚的兴趣。

赵佶即位以后,曾因生的儿子太少而烦恼,便咨询一位名叫刘混康的茅山道士,有什么方法可以多生儿子。刘混康对赵佶说:"京城的东北角太低,只要将其稍微垫高,便可多生贵子。"

赵佶下令按照刘混康的话调整风水,果然没多久就生了儿子。此事巩固了道教在赵佶心目中崇高的地位。赵佶下令,道教的地位高于佛教,在全国范围内大兴道教。

封建帝王一旦相信神仙,民间的投机主义者就会纷纷带着"法力"粉墨登场,一场荒诞的神棍盛宴拉开了序幕。

有一位王老志,最早在地方当基层小吏。一天,他在一群乞丐中遇见一位奇怪的人,此人送给他一颗仙丹,他吃下去之后,顿时觉得如痴如醉,通达四方。他逢人就说,他遇到的是八仙之一的汉钟离。

王老志走火入魔,工作也辞了,独自在荒郊野外搭了一间茅草屋,靠给人算卦为生。他算得还挺准,声名在外,慢慢引得朝中高官也来算命,更有人将其引见给了赵佶。

赵佶见到王老志以后说道:"请王先生展现神通。"

王老志提笔写字,然后呈给赵佶。

赵佶一看,王老志写的竟然是自己头一年中秋时与两个爱妃在床上亲热时说的情话。赵佶相信了王老志,当即赐他名号"洞微先生"。从此之后,王老志火爆全国,达官贵人都来找他算命,他赚得盆满钵满。

其实,大概率是王老志提前买通了赵佶身边的宦官、侍女,他们把赵佶私密情况下说的话告诉了王老志，才有了上面一幕。

经历了种种"神奇"，赵佶遇到不同寻常的事情都要往神仙鬼怪上面想。

有一次，赵佶按照惯例举行祭天大典。一行人等浩浩荡荡走在路上，天空中突然出现了海市蜃楼。赵佶大喊："快看！东边天空中好像有楼台重叠，那是什么地方？"

当时负责祭祀的官员是蔡京的儿子蔡攸。他跑到高处凝望，回来汇报："不得了！臣看到云彩中间有楼台宫殿！"

赵佶问："能看到人吗？"

蔡攸开始顺着赵佶的喜好胡编乱造："能，好多人呢，都是修道的童子，连五官表情都能看得一清二楚。"

赵佶很高兴，觉得是自己的德行感动了天上的神仙，当即下旨，在这个地方修建一座道观，取名为"迎真观"，并亲自书写了《天真降灵示现记》，记录他看到神仙的全过程，刻在石碑上昭告天下。

前面的道教"神人"王老志没享受几天富贵便去世了，这时候，又有一位号称在嵩山修行的道士王仔昔来见赵佶。王老志自称见过八仙之一的汉钟离，王仔昔则自称遇见过晋朝道教净明派祖师许逊，得授《大洞隐书》，能知人祸福。

赵佶说："刚巧最近国家遭遇旱灾，请先生画一道可以降雨的符，为大家求一场雨吧！"

王仔昔哪里会求雨？赶紧说道："我先回去画符。改天画好了，请陛下派人到我那里去取。"

几天之后，赵佶派一个小宦官去王仔昔那里取符。王仔昔对小宦官说："你回去问问皇上，是不是有一位妃子得了眼病？如果有，就把我画的符焚烧之后，冲到我给你另外配的药水中，给她洗一下，眼病就会康复。不过，法力只能使用一次，洗完眼睛，也就不能求雨了。"

小宦官拿着符、药水回去找赵佶汇报。赵佶一听，十分吃惊，因为确实有一位妃子得了眼病。这位妃子拿到符后赶紧烧了，放在药水中清洗眼睛，果然没多久便康复了。

其实，极有可能是王仔昔通过收买赵佶身边的人得知有妃子得了眼病，提前准备好了治疗药水，才有这一幕发生。

赵佶觉得很神奇，不再考虑求雨的事，直接封王仔昔为"通妙先生"，还给他安排了一座专门的宫殿养起来，以高规格礼仪招待他。

王仔昔得意忘形起来，凭功倨傲，对大宦官也像仆人一样召唤。时间一久，他因言语不恭而获罪，被下狱处死。

王仔昔死后，又有一个段位更高的骗子进入了赵佶的视野，此人就是宋朝道教神霄派领袖林灵素。他最早是佛教徒，经常被师父打骂，实在受不了就背叛师门转行成了道士。他学了很多变魔术的技巧，自称会法术，在江湖上名声大振，后被人引荐给赵佶。

赵佶第一次见林灵素时，问他有什么法术。

林灵素夸口道："臣上知天宫，中识人间，下知地府。"接着又阿谀道，"天有九霄，最高的那一层叫神霄。掌管神霄的是玉清王，他是上帝的长子，主管南方，又叫长生大帝君，后来投胎转世，就是陛下您呀！您忘了？"

赵佶一听，自己竟然是神仙转世而且层级还这么高，十分开心，说道："哦……倒是有点儿印象。"

林灵素接着阿谀权臣："您当时手下有八百多位仙官，蔡京是左元仙伯，王黼是文华使，蔡攸是园苑宝华使……我也是其中一位。当时在天上，我们一起辅佐陛下，现在大家都投胎转世到人间，所以陛下看我眼熟。"

赵佶龙颜大悦，对林灵素加官晋爵。后来赵佶下诏自封"教主道君皇帝"。

皇帝开了头，下面的人有样学样，排着队去拜林灵素为师。赵佶还专门设立了一门学问叫作"道学"，全国所有道士都要参加学习然后考试，根据考试成绩颁发证书。整个体系与科举考试完全一样，都是最后由赵佶主持殿试，亲自出题。道士划分级别，不同级别对应不同官品。

当时的道士享受国家开的俸禄，每一座道观名下都有良田几百到几千顷。各级官员必须学道，还要兼任道学里的官职。当时的满朝文武一半身份是官员，一半身份是道士。过去底层民众受官僚剥削，现在又多出来一批养尊处优的道士欺压，老百姓苦不堪言。

后来，京城连遭暴雨，发了洪水，赵佶让当朝第一国师林灵素前往作法，退去洪水。林灵素哪里会？只好硬着头皮把戏演下去。他率领徒子徒孙们来到受灾地区，摆开架势，装模作样地作法。正在抗洪救灾的老百姓拿起手中的工具要围殴他，他吓得撒腿就跑。

赵佶这才意识到自己被骗了。加上林灵素行径张狂，甚至与皇太子争道，赵佶一气之下，将他赶回老家。

如果赵佶真的像出家人那样自律，对于一个皇帝来说也算一件好事，但他不仅修仙，女色也没放下。

赵佶在登基做皇帝之前就已经结婚，娶的是德州刺史王藻的女儿。赵佶即位后，她顺理成章成为皇后。王皇后老实端庄，长相普通，而赵佶喜欢外表漂亮的女子，对她十分疏远。

赵佶在当皇帝之前，就已经勾搭上两个女子，分别是郑氏、王氏。这二位是向太后身边的侍女，长相漂亮，能说会道，尤其是郑氏，受过教育，精通诗词歌赋，很得向太后喜爱。

前文讲到，赵佶即位之前经常到向太后那里巴结攀附。在此期间，向太后让郑氏、王氏接待赵佶，赵佶一下就看上了她俩。被王爷看上是获得富贵的捷径，郑氏、王氏也主动和赵佶眉来眼去。向太后基于长远考虑，想到万一赵佶将来当了皇帝，身边有两个自己人做妃子，对于巩固自己的地位大有裨益，便顺水推舟，将这两个侍女赐给了赵佶。

赵佶登基后过了几年，王皇后去世，郑氏就被册封为第二任皇后。

除此之外，赵佶宠爱的后宫中还有大小两个刘贵妃。大刘贵妃出身贫寒，能够被赵佶看中只有一个原因，那就是长相漂亮，可惜她也是短寿，得了急病突然去世。

小刘贵妃出身贫寒，父亲是小饭店的酒保。她起初是宋哲宗赵煦的第二任皇后刘皇后身边的宫女。赵佶即位后，将刘皇后尊为皇太后，可是刘皇后有野心，企图从赵佶手中夺取权力，这让赵佶动了杀心，派一批奴婢去刘皇后那里破口大骂，刘皇后不堪忍辱，一气之下上吊身亡。

刘皇后死后，赵佶把她后宫的宫女全部遣散，唯独刘氏哭着不想回家，在一位名叫何䜣的宦官家里临时寄居下来。内侍杨戬发现刘氏的长相是赵佶喜欢的类型，便把她引荐给了赵佶。

刘氏在刘皇后身边多年，懂得怎么迎合主子，她施展出浑身的本领，把赵佶彻底迷住了。刘氏的父亲在饭店干过，所以她有一个不同于其他宫女的绝活——可以亲自为赵佶烧几个小菜。赵佶早就吃惯了宫中千篇一律的口味，突然尝到民间小炒，大为开心。

刘氏还有一个绝活，就是自己设计、裁剪衣服，款式新颖。自己做衣服自己穿，一下就和其他宫女区别开来。这让赵佶又有了前所未有的新鲜感，赵佶十分喜爱她，将她封为小刘贵妃，连她当酒保的父亲也封为节度使。

随着时间的推移，赵佶对宫内的佳丽厌倦了，回忆起当年姑父王诜带着自己去妓院的青葱岁月。于是他"重操旧业"，打听宫外的妓院里有没有什么新头牌。就这样，一代名妓李师师横空出世。

李师师本不姓李，而是姓王，父亲是专门给布料染色的工人。四岁时父亲去世，她被迫流落街头，被姓李的老鸨收养，培养成一名歌妓。李师师不仅长相漂亮，歌唱得也好听，性格开朗，带有一点霸气，被称为"飞将军"。

李师师名气这么大，很快就被赵佶盯上了。赵佶经常装扮成普通人，悄悄溜出皇宫，前往李师师家过夜。赵佶在李师师这里找回了对青春的回忆，舍不得离开，索性就让宦官传旨给文武百官，说自己身体不适，暂停上朝。整个朝政几乎陷入停摆状态。

8 引狼入室

前文讲到，赵佶的前任皇帝宋哲宗赵煦曾经对西夏展开过军事行动，取得了胜利。赵佶觉得自己这个皇帝也需要对外发动战争，扬名立万。

赵佶趁着赵煦对西夏的胜利，接连对西夏发起进攻。此时的西夏大势已去，无力抵抗宋军，宋军很轻松地取得了胜利。赵佶迅速膨胀起来，想找更硬的辽国下手，以施展自己的威风。

他派心腹童贯出使辽国，一方面向辽国炫耀刚打败西夏的威名，一方面搜集辽国情报。童贯此去没有空手而归，带回来一个名叫马植的辽国人。

马植是辽国贵族，官至光禄卿，但是人品不佳，在当地的名声很臭，所以马植对身边的人颇为愤恨，想要离开辽国到宋朝混口饭吃。马植看到宋朝高官童贯来到辽国，便主动与他联系，自称有灭辽的方法。

童贯给马植取了个新名字叫李良嗣，带他回到宋朝，得到赵佶的接见。李良嗣对赵佶说："东北方的女真部落与辽国也有旧仇，陛下可以派人悄悄从登莱（今山东烟台、青岛、威海和潍坊部分地区）乘船渡海出使女真，与之结盟，约定好日期一起攻打辽国。届时辽国两面受敌，一定会投降的。"

赵佶道："如果朕不与女真结盟，不也照样可以攻打辽国吗？"

李良嗣道："那可大不相同。万一让女真先攻下辽国，战果就都被女真夺走了。"

赵佶觉得李良嗣说得有道理，当即派人乘船渡过渤海湾，尝试与女真建立联系。

那么，李良嗣为赵佶设计的方案真的可行吗？是否也像三国时期刘备联合孙权对付曹操那样属于良策呢？

有个大臣名叫宇文虚中，当时打了一个精妙的比方，直接点破了这件事的本质：话说有位富翁，他的邻居是穷人。富翁想吞并穷人的房产，找来强盗，希望强盗替自己杀掉穷人，穷人的一半房产归富翁，另一半房产归强盗。强盗真的杀掉了穷人，富翁也得到了穷人一半的房产，但是他的噩梦刚刚开始，他以后将和强盗为邻，他的家人随时会被强盗杀光。

穷人指辽国，富翁指宋朝，强盗指女真。赵佶想通过女真占便宜，相当于与虎谋皮。但赵佶并不这么认为。

宣和二年（公元1120年），宋朝与女真建立的金国谈判成功，约定分别攻打辽国，形成夹击之势，待辽国灭亡以后，宋朝把过去每年给辽国的岁币转送给金国。这便是历史上的"海上盟约"。

盟约签订完不久，宋朝暴发了前文讲到的方腊起义。赵佶只好让原本攻打辽国的军队临时南下，全力镇压方腊。

到了双方约定一起攻打辽国的日子，金国看到宋朝迟迟没有动作，便派使者前来催促。可是宋朝的大部队攻打方腊还没回来，赵佶便给金国写信，另行约定时间。

宣和四年（公元1122年），金兵（即女真军）率先向辽国发起攻击，接连占领辽国多座城池，辽国有了亡国的迹象。赵佶这才让童贯、蔡攸率大军向燕京（今北京）进发。临走的时候，赵佶还自以为是地嘱托他俩，尽量用震慑的方式让对方主动投降，言外之意，赵佶认为宋朝非常强大，会将辽国吓得主动投降。

蔡攸更加自信，指着赵佶身边的两个美女说道："等我胜利归来之时，请将这两个美女赐给我！"

赵佶不但不觉得这是以下犯上，反而微笑默许。

童贯、蔡攸来到前线之后，不做任何战斗准备，而是让人到处张贴告示，说辽国的人只要投降，就给予封官，然后就坐在军帐内，等着辽人主动来降。

有一位懂带兵打仗的将军，名叫种师道，认为童贯这么搞简直是胡闹，提出了异议："这怕不行吧？"童贯自信心爆炸，依然我行我素。结果辽兵不但没有主动投降，发现宋军的头目是不懂军事的白痴，便来攻打，宋军全面溃败。赵佶在朝廷美滋滋地等着前方胜利的消息，等来的却是大败。他这才意识到，带兵打仗没那么简单。

其实，赵佶的运气也不是那么差，辽国还真有一个将军想要投降，此人名叫郭药师，负责驻守涿州。郭药师与宋军约定好日期，到时候他带兵起义，宋军前来响应，两边组成联军一起攻打燕京。

到了双方约定的日期，郭药师振臂一呼，与辽国决裂，全力攻打燕京，可是宋军竟然没有按时赶到！这就导致郭药师白白暴露了自己，还丧失了攻打燕京城的机会。

郭药师既生气又无奈，只好带兵主动迎向宋军，希望与之会师。宋军这边带兵的军官名叫刘延庆，看到郭药师的军队从远处慢慢靠近，误以为辽兵来攻打自己，竟然吓得让士兵逃命。一时间，宋军乱作一团，发生了严重的踩踏事件，长达一百多里的路途上躺满了被自己人踩死的尸体。一片混乱之中，军营的物资仓库也烧了起来，导致从宋神宗赵顼、宋哲宗赵煦以来辛辛苦苦、一点一点积攒起来的全部粮草、军用物资统统烧了个精光！这一下，赵佶即使想打仗也打不成了。

最终，金国来摘了桃子，白白捡了燕京。这时候，金国露出了真面目，单方面撕毁与赵佶的和平协议，正式向宋朝宣战。

赵佶已经没有与金国打仗的资本，最后向金国支付了巨额赔款，来赎回燕京。本来就是你的东西，别人抢走了，你还得低三下四地送上钱，求对方还回来。

金国拿到宋朝的钱之后，将燕京城的百姓、财富全部掠夺走，留下的是一座没有任何价值的空城。

如果把这些真相告诉老百姓的话，一定会引发民怨，赵佶思来想去，决定把衰事当成喜事办，对国内宣称北方打了大胜仗，成功收复了被辽国盘踞多年的燕京。他搞了一个隆重盛大的仪式来庆祝，为了让老百姓也感受到国家的强大，他宣布大赦天下。蔡攸、童贯等人被加官晋爵，投降过来的郭药师也被封官，还被赏赐了房子、小妾，全国上下陶醉于所谓的太平盛世之中。

郭药师一看，这宋朝的官也太好当了，赶紧对赵佶展开了溜须拍马的攻势。他演技爆表，抽泣着说道："我在辽国的时候，就想亲眼见一下宋朝的天子，今天终于见到了啊！呜呜呜……"

赵佶龙颜大悦，和大家一起痛快喝酒，喝到不能走路，被人架着回到寝宫，第二天上午都没法上朝。

被逼退位

金国发现了宋朝外强中干，于宣和七年（公元1125年）秋，以两路大军南下，再次向宋朝宣战。西路军主将名叫粘罕（又名完颜宗翰），主攻晋阳；东路军主将名叫斡鲁补（又名完颜宗望），主攻燕山。两人非常嚣张地约定，在宋朝都城汴京会师。

赵佶之前的皇帝在北方外敌的使者来宋时，都会故意派出引路人，带着外敌的使者绕弯路走好多天，方可抵达京城。这么做的目的，是让外敌的使者摸不清宋朝本土的真实地貌，进而增加外敌入侵的难度。辽国使者来到京城之后，宋朝朝廷故意以低规格接待他们，以免让辽国觉得宋朝富庶，产生南下掠夺的想法。这就和普通人过日子一样，你要是炫富，别人觉得你家特有钱，那么找你借钱的人就多了，借了钱不想还的人也多，还会引来铤而走险，想偷盗、抢劫你家的人。

可是，到了赵佶执政时期，完全反了过来。赵佶好大喜功，接待金国派来的使者时，故意不让他们绕路，非要让他们看看国内有哪些城池，显摆一下自己国家的大好河山，招待金国使者时，更是极尽奢华，以显摆自己的国家是多么富庶，这就让金国产生了南下侵略的强烈欲望，还摸清了进攻汴京的最佳路线。

有一位名叫张觉的辽国将领先是降金，而后又向宋朝投降。赵佶接纳了他的投降书。

赵佶这么做倒也没问题，关键是他之前已经主动与金国结盟，如今纳降叛金的辽国将领，就必须做好保密工作，否则金国知道了一定会嫉恨宋朝。其次，既然招降了张觉，就要派兵支援对方，别让对方被金国打败。可是赵佶偏偏觉得，只要给张觉写一封信，再给一些钱，就不需要再帮助他了。

张觉果然被金兵打败，而后逃到宋朝的燕山府躲了起来。金兵缴获了赵佶写给张觉的招降信，这才意识到赵佶一方面同金国结盟，一方面又收留叛金的张觉，便找宋朝来要人。

这时候，赵佶最正确的做法是保护好张觉。可是，他看到金国不高兴了，竟然对张觉翻脸，将其杀死，砍下头颅，放在盒子里，连着张觉的两个儿子都送给了金国。

赵佶出卖张觉的做法产生了非常恶劣的影响，那就是所有想要投奔宋朝的他国将领都认定赵佶是个不讲诚信的人，已经投靠过来的将领人人自危，担心赵佶随时把自己卖了。

金国拿到赵佶写给张觉的信之后，便开始筹备攻打宋朝。当时宋朝在燕山府的情报部门得知金国即将南侵，便把情报一级一级汇报了上去，却刚巧赶上赵佶在筹备祭祀大典。按照惯例，祭祀大典之后，赵佶要给高层官员发赏钱，下面的官员怕提前告诉赵佶之后影响给自己发赏钱，就把情报压在手里没有上报。

宋朝忙着祭祀大典，没人操心军事，这让金兵南下得非常顺利，轻轻松松攻占了檀州（今北京密云区）、蓟州（今天津蓟州区）。

此时驻守燕山的是辽国投靠过来的郭药师。郭药师看到了张觉的下场，知道赵佶到了关键时刻一定不会保护自己，而是会杀了自己去讨好金国，便不假思索投降了金国，摇身一变，成了攻打宋朝的急先锋。这都是赵佶出卖张觉引发的。

宋朝城池一个接一个被金国攻占，前方的军报再也压不住了，接二连三地被汇报给了赵佶。

金国派来使者与赵佶谈判。赵佶躲了，让大臣们代他面见使者。金国使者趾高气扬地说金国大军马上就要杀入汴京。在场的人全部吓傻了，问金国使者有什么要求。金国使者当即提出，宋朝需要割让领土给金国，赵佶向金国称臣。

赵佶赶紧派人前去向金国求和，以拖延时间。与此同时，他召集大臣们开会，讨论该如何应对。

大臣宇文虚中提出："我们未必就会轻易亡国。建议陛下效仿当年的汉武帝，向天下老百姓下一个《罪己诏》，承认这些年搜刮百姓太狠、治国不利，然后呼吁大家捐钱捐物，积极参军，为保卫大宋江山尽一份力。

这样一来，金国未必是我们的对手。"

赵佶一听，原来写个《罪己诏》就能解决这么大的问题，那就赶紧写吧。可是写完之后，他又不想发了，因为他觉得这会让自己没面子，毕竟他可是天上的神仙投胎来到人间当皇帝，怎么能向凡人道歉呢？

一方面赵佶压着《罪己诏》迟迟不发，另一方面金国大军向汴京快速推进。最后，赵佶发现再不发《罪己诏》，金国就破门而入了，这才发了下去。

《罪己诏》发得太晚，老百姓即使接受他的动员也不能在极短时间内集结起来，赵佶只好放弃都城，南下逃命。

此时赵佶身边根本没有可用的人，童贯那些人平时溜须拍马可以，让他们带兵抵抗金兵根本不可能。赵佶思来想去，决定让儿子赵桓留下驻守京城，自己打着巡视的旗号南下逃亡。

赵佶对自己的儿子留有小心眼，怕儿子影响到自己的皇权，仅仅任命赵桓为开封牧，带领一支军队守卫开封城。

这时，将军李纲找到大臣吴敏，提出："事情不能这样办。太子负责留守，名不正，言不顺，应该让皇上在此时禅位，方可稳住天下民心。"吴敏表示赞同，第二天便去找赵佶面谈，说这是他和李纲两个人的建议，希望他就此退位。

赵佶又召集李纲谈话。岂料，李纲竟然用刀刺破手臂，写了血书，请赵佶退位。赵佶发现不退位怕是不行了，只好答应大家。吴敏负责拟定诏书，由赵佶签字后，当即颁布。

九年阶下囚

赵佶退位后，提出要去亳州太清宫烧香，理由是感谢太清仙人保佑他很快康复。众人一下就明白了，太上皇这是急着逃命。

赵佶一行时而走陆路，时而走水路，日夜兼程来到泗州（今江苏淮安盱眙）。童贯怕影响逃命速度，竟然下令对抢过浮桥的士兵射箭，杀死一百多人。这就是童贯的特点，见到金兵吓得撒腿就跑，屠杀自己人却毫不手软。

最终，赵佶一口气逃到了镇江。坐稳屁股之后，赵佶越想越后悔不该轻易退位，便在童贯、蔡攸等人的怂恿下，频繁以太上皇的名义对周边地区发号施令。凡是从南方运往汴京的物资都被强行拦截，赵佶以太上皇的名义把整个东南地区变成了宋朝第二朝廷。

镇守汴京的新皇帝赵桓十分愤怒，立刻下诏将童贯、蔡攸等人贬官。

后来，金兵从汴京外撤离，赵桓立刻以"已经退兵"为借口，下旨请赵佶回京城。赵佶回京以后，赵桓派人对其严密监视，对他身边的近臣进行了清洗，该贬的贬，该杀的杀，就连他最爱的李师师也被抄家。至此，赵佶已经沦为半个阶下囚的状态。

由此可以看出，帝王将相之家的亲情是寡淡的，在巨大的权力与利益面前，亲情总要靠边站。赵佶、赵桓可是亲父子，也沦为敌对关系。

赵佶过四十五岁生日时，赵桓故意拖了多天才向赵佶贺寿，他这么做就是要让满朝文武明白，现在谁才是皇帝。生日庆典上，赵佶端起酒先喝了一杯，然后给赵桓斟酒。这时，赵桓身边的人悄悄踩他的脚，提醒他防止下毒，最好不要喝。赵桓不肯喝赵佶的酒，随便找了个理由放下酒杯，转身离开。赵佶的面子碎了一地，当场情绪失控，跑回隔壁屋内放声痛哭。

赵佶为了挽回面子，第二天在宫殿门口贴出一张告示，上面写着："我们父子的关系走到今天，一定有人挑拨离间！谁能告诉我这个挑拨离间的人是谁，赏三千贯！如果是普通百姓，还要封承信郎！"

承信郎是个什么官呢？宋朝的武官共分五十三阶，倒数第二低的官阶就是承信郎。由此可见，赵佶此时已经没有实权，即使封官也只能封官阶最低的了。

赵佶发这个告示，目的并不是真的要找挑拨离间的人，他知道不存在这个人，他是要给自己找回一点面子，告诉别人：我的儿子并不是真的轻视我，他只是被人挑拨离间，暂时蒙蔽了双眼而已，我在他心中还是很重要的。

靖康元年（公元1126年）闰十一月二十五日，是宋朝老百姓永远都不会忘记的日子。这一天，金兵攻陷宋朝都城汴京，赵桓、赵佶先后被抓。

为了充分羞辱、折磨赵佶，金兵押着赵佶及多位皇子、公主、妃嫔们回金国的时候，故意选择难走的小路。白天带着他们艰苦跋涉，晚上要求他们睡在露天的草坑里，赶上下雨也不避雨，粮食也限量供应。

当他们走到邢州（今河北邢台）时，燕王赵俣竟然饿死了！这位赵俣也是宋神宗赵顼的儿子，年龄比赵佶小一岁。

金兵懒得给他下葬，随手捡起来一个喂马的破槽子，把他的尸体丢了进去，就地放火焚烧。因为槽子短而尸体长，赵俣的两条腿还翘在槽子外面，场面十分凄惨。

赵佶放声痛哭："你至少死在咱们的国土上，我要在异国他乡当鬼了！"

赵佶一行一直走到第二年夏天，才来到金国都城会宁府（今黑龙江哈尔滨）。金太宗完颜晟接见了赵佶，为了羞辱他，封他为"昏德公"。

被完颜晟羞辱完之后，赵佶连同赵桓等人一起被驱赶到韩州（今吉林四平梨树，另有说法是辽宁昌图）。金国给他们十五顷土地，让他们种地养活自己。

赵佶原来过的可是骄奢淫逸的生活，现在需要自己抡起锄头耕地，这是何等的落差。

金国人持续对赵佶展开羞辱，每次祭祀祖先的时候，总要象征性地赏赐给他一些酒食，强迫他写一封感谢信。积攒得多了以后，金国人把赵佶写的感谢信做了一个合集印成刊物，故意卖给刚刚成立的南宋朝廷。

宋徽宗赵佶被金国囚禁共计九年，于绍兴五年（公元1135年）去世，享年五十四岁。

在中国古代有一个说法，如果黄河的水变清了，就表示会出圣人或者当时的皇帝是难得的圣君。在宋徽宗赵佶执政期间，黄河水不仅变清了，还先后三次变清，被记录在《宋史》中。

是不是觉得很讽刺？

玖

宋钦宗赵桓：反复无常的伪君子

🕗 匆忙登基

赵桓是在赵佶即位之后出生的,生母是赵佶的第一位皇后王氏。在赵桓九岁时,年轻的王氏早早离开了人世。

赵桓从小失去了母亲,父亲赵佶又每天忙着吃喝玩乐,他从小缺少父母关爱。同龄皇族喜欢的东西,赵桓全部不感兴趣,也不爱与人社交,就爱自己坐着发愣。

缺爱的人有一个特点,那就是多疑且自卑,他们遇到好事降临在自己的头上,会觉得自己不配。这个特点在赵桓的身上尤为明显。

赵桓是赵佶的长子。赵佶的皇位来得有点特殊,是从哥哥宋哲宗赵煦手里接过来的,为确保皇位落在自己的子孙后代手中,赵佶早在赵桓十六岁时就确立他为太子。

赵桓被立为太子后不但不开心,反而产生了巨大的心理压力,总觉得自己的能力不配当皇帝,担心弟弟赵楷会和自己抢皇位。

赵楷是赵佶的第三个儿子,是诸位皇子里和父皇赵佶最像的人。他自幼聪明异常,精通琴棋书画,深得赵佶宠爱。他十八岁时偷偷报名了科举考试,竟然考中了状元,而后才把真实身份公开。赵佶得知真相后,非常高兴,又怕别人说皇帝搞内定,就把第二名定为状元。其实论实力,赵楷才是真正的第一名。

有这么一位优秀的弟弟在身边,赵桓的压力可想而知。他当上皇太子之后处处谨小慎微,总怕自己做错了什么而被别人抓住小辫子,进而丢掉太子之位。时间久了,他越来越敏感多疑。

金军南下之后,赵佶决定一走了之,把都城汴京留给赵桓防卫,才有了赵佶禅位给赵桓的安排。此时,赵桓敏感多疑的毛病又犯了,他知道赵佶绝对不会平白无故将皇位禅让给自己,只是让自己以新皇帝的身份当个肉盾而已。他想到自己从没打过仗,一登基就要和强大的金兵短兵相接,压力巨大,情绪失控,一边打滚,一边哭着拒不接受禅让。

最终,赵桓在哭得迷迷糊糊的状态下被大臣们强行驾到龙椅上,完成了登基仪式。

靖康之耻

靖康元年(公元1126年)正月,赵桓任命吴敏为亲征行营副使,李纲、聂昌为参谋官,集结兵马迎战金兵。底层民众、将士看到赵桓决心迎战,低落的士气重新回升,大家迫切希望看到新皇帝重整旗鼓,保卫河山。

可是,戏剧化的事情发生了。

赵桓宣布迎战后不久,前线传来消息:金兵攻破浚州(今河南浚县、滑县一带),马上就要渡过黄河。这一下,敏感脆弱的赵桓一下泄了胆气,又不敢抗敌了。

赵桓身边的大臣分成两派:一派说既然赵佶都跑了,你还矜持什么呢,建议他也跑;另一派建议他承担起一个皇帝应负的责任,誓死捍卫汴京。赵桓听后,优柔寡断的毛病又犯了,陷入纠结,迟迟不肯表态。

赵桓纠结了半天,渐渐倾向于放弃都城,逃命为上,逃跑的目的地都选好了，直接去襄阳（今湖北襄阳）。

兵部侍郎李纲说："现在京城大街上老百姓议论纷纷，都在观望陛下的去向。如果陛下丢下京城逃走，民心也就彻底失去了。"

赵桓默默听着。

大臣白时中说："说得轻巧，这京城岂是随随便便就能守得住的？"

李纲道："论坚固，天下城池哪一个可以比得上京城？何况京城还有宗庙、百官和那么多百姓，怎么可以轻易放弃呢？如果能够振奋士气，你怎么知道就一定守不住呢？"

赵桓身边的内侍陈良弼也跟着发表意见："京城的瞭望塔年久失修，城东樊家冈一带河水很浅，金兵很容易在此处渡河。京城怕是很难防守，还是逃命要紧。"

赵桓被他们搞得彻底没了主意，只好让两派都去城东实地考察一番，得出一个靠谱的结论。双方考察完回来，依然各执一词，陈良弼还是主张逃跑，李纲根据考察结果提出一系列御敌方案。赵桓暂时被李纲说服，决定守城。紧接着，大家又为主将人选争论起来。

李纲说："国难当头，白时中、李邦彦身为丞相，统领将士保家卫国，正是其职责所在。"

白时中一听，好家伙，竟然让自己去送死，当即情绪失控，指着李纲破口大骂："李纲，你倒是不傻！我问你，你敢出战迎敌吗？"

李纲道："陛下若瞧得起臣，臣愿以死抗敌！只是臣官职卑微，不足以调兵遣将。"

赵桓当即升李纲为尚书右丞，命令他死守汴京。

此时已经到了吃饭时间，赵桓让大家散会吃饭。可就在吃饭的过程中，赵桓优柔寡断的毛病又犯了，又觉得逃命才是最优选项。

饭后，大家继续开会。赵桓先说道："朕又想了想，要不再考虑一下南逃的方案？"

李纲说道："有历史上唐明皇李隆基逃跑的教训作为反面案例，绝对不能跑！"

正在这时，内侍来报："禀告陛下，刚刚皇后已经先逃走了！陛下怎可留在此处？"

现场所有人尴尬地看着赵桓，赵桓竟然哭着跳了起来，喊道："你们不要再说了！朕要亲自去陕西，起兵打回京城，决不能留在此处！"

李纲哭着跪在地上，挡住赵桓的去路。

这时越王赵偲（前文讲到死了被金兵放在马槽子里烧掉的那位）来到现场，反而比较硬气，劝说赵桓应该留下驻守京城。

过了一会儿，赵桓的情绪平复，写了召回皇后的手谕，派人去追回皇后。他又对李纲严肃地说："既然朕已经留下，你就要承担起抵抗金兵的责任，不得松懈！"李纲正式临危受命。

赵桓回到寝宫，独自等着皇后归来，一直等到后半夜，始终没有消息。这时候他又变卦了，嚷了起来："不管了，朕这次必须走！天一亮就走！"

第二天早上，李纲上朝时发现赵桓的禁卫军都在打包，皇帝出行的车队马上就要离开，妃嫔们正忙着上车。他当时脑袋都要炸了，知道赵桓又改变主意了。

李纲站在高处，对将士们喊道："诸位将士，你们是愿意死守京师，还是愿意逃跑？"

众将士振臂高呼："死守！死守！死守！"

李纲心里有了底气，转身去见赵桓。他说："陛下昨天说好了要留下，怎么又变了？门外将士们的妻儿老小都留在京城，您舍得抛下他们逃命吗？就算陛下逃走了，敌人就不会追吗？陛下能逃多远呢？"

李纲这话说得有点狠，把赵桓吓住了，他只好再次决定留下。这便是宋朝皇帝的执政水平，就这点魄力，即使短期内守得住京城，亡国也是早晚的事。

李纲领着赵桓登上城门楼，表示要同大家一起固守到底。众将士哭着高呼万岁，行跪拜之礼。

李纲刚部署完兵力，金兵就渡过黄河打了过来。金兵本想一举拿下开封，结果反而遭遇重创，宋兵竟然打了一个小胜仗。

宋军的战斗力、人员数量都在金兵之上，又是主场作战，阻挡金兵完全无压力。可是皇帝赵桓偏偏敏感多疑，总把敌人想得特别强大，悄悄派了两个特使郑望之、高世则偷偷去找金兵求和了……

郑、高二人带回消息：金国人提出把黄河作为新的国界，拿出金帛、牛马等钱物犒赏金兵，另派官职足够高的大臣前去谈判，低档次的官员没有前去谈判的资格。

赵桓听后，问道："现在朕面前诸卿的官职都不低，哪位愿意代表朕去同金国谈判？"

赵桓话一说完，除了李纲，其余人全都选择沉默。李纲说："就让臣去吧！"

赵桓说："你不能去，要去也应该让李棁去。"

吏部尚书李棁听了浑身一哆嗦。赵桓立刻宣布退朝。等众人散去，李纲留下单独问赵桓："李棁性格怯懦，选谁不好，为什么非要选他？"

赵桓说："你脾气太刚直，不适合谈判。李棁更利于谈成。"

这反映出赵桓对待金国侵略者的心态：千万别惹金国生气，一定求着对方，祈求对方开恩放自己一马。

李纲一眼就看穿了赵桓的心思，据理力争道："金国这次来势汹汹，我们吃亏就吃在来不及集结军队。眼下的谈判就是为了拖延时间，等到大军集结起来，金国未必打得过我们。现在让胆小的李棁去谈判，恐怕会真的签订卖国条约啊！"

赵桓只管听着，默然不语。

李纲继续说道:"对待金国,绝对不能软弱。寄希望于出卖国土讨取对方的欢心,对方只会变本加厉,得寸进尺!绝对不能与金国签订出卖国土的协议。"

李纲的分析是正确的,但放低姿态、割让国土、求侵略者放过自己恰恰就是赵桓的打算。他听完李纲的话,没有发表任何意见。

话说,李棁来到金军大营,吓得连话都不敢说。金国也懒得与他废话,直接让他带回金国撤军的条件:

1. 给金军五百万两金、五千万两银、一万头牛马、一百万匹绸缎。
2. 宋朝皇帝必须尊称金国皇帝为伯父。
3. 割让晋阳、中山、河间三镇给金国。
4. 派丞相、亲王到金国当人质。
5. 金军撤兵时,要隆重地欢送金军渡过黄河。

这五条的羞辱性是极强的。宋朝国库已经空虚,根本就凑不齐金国想要的金银、牛马、绸缎。晋阳、中山、河间三镇割让给金国之后,宋朝北边门户大开,到时候金国就可以像逛菜市场一样随时南下侵犯,毫无阻力。

赵桓竟然一改往日优柔寡断的做派,力排众议,乾纲独断,当即拍板:"全部满足他们的要求,成交!"

马上有人提出:"陛下,您答应了也没用,国库根本没这么多钱!"

赵桓下令:"派兵对京城内每家每户进行搜刮。"

宋朝的兵力没有被用于抗金,反而被用在了抢劫老百姓上。一时间,老百姓骂声四起,赵桓彻底失去了民心。

搜刮完金银之后,还有人质问题没解决,应该让谁去当人质呢?这时候,宋徽宗赵佶的第九个儿子、赵桓同父异母的弟弟赵构站了出来,说道:"为国家社稷,臣弟愿意前去。"

赵桓万万没想到自己的弟弟这么勇猛,竟然自告奋勇前去送死,自然是开心无比，就派丞相张邦昌与赵构一同前往金营，押为人质。

临走的时候，李棁对赵构说："金军要求亲王送他们渡过黄河。"言外之意是极可能有去无回。赵构大义凛然地说："即便殉国也无憾。"

赵构、张邦昌前脚刚走，各地支援京城的勤王之兵陆续到来，共有二十多万。前文讲过，城外金军只有六万。这时候宋军稍加部署，利用主场优势，完全可以击败金军。可惜的是，赵桓已经被吓傻，手握重兵却选择了割地赔款。

最先赶来支援的两路大军，一路由种师道率领，另一路由姚平仲率领。种师道是老将，在军队中名望颇高，他的到来让开封城的将士们信心激增。

就在这时，赵桓又犯了领导错误。李纲提出，大敌当前，应该把所有军队整合之后交给他统一指挥。这个提议是正确的，可是赵桓偏偏这个时候又动了小心眼："把这么多军队交给李纲，万一他要谋反呢？可不能给他这么大的权力！"

他驳回了李纲的建议，宣布设立一个名叫宣抚使司的新机构，由种师道任宣抚使，姚平仲任都统制，指挥从外地赶来的军队，又将原本驻于城外的前后两军从李纲手里剥离出来，也划拨给宣抚使司指挥，李纲手里只剩下左右中三军。

赵桓强调，种师道与李纲是平级关系，不存在谁领导谁的问题。他自鸣得意于自己是个权谋高手，用这种手段来让种师道、李纲互相制衡，可是大敌当前，最需要的是团结一致、联合抗敌，如果此时产生内讧，无异于给金国送人头。

先不说李纲，就说这种师道、姚平仲之间，意见也不一致。种师道认为金兵不远万里来到开封，粮草有限，不着急和他们决战，可慢慢拖他们一段时间，等把他们的锐气消耗掉之后，再出兵与之决战。姚平仲则认为，现在宋军有人数优势，完全没必要拖延，应速战速决。

赵桓现在有了兵力，一改之前吓得要逃跑的尿样，膨胀起来，大声嚷嚷着要速战速决。他与姚平仲定下计划，于二月初一这天夜间偷袭金兵大寨。

既然是偷袭，保密工作尤为重要。可是，这位皇帝非要找当地有名的算命先生楚天觉帮他算卦，看看这天是否真的适合出兵。皇帝高调找算命先生挑选偷袭敌人的日子，这一下，全开封城的人都知道了。

算命大师楚天觉对赵桓拍马屁说："这天偷袭金兵一定可以旗开得胜，您就等着接受俘虏吧！"

赵桓内心狂喜，当即让人在城内竖起三面大旗，上面写着"御前报捷"四个大字，做好了偷袭成功后接收捷报的准备。

旗子竖起来之后，城外的金兵第一时间便看到了，他们知道，宋军这是要出兵了。

到了二月初一半夜，姚平仲、杨可胜两位将军率上万精兵悄悄摸出城外，计划偷袭金兵军营。这件事很可笑，他们坚信金兵被蒙在鼓里，其实金兵早就布好了陷阱等着宋兵自投罗网。

姚平仲、杨可胜带领士兵悄悄进入金兵的第一个大寨，竟然一个人都见不到，又悄悄进入金兵的第二个大寨，还是空空如也。他们正疑惑时，一场由金兵发起的对宋兵的疯狂捕杀开始了。最终宋军大败，杨可胜被杀，姚平仲侥幸逃脱，因为怕回去之后被治罪，选择了逃亡他乡。后来朝廷派人去寻找姚平仲，始终没能找到他。最后才在一个道观里发现了已经隐姓埋名、出家为道士的他，只不过此时他已经八十多岁了。

话说赵桓那边兴奋得一直没合眼，反复想象着姚平仲凯旋以后，自己扬眉吐气接受俘虏的样子。结果，天还没亮，前方传来消息：宋军大败，两位将军一个被杀，一个下落不明。赵桓迅速从趾高气扬的状态变回尿包。

第二天，金国派特使前来指责："不是说好了割地赔款吗？为什么出尔反尔偷袭我们？"

此时赵桓已经与丞相李邦彦串通好了口径。李邦彦低三下四地对金国特使说："您别生气，我们皇上也不知道这件事，是李纲、种师道、姚平仲私下的行动。"

赵桓说："放心吧，朕已经解除了种师道的兵权，也把李纲革职了。"

李邦彦道："要是您还不消气，我们可以把李纲绑了交给您带走。"

金国只想要宋朝的领土和金银，并没有带走李纲，只督促赵桓能够尽早兑现赔偿。赵桓立马派遣特使向金人道歉，为表诚意，还献上了国书和割地诏书，这表示他正式将国土割让给了金国。

这一下，京城的老百姓彻底怒了！先是以陈东为首的数百位太学生，来到宣德门外下跪，上书请命，指责当朝丞相李邦彦等奸臣祸乱朝纲，要求赶紧让他们下台，并恢复被罢免的爱国将领李纲、种师道的官职。

京城居民听说之后，也纷纷赶来声援太学生。一时间有数十万人在朝廷门前的广场上集结，连街道上也挤满了示威游行的群众。大家纷纷喊出爱国口号，高呼丞相李邦彦下台。

有群众为了增加声势，把朝廷宫门外放的鼓敲个不停，鼓面都打穿了。这时，正值丞相李邦彦上朝完毕，领着百官退朝出来。人们看到后，一起指着他骂道："姓李的，你有什么能力做得丞相？赶紧下台！"

李邦彦根本不搭理他们。这时，有群众没忍住，向李邦彦扔了一块砖头，李邦彦赶紧退回朝堂。

吃了亏的李邦彦向赵桓汇报外面示威游行的情况。赵桓作为皇帝，不能忍受臣民在皇宫门口的广场上示威，但是他又不能轻易对民众动用军队，只能选择忍让、观察，派出心腹宦官出去接触太学生和群众，放低姿态，表示愿意听取大家的诉求。

太学生们提出，要求国家起用爱国将领李纲、种师道，只要看到他们回朝就职，便会自动离开。

开封府尹王时雍调集士兵、刽子手向皇宫门口进发，企图以武力镇压太学生。军队与太学生形成对立之势，带头的军官对学生队伍高喊："你们这么做，是企图以武力来胁迫皇上！这是违法行为！"学生们不甘示弱，对喊道："我们以忠义胁迫当今皇上，不比李邦彦以奸佞蒙蔽皇上要好吗？"

双方发生了肢体冲突。学生、群众人数占优，王时雍吓得赶紧跑路。

眼见事情越闹越大，赵桓被迫做出让步，派大臣向学生、群众宣布重新起用李纲、种师道，并立刻召他们进宫。负责给李纲宣旨的宦官名叫朱拱之，因为他磨磨蹭蹭且态度傲慢，民众不满，当场将他及身边的几十名小宦官打死。

最后，李纲、种师道来到现场，与学生、民众见面，大家才放心，欢呼着离开。

李纲、种师道官复原职之后，国内的抗金情绪再次高涨起来。金国也发现宋朝尽管皇帝很孬，但是老百姓却很有血性，如果强行攻打，未必能够取胜。既然已经拿到了赵桓主动送上的割让三镇的诏书，见好就收吧，金兵全面撤兵。

种师道提出，趁金兵撤退渡过黄河时发起猛攻，必能将他们打败。赵桓当即驳回。李纲提出，派军队假装护送金兵，择机对其偷袭，也被驳回。更不可思议的是，赵桓怕宋军与金兵起冲突，还故意派了监军监视军队，严令禁止他们偷袭金兵。就这样，金兵在宋朝将士的目送下，大摇大摆地离开。

金兵离开之后，赵桓将躲在南方的太上皇赵佶接回汴京。

前文讲过，赵佶在南方逃命时并没有闲着，总是做一些小动作对朝廷分权，大有形成第二朝廷的势头。赵桓岂能容忍回来的赵佶再与自己分权呢？恰好之前学生示威时，领袖陈东呼吁朝廷对赵佶身边的"六贼"予以清算，赵桓便顺水推舟，趁机剪除赵佶的羽翼。

这体现了赵桓的特点：外斗外行，内斗内行。

第一个被拿下的是王黼。

王黼与赵桓既有新仇，又有旧恨。当初赵桓被立为太子时，王黼坚决反对，自此两人结下梁子。赵桓当上太子之后，王黼知道，如果任由赵桓平稳过渡到即位，自己必将大难临头。他没有退路，要想办法把赵桓从太子位上搞掉。他决定从赵桓的嫡长子，也就是赵佶的皇孙赵谌身上下手。他联合大臣耿南仲写了奏书，说赵谌能力有限，不能担当重任，请皇帝将其罢官。赵佶对王黼绝对信任，立马将自己的亲孙子罢官。这件事让赵桓对王黼恨上加恨。

此时赵桓懒得走行政程序，直接派杀手将王黼杀掉后割下头颅，对外则放出消息，说他是被民间强盗杀害。老百姓也都知道杀死王黼的幕后之人是当今圣上，只不过王黼确实该死，大家也就默认了官方说法。

解决掉王黼以后，第二个被拿下的是梁师成。梁师成与王黼有一个最大的不同，他是当年拥立赵桓为太子的人。梁师成在赵佶南下逃命的时候，果断选择与之切割，没有追随而去，而是坚持留在赵桓身边，一起守卫汴京。

赵桓从本心里并不想杀死梁师成，可是考虑到民怨，又考虑到赵佶回来之后梁师成有可能重新归队，思来想去，还是动了杀心。

一天，赵桓告诉梁师成："金国要求咱们给他们送珠宝，你去宣和殿挑选珠宝吧！"

梁师成不知道的是，宣和殿里早就被赵桓埋伏了官兵，等他一到立马将他拿下，历数种种罪行，贬为彰化军节度副使。在押解梁师成前去的路上，士兵将他吊死，对外宣称他是因病猝死。

接下来便是蔡京、蔡攸父子。

此时蔡京已经八十岁，处理他比较简单，只需要贬官后发配到偏远地方,待他自然死亡。蔡京被流放路经潭州(今湖南长沙)时,因路途劳困死在那里。

蔡京死后,赵桓把蔡攸流放到海南岛,不久又赐死。

朱勔也是先被流放,再被赐死。

接下来是童贯。赵桓即位后,一度想要重用童贯,但童贯公然抗旨,跟着赵佶南下逃命。童贯与其余几位奸臣不同,他有私人武装,都由年轻人组成,人数上万,这决定了赵桓必杀童贯。

赵桓将童贯发配英州(今广东英德)。童贯还没到达目的地,赵桓就下诏历数其十大罪状,派人将其斩首,头颅带回京城示众。

至此,"六贼"全被灭掉。

北宋覆灭

在此之前,宋朝扣留了金国来使萧仲恭、副使赵伦,赵伦担心自己无法回国,便向宋朝提出:"金国有个名叫耶律余睹的将军,统领很多契丹士兵,一直对金国有二心,很想归顺大宋,建议对他进行策反。"

耶律余睹原本是辽国的大臣,后来投靠了金国,所以赵伦的这一说法还是很让宋人信服的。于是,宋朝朝廷给耶律余睹写了一封密信,交给赵伦,让他带着回国,秘密转交给耶律余睹。

结果,宋朝朝廷上当了。赵伦回国之后,第一时间把密信交给了斡鲁补,斡鲁补马上又呈给金太宗完颜晟。

与此同时,宋朝大臣吴敏建议赵桓给辽国的梁王写信,希望宋辽联手向金国复仇。结果这封信被金国的侦察兵中途拦截,也被交到了金太宗完颜晟手中。完颜晟大怒，于靖康元年（公元1126年）八月再次发动大军卷土重来。这一次，金军以粘罕为左副元帅、斡鲁补为右副元帅，以东西两路进攻中原。

九月，金兵攻陷太原。一开始，粘罕对太原发起攻击，但迟迟不能攻下。不久，他带领主力部队离开，只留下少量部队继续围攻。太原之战前后共持续了二百六十天，城中大部分百姓都被饿死，守军仍勉力坚持。

这时候，粘罕又带领主力部队杀了回来，集中强大兵力对太原城展开急攻。此时，宋朝驻守太原的统帅名叫张孝纯，城中粮草已尽，双方实力悬殊，宋军无力抵抗，只能任由太原城陷落，张孝纯本人也做了俘虏。

十月，宋朝大将种师道与金将斡鲁补在井陉（今河北石家庄井陉北）交战。不幸的是，种师道战败。而后斡鲁补带兵攻打真定府（今河北石家庄正定）。

此时负责驻守真定的是将军李邈。可惜的是，李邈的指挥能力很差，没能扛得住斡鲁补的进攻，真定府沦陷，他也做了俘虏。

攻克太原、真定之后，金兵集结兵力向汾州（今山西汾阳）发起进攻。

当时担任汾州知州的是张克戬，此人非常负责，竭尽全力御敌，但终究因为实力悬殊，汾州城被攻破。

破城之后，张克戬依然不肯投降，带领士兵与金军展开巷战。最终，大势已去，无力回天，张克戬穿戴好朝服，焚起香，向南遥拜天子，随即全家八口人一起自杀殉国，场面十分悲壮。

太原、真定、汾州先后沦陷的消息传到朝廷，赵桓大为震惊，立即下令种师道火速回京。当前北方正是缺兵少将的状态，为什么赵桓要把种师道调回京城呢？

原来，之前种师道曾经接见过金国派来的特使，发现对方特别傲慢，以此断定金国很有可能将会南下进犯。种师道赶紧上疏给赵桓，建议他暂时转移到长安,以防止敌军突袭。赵桓这时候偏偏犯了疑心病,觉得种师道胆小怕事,极有可能叛变,便把他调回京城,便于对他进行监视。

十一月,赵桓下诏让地方上的将领火速带兵来京城护驾,但主张与金兵议和的大臣唐恪、耿南仲及聂昌等人一起向赵桓建议道:"现在老百姓也没有粮食和钱了,京城一下多出来数十万大军的话,拿什么来养着他们呢?"

于是,赵桓又迅速改口,下令地方上的将领各回各家,暂停前往京师。

就这样,赵桓把种师道从前线撤回,又拒绝地方将领来京城驰援,给了金兵长驱直入的机会。金军大将粘罕占领太原之后,带兵直奔汴京而来,一路所向披靡,所经过的城市要么被轻松攻占,要么主动开门投降。

粘罕的大军一路到达黄河边,宋朝名将折彦质率领十二万大军对他展开防御,与此同时,将军李回也带领一万名骑兵前来助力。粘罕听说宋军人数众多,与之交战没有底气,便决定采用虚张声势的方法来干扰、试探宋军。

粘罕下令士兵连夜敲击战鼓,直到天亮。折彦质的大军听到鼓声,以为金兵杀到,吓得全线溃散,李回也吓得赶紧逃回京城。金兵就这样不战而屈人之兵,靠虚张声势轻松渡过了黄河。宋朝驻守黄河以南的官员们纷纷弃城逃走,士兵们也纷纷向金兵投降。

粘罕渡过黄河之后,派人向赵桓传话,希望重新划定两国国界,把黄河作为两国界线,这相当于逼着赵桓让出黄河以北的领土。

赵桓不敢怠慢,任命冯澥、李若水两名官员为特使,出使金兵大营。冯、李两个人走到半路,驻守黄河的宋朝士兵以为是金兵到来了,竟然吓得要逃跑,就连冯、李的随从都动了想要逃命的心思。

冯澥问李若水:"这可怎么办?"

李若水说:"传令下去,逃跑者一律斩首!"

这样，众人才勉强安定下来。冯、李两人意识到，此去谈判一定不会成功，与其这样，还不如直接上奏赵桓，做好防御，抵抗金兵。

眼见着金兵就要打进来，赵桓做了另外一种"特殊"的努力——借神兵。话说，赵桓的兵部尚书孙傅找到几个可以作法的大师，其中最玄乎的是一个名叫郭京的骗子。郭京自称天上的托塔李天王把法术传授给他，可以撒豆成兵，也就是说，他向地上扔出一把豆子，豆子落地之后立马变成英勇杀敌的士兵。

赵桓竟然信了，赐给郭京数万金帛，让他作法！郭京拿了钱，从城内招募了七千七百七十七个人，不问武功、学识，只看生辰八字，导致很多地痞流氓也混了进来。

郭京对赵桓夸下海口，有这七千七百七十七位"神兵"相助，定要那金兵有来无回。到了丙辰日，郭京下令打开城门，放出这七千多人，要与金兵决一死战。这天刚好是暴风雪天气，北风怒号，卷着漫天大雪，郭京坐在城楼上假模假样地观战。

这七千多人纯属乌合之众，还没等金兵大开杀戒，这些人便连忙败退，不小心掉到护城河里淹死的不计其数。

郭京说道："事已至此，看来必须我亲自下城施法方可退敌！"

郭京大摇大摆地下了城楼，趁大伙不注意，撒腿就跑。下面的人还没反应过来，他已经跑得没了人影。

如果郭京不折腾这一套，至少城门是关闭着的。但郭京放出七千多名"神兵"的时候，把城门向金兵打开，这让金兵有了可乘之机，直接攻入开封城内。就这样，宋朝首都汴京开封宣告沦陷。

赵桓放声痛哭，喊道："朕之所以能有今天，是因为不听种师道的话啊！"

但事已至此，后悔已经没用了。

京城陷落之后，大臣何栗提出，可以率都城内的老百姓同金军进行巷战。然而金军对外宣称，只要能和赵桓达成议和，就会立马退兵。因此，赵桓拒绝了与金兵进行巷战的提议。

粘罕、斡鲁补告诉赵桓："请放心，我们只是想要割地。"二人还提出，希望太上皇赵佶亲自去一趟金兵大营。

赵桓回复道："太上皇有病在身。如果一定要到郊外，朕当代太上皇亲自前往。"

于是，赵桓亲自前往青城向金人投降，随行的还有大臣何栗、陈过庭、孙傅等人。赵桓来到青城之后，粘罕派手下萧庆进入京城，全权负责城内事务，相当于剥夺了赵桓的治理权。

赵桓被留在青城待了几天，而后被送了回来。进入东京城时，老百姓和太学生沿途迎接拜见，赵桓十分羞愧，哭着喊道："宰相误我父子啊！"

现场的人无不落泪。

几天之后，金人再度"邀请"赵桓前往金兵大营。赵桓本来不想去，但是大臣何栗、李若水力劝赵桓一定要去。赵桓出城时，好几万老百姓拦住他的车驾，大喊："陛下不能出城啊！"

大臣范琼说道："放心吧，皇上早上出去，傍晚便可返回。"

老百姓听完，拿起砖头瓦块砸向范琼。范琼恼羞成怒，用刀砍断了挽留车驾的老百姓的手臂，赵桓一行这才离开。

靖康二年（公元1127年）二月初一，金人又"邀请"太上皇赵佶前往金兵大营。赵佶有些迟疑，本想服毒自杀，被大臣范琼夺走毒药。范琼逼着赵佶与皇太后乘坐牛车出宫，随行的还有妃嫔、皇子、公主、驸马等皇室家眷共计三千余人，他们一同被押往金兵大营。

至此，北宋宣告灭亡，宋朝正式进入南宋时代，以靖康之难作为北宋和南宋的分界点。

赵佶、赵桓被金国赐了封号。赵佶被封为"昏德公"，意思是赵佶是个大昏君；赵桓则被封为"重昏侯"，意思是在他父亲的基础上重又昏庸了一次。两个封号的侮辱性极强。

绍兴二十六年（公元1156年），作为阶下囚的赵桓在饱受了金国军营中的各种屈辱之后，终究还是撒手人寰。

赵桓去世的消息并没有第一时间传回南宋，直到绍兴三十一年（公元1161年），南宋才得到赵桓去世的噩耗。同年七月，宋高宗赵构为赵桓上谥号，庙号钦宗。

宋钦宗赵桓优柔寡断、反复无常的性格不仅把整个国家和人民拖入了深渊，自己也成了弱国无外交的牺牲品，可悲可叹！

拾 宋高宗赵构：残害忠良的败家皇帝

⑧ 特殊的登基

赵构是宋徽宗赵佶的第九个儿子。母亲韦氏出身贫寒，于大观元年（公元1107年）在宫中生下了男孩，被赵佶赐名"构"。

赵构自幼爱好读书，传说可以"日诵千余言"。与他父亲赵佶一样，在书法上造诣很深。赵构不仅能文，也擅长习武，弓箭可以拉满到"一石五斗"的力度，有着极其优秀的武力值。

宣和三年（公元1121年），十五岁的赵构被封康王。

前文讲到，宣和七年（公元1125年）秋金兵南下，宋徽宗赵佶放弃都城东京仓皇南下，走之前禅位给赵构的哥哥赵桓。赵桓即位后也想逃命，被爱国名将李纲阻止，被迫留下镇守东京。金兵发现很难攻破东京城，便于靖康元年（公元1126年）正月向赵桓提出撤军条件，既要宋朝割地赔款，又要宋朝的亲王和高官做人质。赵桓专门开会讨论应该选择哪个亲王前去金国大营，这时，赵构主动站出来，要求前往金国。

与赵构同行的高官是丞相张邦昌。张邦昌贪生怕死，和赵构一同前往金营的路上，吓得哇哇大哭。赵构对他说道："作为男子汉，不至于如此！"他这才惭愧地收起眼泪。

来到金营之后，金军将领斡鲁补自然要先对宋朝的王爷羞辱一番。他故意邀请赵构一起射箭，想凭借自己的高超箭法吓唬赵构。岂不知赵构本就是射箭高手，他拿起弓箭连射三发，全部命中，把斡鲁补吓了一跳。他心想："这人极有可能不是宋朝的王爷，是他们挑选的替身吧？"

后来，发生了姚平仲带兵偷袭金军大营的事情，不幸的是，赵桓的保密工作做得不好，姚平仲不但没有劫营成功，反而吃了大败仗。这激怒了斡鲁补，立马把赵构、张邦昌叫来，对他俩狠狠训斥、威胁一番。

张邦昌又吓得哇哇大哭，反观一旁的赵构毫无畏惧之色。斡鲁补更加坚信，眼前这位一定不是宋钦宗赵桓的弟弟，而是个替身。在他的眼里，宋朝皇族个个都是尿包，怎么可能出来这么一个勇敢的人呢？于是乎，搞笑的一幕发生了：斡鲁补提出把赵构退回宋朝，换另外一位王爷、赵佶的第五个儿子肃王赵枢来做人质。金兵得到赵枢和割让三镇的诏书之后，立马撤兵回朝，赵构得以被放回。

赵构回去之后声望大增，不论是朝内官员还是民间百姓都很佩服他临危不惧。宋钦宗赵桓对其大加封赏，并授予其兵权。

八月，金国的粘罕、斡鲁补再次兵分两路南下攻打宋朝。金军对晋阳城展开强攻，晋阳军民虽然一起抵抗金兵，终究因为实力悬殊而失败。赵桓只好再次放低身段，求金国议和。金国再次提出与上次相同的要求：除了割地赔款之外，再要一位赵姓亲王前来金国大营做人质。

赵桓又召集大伙开会，讨论应该让谁去当人质。大臣王云站出来说道："上次康王赵构出使金国表现优秀，这次还是让他去吧！"

赵桓听后，马上下令赵构再次以人质身份出使金国，命令王云陪同。

赵构一行人等离开京城，到达相州（今河南安阳）时，相州知州汪伯彦对赵构说道："大王这次去金国不同于上次。上次大王能够回来，纯粹是运气，这次一旦去了恐怕就再也回不来了。要我说，大王不如就留在相州，一切从长计议。"

赵构说道："这是皇兄交给我的任务，不能半途而废。"

第二天，赵构一行人等离开相州，向磁州（今河北邯郸磁县）进发。来到磁州城之后，当地官员宗泽与汪伯彦持有相同的看法，也对赵构劝说道："您第二次去金国，无异于羊入虎穴。您还是留在磁州吧！"

赵构依然坚持前往金营。当地老百姓听说赵构来到磁州，纷纷赶来拦截，希望他一定不要去送死。

这时候，王云站了出来，替金国人说话："大家都回去吧，相信金国一定会好好对待大王的！"这一下把老百姓惹怒了，他们怀疑王云做了金国的奸细，冲上去把他打死。这件事再次证明，宋朝从不缺少有血性的人，只不过宋朝皇帝实在太昏庸、胆怯。

赵构万万没想到事态会失控，变得进退两难。这时，有两名士兵求见并送上一封信。赵构打开一看，写信的不是旁人，正是相州的汪伯彦。

汪伯彦在信中写道："大王您离开相州的当晚，本州得到情报，金人派出五百多名骑兵前来劫持大王。如果大王坚持北上，等于自投罗网。与此同时，我听说金国的斡鲁补已经带兵去攻打京城了，大王不如回到我驻守的相州，招兵买马，组成一支军队，前去驰援京城！"

赵构读完信，决定回到相州。汪伯彦亲自率领军队在黄河边迎接，这让他大为感动，要知道，这可是救命之恩。赵构从此之后把汪伯彦视为心腹，他后来登基之后，汪伯彦一路晋升，官至丞相。

事实证明，汪伯彦的判断完全正确。赵构在相州安顿下来没多久，金兵一路南下，抵达东京城外。皇帝赵桓听说赵构在相州，立马派人送来圣旨，任命他为河北兵马大元帅，陈亨伯为元帅，汪伯彦、宗泽为副元帅，要求他们快速带兵驰援京城。赵构在十二月一日成立了大元帅府，火速召集了一万兵力，兵分五路，开向大名府（今河北大名东北）。

其实，早在十一月，金兵就已经攻占了东京开封的外墙，宋钦宗赵桓极有可能被活捉。如果赵构此时火速前往东京，金兵有可能自动撤兵，但是赵构驻扎在大名府之后，却迟迟不肯动。

这是为什么呢？理由很简单，赵构盯上了赵桓的龙椅，他想要借刀杀人，任由金兵劫走甚至杀掉赵佶、赵桓，自己便可凭借手中的兵力登基。如果现在去救出赵桓，他无非因为立大功而获得封赏，赵桓的皇位将来还是要传给他自己的儿子，这是他不想看到的。

有一部分历史爱好者说，赵构此时迟迟不肯救援东京，原因是他胆小、害怕金兵。这个说法经不起推敲，大家可以回忆一下赵构两次去金兵大营当人质的表现，他可不是害怕金兵的人。

《靖炎两朝见闻录》一书中记载赵构到了相州之后，曾经不经意与幕僚说了这么一句话："吾夜来梦皇帝脱所着御袍赐吾，吾解衣而服所赐袍，此何祥也？"这句话的意思是："我昨天夜里做梦，梦到当今圣上脱下龙袍赐给我，我脱下衣服，换上龙袍。这是什么吉祥的预兆呢？"

不难看出，赵构是在侧面试探身边的幕僚，自己是否有可能借此机会登上皇帝宝座？所以说，赵构是一位野心勃勃的人。

驻守磁州的宗泽也已带领兵马前来会合。宗泽一心一意想要救援东京的赵佶、赵桓二帝，他建议发兵攻打金兵后方的澶渊（今河南濮阳），金兵一看后方受敌，势必撤回围攻东京的兵力，这样相当于"围魏救赵"。

宗泽的这个提议非常精妙，可耐人寻味的是，赵构、汪伯彦当即予以否定。赵构对此给出的理由是："保存实力才是首先应该考虑的事情，应该避免与金兵交战。"

赵构于是下令宗泽带领士兵前去驻扎在澶渊，同时放出假消息说，赵构在澶渊军中。与此同时，赵构、汪伯彦带着队伍绕过东京，去东平（今山东泰安东平）躲了起来。

话分两头说。宗泽在带兵开往澶渊的过程中，先后与金兵有十三次交手，全部获胜，而在东平的赵构原地驻扎了一个月，丝毫没有救援东京的动作。

在汪伯彦等人的请求下，赵构又带兵来到济州（今山东菏泽巨野）驻扎。这时，投奔他的军队加起来号称有百万之众（实则八万），实力雄厚，可是赵构依然按兵不动。

金国攻下东京开封之后，本以为会迎来赵构率领的大军决一死战，结果等来等去，赵构那边一直没有行动。金国此时不具备趁势南下、占领整个宋朝领土的实力，他们选择对东京开封疯狂掠夺一番后撤兵。金兵押着宋徽宗赵佶、宋钦宗赵桓及赵姓亲王、皇孙，并公主、驸马、后宫妃嫔等共计三千多人，另有不可计数的珠宝、马匹、车驾、冠服、法器、祭器、乐器、书籍等返回北方。

有必要指出的是，金国劫走的人质中，既有赵构的亲妈韦氏，也有他的发妻邢秉懿，还有他的几个女儿。赵构宁可让自己的父母、老婆、孩子被金兵劫持走，也不与金兵交手，目的就是夺取皇位，充分展现了权力对人性的异化。

金国临走时，建立了傀儡政权"大楚"，让亲和派官员张邦昌担任伪楚政权的"皇帝"。

问题来了：张邦昌会堂而皇之地当这个皇帝吗？

张邦昌胆子是小，但智商不低。此时此刻，赵构正领着八万精兵对东京虎视眈眈，而张邦昌虽说有一个金国封的皇帝的名号，可手里既没有钱，也没有兵，最关键的是，金兵已经返回了北方，连给他撑腰的后台都没有了。假如张邦昌拎不清利害关系，真就傻乎乎地享受当伪皇帝的快乐，那么赵构随时可能杀过来，拿他的脑袋祭旗。

张邦昌接下来的表现算是智商合格。话说金兵在劫持宋朝皇亲国戚时，唯独漏了一个人，此人正是宋哲宗赵煦的第一任皇后孟氏。张邦昌为了避免赵构带兵过来讨伐他，需要先表明自己是被迫当皇帝，所以金兵前脚刚走，他后脚马上找到孟氏，尊她为太后。

张邦昌的这个做法是很高明的，可以快速撇清自己"汉奸"的恶名，重新树立起宋朝正统，也躲过了被赵构杀死的惨剧。

问题来了：孟皇后为什么可以躲过金兵的劫持呢？

答案：因祸得福。

孟皇后是前朝的老皇后，又是被废的状态，一直居住在冷宫瑶华宫。

本来孟皇后在瑶华宫住得好好的，可是有一回发生火灾，整个瑶华宫付之一炬，孟皇后被迫搬到延宁宫居住。说来也巧，这延宁宫又发生了大火，也不能居住了。当时金兵已攻陷都城，无人顾及她，孟皇后十分无奈，只好穿上民间素服步行出宫，去她的侄子位于相国寺前的家里暂时居住下来，勉强有了一个落脚的地方。

金兵劫持人质时，按照后宫的人员花名册来抓人。孟皇后被废多年，早就不在花名册上，她也没居住在皇宫里，金兵也就忽略了她。孟氏因祸得福，没有沦为阶下囚。

如今金兵撤退了，张邦昌赶紧派人把孟皇后从她侄子家接回宫中，尊称为"宋太后"。没多久，张邦昌便拿着孟太后的诏书，派人前去联系赵构，向之挑明："按照皇太后的旨意，臣张邦昌愿意请大王登基为帝。大宋不可一日无君，还请大王顺应天下民心。"还派人送上一个神秘的盒子。赵构打开一看，正是传国玉玺！

还有一个说法：宋徽宗在被劫持到金国的半途中，曾经写了一封密信，让人带给赵构，信中让赵构早日登基，再来营救父母。这个说法未记载在官修《宋史》中，仅作为野史参考。

话说赵构看了张邦昌的来信，手捧传国玉玺的他内心狂喜，但是戏份还是要做够，他当即放声痛哭，向世人表明：与皇位比起来，他更关心远在敌人军营的父母兄弟。

文武百官趁机劝进，让赵构尽快穿上龙袍。赵构则严词拒绝，说自己对皇位不感兴趣，随后带兵离开济州，赶往南京应天府（今河南商丘）。

这就很耐人寻味了，金兵已经撤离，应天府里也没有敌人，赵构为什么带着士兵去这里呢？

原来，对于宋朝人而言，南京应天府有着特殊意义：当年宋太祖赵匡胤发动兵变的位置是陈桥，而陈桥就隶属于应天府。这个地方是宋朝的始点，赵构带兵来到这里，目的就是告诉天下人，他要像祖宗赵匡胤那样开

261

辟一个新的时代，当然了，也相当于告诉大家，他要登基当皇帝。

赵构进入应天府之后，在群臣的劝进下，设立祭坛祭天，于府衙即位，便是历史上的宋高宗。自此，宋朝从北宋过渡到南宋时代。

8 南逃杭州

赵构登基之后，全国人民都盼着他征讨金国，报亡国之仇，尽早救回赵佶、赵桓二帝。

赵构任命黄潜善为中书侍郎，汪伯彦为同知枢密院事，又迎合民意，高调起用抗金名将李纲为尚书右仆射（丞相）兼中书侍郎，令他快速来应天府上任。

张邦昌的处境比较尴尬：如果说他是功臣，他毕竟投靠了金国，还当过伪楚政权的傀儡皇帝；如果说他是罪臣，他第一时间拥立赵构为宋朝新皇帝，这可是头功一份。赵构不想给世人留下卸磨杀驴的印象，封张邦昌为太保、郡王，一并参与国家大事的讨论。

接到命令的李纲火速抵达应天府，见到赵构的瞬间，流下了激动的热泪。他哭着说道："金国人最恨的就是我，为了不给朝廷添麻烦，还是别让我当丞相了。"

赵构说道："天下谁不知道你的忠义和胆略？这丞相非你做不可。"

李纲磕头谢恩，哭着说："我愚钝无能，承蒙陛下赏识，但如今要扶危定乱，图谋中兴，关键在于陛下而不在于我。我没有人在朝中为我美言，但陛下却首先赏识并提拔我，把宰相的重任交给我，我区区一人怎能胜任这重大的责任呢？我孤立无援，希望陛下能明察管仲辅佐齐桓公称霸的言论，留意区分君子和小人，让我能够尽心竭力，即使死了也无怨无悔。昔日唐明皇想任命姚崇为相，姚崇提出了十条治国建议，都切中时弊。今天我也以十条建议呈报陛下，请陛下斟酌可行的部分加以实施，那时我才敢接受任命。"

第二天，朝廷讨论李纲的建议时，只留下了严惩张邦昌僭越称帝之事和处理伪命官员（投降金人的官员）两件事没有立即决定。李纲进一步阐述了这两件事的重要性，强烈要求严惩他们。

赵构考虑到张邦昌刚刚拥立自己为皇帝，没有对其治罪，仅仅贬到潭州任节度副使。

张邦昌远离朝廷之后，只要不犯错误便能够善终。可是，他偏偏栽倒在男人最容易跌跟头的地方——女色上。

当初，张邦昌被立为傀儡皇帝的时候，金国把宋徽宗的妃嫔——华国靖恭夫人李氏等十余人赐给了他。虽然张邦昌与李氏相处时间很短，两个人却产生了感情。

赵构登基之后，按照辈分，李氏相当于其母亲，张邦昌自然不能够再与李氏有男女关系，他俩的夫妻关系也就自然终止。可是，表面的名分可以终止，两个人的私情反而更加热烈。有一次，张邦昌喝多了，借着酒力偷偷潜入李氏的房间。后来，李氏也曾偷偷去找张邦昌。

此时宋徽宗虽然人在金国，但毕竟还健在，张邦昌与太上皇的妃嫔通奸，这可是逆天的大罪。赵构先抓了李氏，对其严刑拷打，逼她供出张邦昌的罪证，而后将张邦昌赐死。

再说李纲这边，力荐宗泽为东京留守，整顿都城战后的烂摊子，以求恢复秩序，让赵构回京。这里有个小细节：宗泽是支持接回徽、钦二帝的，同时宗泽、李纲都是主战派，所以两个人富有默契地结成了政治同盟。

李纲、宗泽重建开封，可是赵构却不想回去，坚持在应天府办公。事实上，赵构在登基的第二天，就专门拨款给江宁府（今江苏南京）为自己修建宫殿，做好了迁都南方的准备。

到底要不要回东京开封？一场激烈的争论爆发了。

以李纲为代表的主战派认为应该回去，重振朝廷威风，如果迁都南方，会让老百姓、全军将士失望，朝廷也就失去了凝聚力。可是，以汪伯彦、黄潜善为代表的主和派认为回去很危险，如果金国再打过来，赵构有可能重蹈赵佶、赵桓的覆辙。

双方吵得不可开交，赵构会如何选择呢？

事实上，汪伯彦、黄潜善代表的就是赵构的意思。他不想回东京，原因有两个：

其一，赵构虽然拥有一定兵力，但是这些士兵来自不同地方，是临时东拼西凑起来的，各有各的山头。一个很现实的问题摆在面前：如果金兵再次南下，赵构凭借手头的这支队伍能抵挡得住吗？很大可能是不行的。

其二，东京被金兵洗劫一空，而东南地区经济发达，且没受到战争冲击。赵构去东南地区建都，至少不用为经济问题苦恼。

对应的缺点就是李纲讲到的——不利民心凝聚，会被大家认为与当年的赵佶一样，是个带头逃跑的皇帝，从而在政治上陷入被动。再就是，一旦建都南方，收复北方失地的难度可就大大增加了。

李纲看懂了赵构的小心思，提出一个折中方案：在长安、襄阳、建康三个城市中选一个当作临时都城，等到东京修复之后，再正式回迁。

最终，赵构下旨要"巡幸"东南，首站定在扬州。李纲暴怒，坚决反对。赵构不再有耐心听他的建议，不久更是罢了他的相位。

李纲罢相，再次引发民意反弹。前文讲到，当年太学生陈东曾经率领学生们向皇帝赵桓抗议，要求废掉"六贼"，重新起用李纲，现在陈东又站了出来，联合一位名叫欧阳澈的进士向赵构上书，声援李纲，指责赵构不该将其罢相，指出黄潜善、汪伯彦能力平庸，不可重用，希望赵构亲自带兵讨伐金国，迎接赵佶、赵桓回国。

这一下可把赵构激怒了，加上黄潜善、汪伯彦之流煽风点火，赵构当即下令将陈东、欧阳澈斩首。行刑当天，当地老百姓纷纷流下同情的泪水。

赵构一刻也不想耽误，直接南下，目的地是江宁，中途停留在扬州，将其作为驻跸之地。

东京留守宗泽是负责任的抗金派，他积极招兵买马，打造工事。在他的感召下，许多人以义兵的身份投靠过来。各地老百姓自发组织了许多支抗金武装，比较有名的叫作红巾军，经常攻打盘踞在北宋领土上的金军，令金军十分恐慌。

赵构废掉金国的"伪楚"政权，这违背了金国的意图，金国绝不可能咽下这口气。他前脚离开应天，金国便再次兵分三路南下。

西路军由斡里衍（又名完颜娄室）率领，攻打陕西。东路军由粘罕、讹里朵（又名完颜宗辅）率领，攻打山东地区。第三路军由金兀术（又名完颜宗弼）率领，攻打东京东侧的州县。

金兵这一次势如破竹，直接打到了徐州、泗州（今江苏盱眙北部），而后直奔赵构所在的扬州杀了过来。

赵构来到扬州之后，将黄潜善、汪伯彦分别任命为左右丞相，本以为可以偏安一隅，好好享受一下做皇帝的快乐生活，万万没想到，金兵竟然来得这么快。他赶紧命令将军刘光世率军抵抗。刘光世的这支部队是临时凑起来的乌合之众，几乎没有什么战斗力，还没与金兵交战，大家就各自逃命去也。

之后，粘罕带兵攻打楚州（今江苏淮安）。守城官员名叫宋琳，为了保命，出城投降献城。粘罕乘势攻占了天长军（今江苏天长），逼近扬州。扬州城的官员、老百姓吓得赶紧逃命，一起涌向城门，以至于发生了踩踏事故，被踩死的人不计其数，场面惨烈。

一大早，负责赵构起居的宦官一路狂跑进赵构的卧室，也顾不得什么宫廷礼仪，直接冲到床边，大声喊道："金兵到了！金兵到了！"

赵构正在睡觉，突然被惊醒，赶紧穿上衣服骑马离开。赵构跑到瓜州（今江苏扬州瓜洲镇），匆忙跳上一条小船，一天以后抵达镇江府（今江苏镇江）。稍事休息后，他再次逃亡，最终在杭州停了下来。

经过这一路被追杀，赵构彻底怕了，铁了心向金国求饶。为了表明自己求饶的诚意，赵构重新打起了张邦昌这张牌，对张邦昌的亲属封官晋爵，又派人拿着当年张邦昌与金国签订的和约来到金军大营，告诉金人，他愿意效仿张邦昌对金国俯首称臣。

更可恨的是，赵构宣布大赦天下，对过去有罪的人给予特赦，唯独对李纲不免罪。因为金国人最恨李纲，他这么做就是向金国献媚。

此事一出，朝廷内一些爱国官员非常愤怒，他们不敢直接指责赵构，而是把攻击矛头指向汪伯彦、黄潜善这两位新晋升的丞相，说他们误导皇帝，陷害忠良。赵构迫于舆论形势，不得不免去汪、黄的丞相之位，升朱胜非为右相，王渊为同签书枢密院事。

金国看到赵构顺从的诚意，对扬州城烧杀抢掠一番之后撤回北方，赵构的性命暂时无虞。

8 尴尬的政变

此时，赵构身边的左右手是朱胜非和王渊。朱胜非是文官出身，在赵桓执政时期担任应天府的行政长官，赵构即位之后，被升为尚书右丞。

朱胜非本来在诸多文官之中表现并不抢眼。在赵构南逃的过程中，朱胜非与赵构一起来到镇江，赵构不敢在镇江久住，屁股还没坐热又要逃离，临走的时候，朱胜非为了拖住金兵，给赵构以充分逃跑的时间，主动留下来驻守镇江。最终，赵构成功抵达杭州。经过这件事，朱胜非得到赵构的青睐。赵构罢免汪伯彦、黄潜善实属被迫，他再提拔新的副手时，首先考虑的就是朱胜非。

那么，王渊又是怎么得到赵构器重的呢？

王渊本是一名武将。《水浒传》里写攻打方腊起义军的是宋江，事实上，攻打方腊的急先锋是韩世忠、王渊。

王渊真正引起赵构注意，是在张邦昌成为"伪楚"政权的傀儡皇帝之后。当时，王渊曾亲自去找张邦昌，说服他退位，拥立赵构为宋朝的新皇帝。这可是赵构即位称帝的首功，从此以后，王渊便成为赵构的心腹。

基于以上原因，赵构罢免了黄、汪两人之后，任命朱胜非为右相，王渊为同签书枢密院事。

赵构从扬州乘船逃跑时，专管船只调度的就是王渊。他们着急逃跑，护驾赶来的将军刘光世所率领的部队被落在了江边，没能及时渡江与赵构会合。等到刘光世带领部队重新找船渡江，与赵构会合之后，赵构当即对他破口大骂："你这护驾的，连朕的脚后跟都看不到，真有什么危险，能指望你吗？"

刘光世听了，放声痛哭："陛下冤枉我了呀！是王渊故意把船调拨走了，导致我根本无法渡江啊！呜呜呜……"

赵构立马转身问王渊："可有此事？若有此事，朕必责罚你！"

王渊心里当然知道确实是自己工作失误，只不过他不敢担责，马上把责任推卸到一个名叫皇甫佐的下属身上。最终，皇甫佐被杀。

皇甫佐在军中威望很高，他被冤杀引起了将领的同情和愤怒。大伙本来就对王渊心有不满，身为一个武将，不是凭借战功，而是凭借劝说张邦昌退位而一路晋升，这让其他将领很瞧不起。

王渊还有一点让将领们反感，那就是他与宦官康履私交很好，而这位康履专权，喜欢在赵构面前搬弄是非，大伙对他恨之入骨。现在将领们最讨厌的两个人越走越近，将领们的火气也就越来越大。其中最恼火的是武将苗傅与刘正彦，他俩决定干掉王渊与康履。

建炎三年（公元1129年）三月五日早晨，苗傅、刘正彦带领士兵埋伏在杭州北桥下，这里是王渊下了早朝回家的必经之路。王渊如期而至，众士兵突然冲上去，硬生生把王渊从马上拉了下来，狠狠摔在地上。王渊摔得生疼，一脸疑惑地问道："你们是谁的兵？知道我是谁吗？"

刘正彦突然冲了出来，一句话也没说，抡起大刀对着王渊的脖子狠狠砍了过去。"扑通"一声，王渊的脑袋飞了出去……

刘正彦一只手提着还在滴血的王渊首级，另一只手拎着大刀，带领士兵杀入杭州城内。他目标明确，只杀宦官，一口气杀掉一百多人。

赵构听说有人发动政变，吓得不知所措。

新晋丞相朱胜非第一时间登上宫门楼，居高临下责问苗傅、刘正彦："我当是谁呢？原来是自己人。二位为什么乱杀内侍？知道这是重罪吗？"

苗傅、刘正彦听完，不做正面回答，只是喊道："别说没用的！快点打开宫门，我们要面见皇上！"

负责守门的军官名叫吴湛，与苗傅、刘正彦有交情，当即打开大门把他们迎了进来。

这期间，有官员劝赵构："这么针锋相对下去，恐怕对陛下的安全不利。陛下可以对苗傅、刘正彦适当安抚一下，相信他俩不敢鱼死网破。"

赵构怒火中烧，但对方手里有兵，强龙压不过地头蛇，万一把对方惹恼了，一冲动把自己剁了，那说什么也没用了，因此他尽管心里一万个不乐意，还是强忍着愤怒，登上门楼，对苗傅、刘正彦喊道："朕从没有对不起二位，二位为何以下犯上？"

苗傅道："陛下没有直接针对过我们，但陛下对官员赏罚不公！"

赵构继续强忍怒火，问道："这话从何说起？"

刘正彦道："真正为朝廷出生入死的，没见多少人得到封赏，反而是您身边的宦官举荐的、有私人关系的，屡屡被您提拔。"

赵构红着脸说道："卿可不要乱讲。"

苗傅道："黄潜善、汪伯彦就不用说了，刚被罢免。就说这王渊，明明是贪生怕死，不管将士们的安危，带头渡江逃命，竟被陛下大力提拔。真正英勇杀敌的将士，有被陛下封赏的吗？一个都没有。这能不让人伤心吗？"

赵构道："就算是这样，你们可以给朕提出来，也不至于公然杀人吧？"

苗傅道："我们不杀王渊和这些宦官，陛下会舍得杀吗？我们是为陛下、为江山才杀他们。现在陛下身边还有个宦官头子康履，此时应该就藏在您身边吧？今天我们必须杀掉他，给将士们一个交代！"

赵构听完，心里咯噔一下，赶紧和稀泥道："大家放心，朕郑重承诺：如果康履有罪，一定依照国法从严处理。你们现在就回去等朕的消息吧！"

苗傅、刘正彦不是那么容易被忽悠的人，说道："今天不斩杀康履，我们绝不离开！"

赵构一时说不出话来，双方陷入僵局。过了一会儿，苗傅、刘正彦有些不耐烦，说道："请陛下把康履绑了交给我们，我们立马走人。如果陛下不交人，就别怪我们强行入宫搜捕！"

话音刚落，士兵们躁动起来，挥舞起兵器就要破门。赵构怕他们一旦破门，连自己的性命都保不住，只好命人把康履绑了送到他们手中。

苗傅真是一名悍将，抓过康履手起刀落，对方的脑袋瞬间飞了出去。赵构为了安抚众人，当场宣布晋升苗傅为庆远军承宣御营使都统制，刘正彦为渭州观察使副都统制。

本以为苗傅、刘正彦得到封赏之后会带兵离开，岂料，他俩还是不离开。这一下，赵构真慌了，问道："人也杀了，官也封了，二位为何还是不肯离开？"

苗傅道："还有陛下的问题没解决呢，我们自然不能离开。"

赵构问："朕还有什么问题？"

苗傅道："陛下如此快速即位称帝，将来二位先帝回朝之后，陛下会归还皇位吗？请陛下给个明确的说法！"

这个问题真真切切地戳疼了赵构内心最敏感、脆弱的地方。他当初故意不营救东京，很大程度上就是要假借金国的手除掉赵佶、赵桓，给自己制造一个夺取皇位的良机。现如今，大庭广众之下，竟然被人狠狠地当面质问，颜面何存？

赵构听完，一个字都答不上来。朱胜非看到主子难堪，赶紧小声对赵构说道："陛下别和他们对话了，让臣代替您下楼与他们交涉。"

赵构一听，那敢情好，说道："速去，速去。"

朱胜非一溜小跑来到楼下，与苗傅、刘正彦当面谈判。经过讨价还价，苗、刘二人提出两个条件：其一，赵构交出实权，改由孟太后垂帘听政。其二，立即派使者同金国议和，尽早结束战争。

赵构内心一万个不情愿，但是刀架在脖子上不能不从，只好请来孟太后给大家做思想工作。

孟太后登上门楼，对大家说道："过去的经验告诉我们，太后垂帘听政对于朝廷并不是好事。请二位将军不要逼皇上退位，给他一个治国机会！"

苗、刘听完，合计了一下，说道："那就请皇上退位，让太子登基！这是我们最后的要求。"

赵构气得一句话都说不出来。朱胜非回到楼台上，对赵构小声说道："这俩人今天起了倔脾气，依照臣来看，不如先答应下来，将来调来军队之后再收拾他们。"

赵构道："只能如此了。"

赵构立即写下诏书，宣告退位并传位于年仅三岁的儿子赵旉，并请孟太后训政。苗傅、刘正彦遵守承诺，当即带兵离开。

苗傅、刘正彦有"奉天子以令诸侯"的机会，却没有东汉时期曹操的手段与实力。他俩貌似政变成功，但地方上的有些将军却不服，他们支持赵构，纷纷起兵，准备攻打杭州。

苗傅、刘正彦不是坚定的政治家，看到有很多将军带兵来讨伐自己，吓傻了。要说怕死也是人之常情，可是苗傅、刘正彦偏偏在这个时候去找朱胜非请教下一步该怎么做。

苗傅说道："之前对您多有得罪，还望海涵。眼下各地纷纷起兵，请问朱先生，这事该如何是好？"

要知道，朱胜非可是赵构的人，他的政治主张都是维护赵构的利益。他趁机忽悠苗、刘道："这事还不简单？不就是想让那些将军们退兵吗？"

刘正彦道："对，对！先生有何高见？"

朱胜非说："他们为什么讨伐你俩？还不是因为你俩废掉了太上皇？现在只需要把太上皇请回来归位，自然也就没人讨伐你俩了。不是吗？"

苗、刘听完思考了半晌，悻悻地说道："唉，事已至此，也只能这么做了。"

就这样，苗、刘二人以孟太后的口吻下了诏书，宣布赵构再次成为宋朝皇帝，然后，二人率领百官来到赵构的住处，请求他归位。赵构当即满心欢喜地答应了。赵旉在过了仅仅二十六天的皇帝瘾之后，又成为太子。

赵构复位之后，将苗、刘二人贬往外地。苗、刘临走之前，向赵构请求赐予他们免死铁券。赵构当即答应下来，在铁券上写了"除大逆外，余皆不论"八个字。

这八个字体现出赵构的狡猾。他对苗、刘的解释是："你们俩确实有过大逆不道的做法，这是事实，不过朕不对你们论罪。"

苗、刘二人都是武职出身的粗人，竟然真的被赵构忽悠过去了。事实上，我们不难看出，这八个字也可以解释为："除了大逆不道这个重罪之外，其余的小罪都不责罚。"

二人离开之后，赵构立马调集军队对他们展开追杀。此时，苗、刘手下只有两千精锐，不敢血拼，只好拿着免死铁券快速逃出杭州。临走的时候，二人命手下纵火，但是老天爷不帮忙，突然下起大雨，导致纵火失败。

从各地赶来营救赵构的将军有刘光世、张浚、韩世忠和吕颐浩等，他们进入杭州后被赵构接见，赵构握着诸位将军的手，激动得放声大哭。

当初苗、刘带兵入宫威胁赵构时，偷偷给他们开门的人名叫吴湛。赵构让韩世忠先杀吴湛，以报开门之仇。

韩世忠找到吴湛，笑呵呵地说道："皇上让我来看望您了。"一边说着，一边伸手要与吴湛握手。吴湛本来心里没底，听韩世忠说是代表赵构来见自己的，态度还这么客气，赶紧笑着与之握手。

就在两人的手马上握在一起时，韩世忠突然攥紧吴湛的中指，狠狠将其折断。吴湛疼得"扑通"一声跪在地上，哇哇大叫起来。韩世忠给属下使了个眼色，吴湛被五花大绑押了出去，斩首示众。

看到苗、刘已经逃走，赵构下诏宣称只追究二人的罪行，其余人等只要迷途知返，一律免罪。圣旨一出，苗、刘手下的很多人立马投降朝廷。最终，苗傅、刘正彦被韩世忠活捉，处以磔刑。磔刑残酷至极，可见赵构对二人是多么痛恨。

表面上看，赵构取得了苗、刘政变的胜利，但是这场闹剧大大减损了他作为皇帝的权威，让老百姓看到了这个皇帝的怯懦与无能。

岳飞崛起

赵构二次登基，为了做出一点向北回归的姿态，他离开杭州，进入相对而言更靠北一点的江宁，并改江宁为建康，向世人暗示他有意在此建都。

谁都拿不准金兵什么时候又突然南下，所以赵构决定"主动出击"，任命洪皓为大金通问使，带上金银珠宝，向金国乞和。赵构不知羞耻地向粘罕明确表示"愿去尊号，用正朔比于藩臣"，意思是讲，他可以不当这个皇帝，心甘情愿给金国当附属国的大臣，只求金国留他一命。

当然了，赵构向粘罕卑贱求饶的内容保密，对内他依然一副天子做派。

赵构不这么卑贱，或许金兵还没想着快速重新南下。金国看到赵构竟然如此懦弱，便急不可待地再次挥师南下，目标是彻底消灭赵氏宋朝，吞并宋朝全部领土。

建炎三年（公元1129年）七月，金国四太子金兀术放出消息，将亲率三路大军南下。赵构吓傻了，立马派出崔纵、杜时亮两位特使，带着更多的金银珠宝去找金兀术求和。越是求敌人放一马，敌人征服的欲望就越强，金兀术当即拒绝了求和，带兵杀向江淮地区，一旦渡过长江，便可轻松活捉赵构。

赵构从杭州来到建康以后，屁股还没有坐热，吓得又要逃回杭州。临走，他命令大臣杜充负责留守建康，万一金兵来犯，可以抵挡些日子，给自己争取足够的时间逃跑。

提到杜充,很多人没听说过这个名字,可是提到他的手下岳飞,恐怕就无人不晓了。此时的岳飞就在杜充手下当差。

岳飞出生于宋徽宗赵佶执政时期的崇宁二年(公元1103年),汤阴县(今河南汤阴)的一个普通农民家庭。传说岳飞出生时,有大鸟在屋顶上飞来飞去,所以父母给他取名飞,字鹏举。

岳飞从小性格沉稳内向,不善言辞,但是有远大抱负,喜欢阅读《左氏春秋》《孙子兵法》,梦想长大之后能够开创一番伟业。少年时代,他拜三国时姜维的后代、号称"陕西大侠铁臂膀"的周同为师,学习骑马与箭法,可以做到轻轻松松左右开弓。

周同去世后,岳飞很难过,不忘师恩,每逢初一、十五,都亲自到老师的坟上祭奠。之后他又拜陈广为师,学习刀法枪法,打遍全县无敌手。

宣和四年(公元1122年),朝廷与辽国发生战争。当时是童贯、蔡攸带兵,吃了败仗,朝廷在民间招募"敢战士"反击辽国。二十岁的岳飞报名应征,经过选拔和考核,凭借优秀的能力成功入选,还当上了分队队长。这便是岳飞军旅生涯的开端。

岳飞真正打出名气,是在相州剿匪事件中。当时相州闹贼寇,为首的是陶俊、贾进,让朝廷头疼不已。岳飞听说以后,主动请缨前去镇压,只带了一百骑兵,设下埋伏,引诱对方上当,竟然生擒了陶、贾,一战成名!

本来岳飞可以迎来事业上升期,可惜造化弄人,家里传来噩耗:他的父亲去世了。按照当时的习俗,父亲去世之后,不管是什么级别的官员,都要回老家守孝,岳飞只好离开军队,赶回汤阴老家,其短暂且优秀的军旅生涯暂时画上了句号。

岳飞在家一待就是两年,直到宣和六年(公元1124年),为了谋生,他前往河东路平定军(今山西阳泉平定)参军,从一名普普通通的骑兵做起。

前文讲到,金国先消灭了辽国,然后南下侵略宋朝,宋徽宗赵佶被迫禅位于宋钦宗赵桓,而后出逃。金军很快包围了都城开封,赵桓当时起用李纲守卫京城,但最终还是选择了求和。这之后不久,赵桓第二次激怒金国,引发金国第二次南下包围汴京。当时还是康王身份的赵构被委任为河北兵马大元帅,向天下招募勇士,准备抗金。

虽然事后我们知道,赵构此时纯粹就是个大忽悠,他只是打出抗金的幌子而已,等他登基做了皇帝,比赵桓的胆子还要小。但是此时此刻,全国人民都把希望寄托在他的身上。岳飞也被感召,一心想要投奔抗金前线。可是家里有年迈的老母亲,还有幼小的儿子,作为家里唯一的壮年男子,岳飞陷入了纠结。

岳飞的母亲看懂了儿子的心思,鼓励他前去,还为他在后背上刺了"尽忠报国"(注意,不是"精忠报国")四字,让他当作座右铭来践行。岳飞大受鼓舞,带着母亲的期望,泪别妻儿老小,毅然决然地冲向抗金前线。

岳飞加入了将军刘浩的军队,而刘浩归赵构领导。刘浩交给岳飞的第一个重要任务是带领一支三百人的骑兵队伍,往李固渡(今河南滑县西南沙店南三里)侦察敌情。半路上,他与金兵正面遭遇。

岳飞临危不惧,凭借高强的战斗力杀死金兵头目,金兵吓得四散退去。后来,岳飞又在滑州南与金兵正面遭遇,他再次展现了出色的战斗力,以一百名骑兵杀退了数量远多于自己的金兵。经过这两次遭遇战,岳飞的名声更加响亮。

前文讲到,赵构集结起军队之后动起了小心眼,并没有营救都城汴京的意思,而是带着汪伯彦等臣属去山东躲了起来。这期间,主战派将军宗泽曾经提议赵构火速驰援汴京,不应该作壁上观,但是被赵构拒绝。

被拒绝后,宗泽依然坚持主张驰援都城,这让赵构有些不耐烦,最终拨给宗泽一万兵马，让他单独去驰援汴京：你不是嚷嚷着要救汴京吗？那你自己去吧，反正我不去！

这一万兵马里就有岳飞及其领导刘浩。宗泽带领部队先与盘踞在开德府（今河南濮阳）的金兵展开恶战，先后发生十三次交手，全部取得胜利。在这些战斗中，岳飞充分展现出勇猛的战斗力和高超的军事指挥能力，晋升为修武郎。

宋朝武官共有五十三个官阶，修武郎属于第四十四级，换言之，岳飞从基层小兵做起，已经凭借战功升了九级。这一年，他二十四岁。

转过年来，岳飞随军转战曹州（今山东曹县），再次与金兵进行了激烈的战斗。他带头冲锋陷阵，追着战败的金军打，一口气追出去好几十里。战后论功行赏，岳飞晋升为武翼郎。武翼郎是武官的第四十二级，换言之，他凭借曹州战功一下连升两级。

宗泽、刘浩、岳飞打败金兵是给国人长志气，值得庆贺，可是赵构却不这么想，他觉得这样会彻底激怒金国，引发金国更加猛烈的报复。鉴于此，赵构对宗泽的军队进行了拆分，把刘浩的兵马剥离出来归黄潜善指挥。黄潜善一直是投降派，把刘浩军交给他，便可以压制其战斗力。

赵构的做法是不是非常荒谬？不是没有精兵强将，是他确实不争气啊！

此时，黄潜善手里掌握着三万多人马，却按兵不动，只有二万多人马的宗泽只好与金兵孤军奋战。结果可想而知，金兵对汴京烧杀抢掠一番之后，押着赵佶、赵桓等人撤回北方，北宋宣告灭亡。

赵佶、赵桓是在这年四月被抓走的，五月初一，赵构迫不及待地在应天府即位。接下来便是前文讲过的，赵构做起"抗金秀"，起用主战派将领李纲为丞相，同时重用投降派黄潜善、汪伯彦来制衡李纲，对金国继续奉行软弱投降的方针。

赵构放弃汴京，逃到南方躲避起来，以享受帝王生活。岳飞跟着刘浩来到黄潜善麾下，空有一身杀敌本领却没有用武之地，一时冲动，竟然给赵构写了一封信，指出黄潜善、汪伯彦不可以重用，提议赵构鼓起勇气，亲率六军北渡，收复中原领土。

赵构还真的看了岳飞的信，为他的上书而暴怒：你一个四十多级的小军官，有什么资格指责朕害怕金兵！他回了八个字："小臣越职，非所宜言。"下令把岳飞开除军职，驱逐出军！岳飞战功清零，成了一个普通的爱国百姓。

他含泪离开了热爱的军营，回到家中。但他并没有放弃，而是寻找一切机会重返军营，实现抗金报国梦想。

在家赋闲了三个月以后，岳飞再次离家北上，渡过黄河，直奔大名府，因为宋、金双方正在这里交战。别看岳飞此时是个普通老百姓，他的战功及他被赵构御批开除的事情给他带来了巨大的声望，他来到大名府的军营时，受到了抗金名将、河北西路招抚使张所亲切会见，当即被纳入麾下。

张所是坚定的抗金派将领，正积极招兵买马，岳飞的到来让他非常兴奋。张所早就听说了岳飞的经历，对他十分同情，想把他留在身边重点培养。在张所的关照下，岳飞一路晋升为统制，归另一位抗金名将王彦直接领导。

岳飞本以为可以大干一场，可是当时的政治环境是，皇帝赵构及两位首辅大臣黄潜善、汪伯彦是根深蒂固的投降派，生怕得罪金国，只要有人抗金，就会被打压。抗金派李纲被罢相，张所也被贬发配到岭南，在半路上就去世了。王彦、岳飞这支军队因河北西路招抚司撤销而成为一支没人管、没人问的孤军。

此时，王彦把军队驻扎在新乡县（今河南新乡）外的石门山，而金兵正盘踞在县城内。对于要不要主动攻打新乡县城，王彦有些迟疑。作为下属的岳飞觉得王彦有点胆小，便做了一件违反军纪的事情：竟然带领部队擅自攻打新乡。幸运的是，他凭借超强的军事能力打败了金兵，攻占了新乡。

通过岳飞的一系列举动不难发现，他这个人说话办事有鲁莽、容易冲动的一面。他的领导不好当，需要时不时忍受他以下犯上。

金兵吃了败仗之后，立马从别的地方调集军队把王彦、岳飞的军队团团包围。王、岳军与金兵比起来，数量悬殊，只好硬着头皮突围。经过一番惨烈的激战，岳飞、王彦各自突围成功。

岳飞在战斗中负伤十多处，算是为自己的鲁莽付出了代价。他这才意识到之前违反军纪带来的严重后果，便带着部队找到王彦，登门谢罪。王彦感觉岳飞不是一个听从指挥的下属，拒绝收留他，让他带着自己的部队另谋出路。

岳飞有些难过，但是这也带来一个好处，那就是他可以按照自己的意愿与金兵打个痛快。他带着部队接连向金兵发起进攻，全部获胜，还俘虏了多名金兵大将。

有一个人始终默默关注着岳飞，这个人正是岳飞曾经的老领导宗泽。宗泽此时正负责留守都城汴京，他积极招募北方地区的义士、民间抗金组织加入。宗泽分别把王彦、岳飞纳入麾下，考虑到两个人之间有矛盾、难以共事，宗泽把岳飞安排在身边，直接听命于自己。

建炎元年十二月（公元1128年初），金兵再次南下，攻打孟州（今河南孟州）汜水关。宗泽任命岳飞为"踏白使"，给予他五百骑兵前去侦察敌情。结果，岳飞与金兵在汜水关交锋，并取得了胜利。

本来是派岳飞去侦察敌情，而后再派大军攻打金兵的，结果岳飞把两个任务合并成一个完成了，这让宗泽大为赞赏，将岳飞晋升为统领，不久又升为统制。

有一天，宗泽把岳飞单独叫到身边，语重心长地说道："你确实有打仗的天赋，历史上也很少有超过你的名将，但是你一直都是靠勇气打野仗，如果想将来成为一名纵横天下的大将军，需要系统学习排兵布阵。"

宗泽说完，拿出一套排兵布阵图交到岳飞手中。

岳飞接过来，说道："排兵布阵的打法是军事中的常规打法，关键还是要灵活运用，出奇制胜，不能拘泥于死法。我会好好学习的！"

宗泽看着岳飞，欣慰地连连点头。

建炎二年（公元1128年），宗泽已经六十九岁高龄了，他知道自己肯定等不到把赵佶、赵桓接回来的那一天了，岳飞是继承衣钵的最佳人选。宗泽把毕生所学传授给岳飞，寄希望于他将来可以替自己实现未竟的心愿。

这年四月，金兵撤回北方。宗泽认为，如果只是被动防御，永远不能接回二帝，与其坐以待毙，不如主动北伐，全力攻打金国老巢。到这年六月为止，宗泽连续向赵构上书二十四次，请求他同意北伐，得到的却是赵构的二十四次否决。宗泽气愤不已，怒火攻心，后背发疽，病倒在床，于七月初一含恨离世。临终前，他躺在床上，手指北方，全力高呼："过河！过河！过河！"喊完，便永远地闭上了眼睛。

宗泽病逝后，杜充继任东京留守，也就成为岳飞的新领导。杜充与宗泽完全相反，是完全的投降派，他上任之后做的第一件事，便是终止宗泽生前制订的北伐计划。

宗泽知道岳飞的耿直脾气，不管谁当东京留守，岳飞都会冒犯他，进而被打压排挤，所以他在临终前特意给岳飞安排了一个特殊的任务：自己死后，岳飞不得在开封久留，立刻带领士兵前往西京河南府（今河南洛阳），看护好宋朝皇陵。

通过这件事可以看出，宗泽对岳飞是多么呵护有加。试想，假如宗泽没有这个安排，岳飞一定会与杜充起冲突，到时候极有可能再次被免职甚至被开除军籍。

这年秋天，金太宗完颜晟再次下令南侵，目标有两个：一个是活捉赵构，另一个是攻占陕西领土。岳飞刚刚到达皇陵，便接到命令：前往汜水关阻挡金兵。

岳飞来到汜水关之后，拉弓射箭将金兵首领射杀，金兵立刻乱作一团。岳飞利用金兵的混乱，带领战士们发起冲锋，打了一个大胜仗。紧接着，岳飞又在另一处同金兵战斗取得胜利，被朝廷晋升为武功郎（武官第三十五级）。

建炎三年（公元1129年）春，杜充突然联系岳飞："我这个东京留守上任这么久了，还一直没有机会见到岳将军呢，请速回东京，交给你一个特殊的任务。"

其实，杜充请岳飞回来并不是因为欣赏他的才干，而是想搞一出借刀杀人的把戏。宗泽去世后，留下几个保卫东京的守城将领，岳飞提前被支了出去，还有两个将领张用、王善留了下来。杜充接替宗泽以后，张用、王善从心里瞧不起杜充，不听他的指挥，这让杜充对他们动了杀心。请岳飞回来，就是让这些原宗泽手下的将军们互相残杀，鹬蚌相争，杜充渔翁得利。

当时王善的军队驻扎在城东，张用的军队驻扎在城南，岳飞带兵回到东京之后驻扎在城西，三个人本应联合作战，肩负起守卫开封城的重要任务。

杜充见到岳飞后，直接挑明："我看张用、王善这俩人不可靠，与其等着他们叛变，还不如提前消灭，以绝后患。"

岳飞一听，杜充竟然是让自己去杀昔日战友，当然不乐意。他说："毕竟没有证据，直接取人性命，恐怕不妥吧？"

岳飞竟然也不听指挥，杜充直接翻脸，说道："请你搞清楚，我现在不是与你商量，而是给你下达任务。如果你不能完成，我立马下令以军法将你问斩！"

此时的岳飞已经不是当年的愣头青了。当年，他看不惯谁，完全不给对方面子，转身就单干。现在他经历的事情多了，加上宗泽长时间以来的精心培养，他为人处世更加圆融。岳飞硬着头皮带兵攻打张用、王善。双方在南薰门交火，岳飞竟然以仅仅八百人击退了张用、王善数万人的军队。事后，杜充将岳飞晋升为武经大夫（武官第三十二级）。

对于下一步何去何从，王善、张用两个人意见不一致。王善经过此事，对宋朝产生了很大的恨意，想要带兵攻打别的地方来复仇，张用则认为其中一定有误会，大家都是宋朝人，哪能自相残杀，所以他宁可选择成为一支没有编制的游击军队，也不会去故意杀害同胞。

王、张二人一拍两散，张用找了个山头，当起了山大王，最终被岳飞收在自己帐下。王善则铁了心要报复宋朝，攻打起淮宁（今河南淮阳一带）来。岳飞无奈，多次征讨王善，王善哪里是岳飞的对手，被迫四处流窜，最后心一横，索性投降了金国。

经由这一系列战争，岳飞晋升为武德大夫（武官第二十八级）。这一年，他二十七岁。

海上避难

前文讲到，金兵南下，宋高宗赵构吓得南逃至建康。还在东京驻守的杜充动起了小心思："皇帝在建康过得挺开心，既然如此，我又何必在这北方待着呢？不如找个借口去建康享受几天太平日子吧！"于是，他突然打出"保护皇帝安全，前往建康勤王"的政治口号，准备收拾好东西，放弃东京，直奔建康而去。

岳飞接到杜充南撤的命令后，瞬间惊呆。经过这么多次艰苦的对敌作战,好不容易取得了一些胜利,现在竟然要全部放弃,说走就走?

他找到杜充,苦口婆心地劝说道:"中原地区的领土一寸也不能放弃啊!如果现在走了,中原一定会被金国占领,将来想再夺回来,至少需要几十万精兵。到时候,到哪儿去找这么多士兵?"

杜充还是老一套:"请你搞清楚,我现在不是与你商量,而是给你下达任务。如果你拒不执行,我立马下令以军法将你问斩!"

岳飞心里恨得牙痒痒,可是他又想起宗泽对他的谆谆教诲——千万不要一言不合就违反军纪,只好强忍愤怒,率军随杜充南下。

杜充一行人等前脚刚刚离开,都城东京便陷落于金兵之手,老百姓无不对杜充破口大骂。

然而,赵构不但没有责备他擅离职守,反而将他升任右相,并把防守长江下游的任务交给他,自己则逃回被他升为临安府的杭州。

建炎三年(公元1129年)秋,金军再次兵分多路南下。挞懒(又名完颜昌)率军进攻淮南,金兀术率军进攻江南,向赵构所在的临安杀了过来。这次金国寄希望于一举活捉赵构,占领整个南宋。

十一月初,金兀术抵达长江北岸,距离建康不到一百里。此时,杜充正在建康城里,一方面向赵构虚假汇报说自己正在为防御金兵做准备,另一方面则躲在屋里不采取任何措施。

岳飞猜透了杜充的心思,他这是要投降,便闯进他的家中,哭着求他调集军队,积极防御。但杜充就是不表态。

金兵渡过长江以后,杜充才让岳飞等人率军出兵。但他把将军们都派出去并不是为了抗金,相反,是为了更好地迎接金兵入城。军队被带走以后,杜充投降金国,献上建康城。

岳飞听说建康被白白献给金国,既生气又无奈,只好把军队临时驻扎在钟山一带,以观察局势变化。

杜充是赵构新任命的丞相,又是负责防守长江的第一军事负责人,现在竟然带头投降，这对南宋朝廷来说是巨大的冲击。赵构赶紧召集官员们商讨下一步的去向。

赵构道："诸卿，临安城怕是不能待了，大家需要再选一个更适合逃跑的地方了！"

大臣吕颐浩说："臣有一良策。"

赵构道："快快说来。"

吕颐浩道："金军都是骑兵，不习水性，我们可以乘船到海上避难。他们不习惯南方气候，抢劫完东西就会离开。等他们离开了，咱们再回到陆地。"

赵构听完，开心地说："这个提议好。以后就算他们再杀回来，我们就再乘船回到海上，等他们再走了，我们就再回来。这真是天下奇策！"

散会以后，赵构立即带着大家离开临安城，逃往越州（今浙江绍兴）。

值得一提的是，此时驻守徐州的将军名叫赵立，带领三万士兵想要追随并保护赵构，在行军到楚州（今江苏淮安）时与金军发生遭遇战。赵立军英勇善战，与金兵展开了激烈厮杀。赵立自己被箭射穿脸颊，失去了语言能力，但他依靠手势继续指挥战斗。

岳飞军在广德（今安徽广德）与金兵展开作战，六战六胜并活捉金国大将王权。赵构已经逃跑，没人关心前线的后勤保障，导致岳飞军打到后来连粮食都没得吃了。岳飞命令战士们吃树皮草根，不许抢老百姓的一粒粮食。岳家军在老百姓的心目中树立起极高的威望。

即便是在缺少粮食的情况下，岳飞在常州再次打败了金兀术的主力部队。金兀术发现岳飞不好对付，就带领军队绕过广德，躲开岳飞，直接杀向临安城。沿途竟然没有遇到一个宋朝士兵，金兀术情不自禁地感慨道："要是赵构安排哪怕是一点老弱残兵来阻挡我们，我们也不至于前进得如此之快啊。"

就这样，金军很轻松地占领了临安。听到临安失守，赵构立刻从越州逃往明州（今浙江宁波）。

金兀术听说赵构又逃跑了，日夜兼程地追了过去。赵构命人赶紧临时凑了二十只船，匆匆忙忙从明州出发，驶向大海。

当时是初冬季节，海上下起了大雪，海风呼啸，船上所有人都冻得瑟瑟发抖。赵构这时候又后悔不该听吕颐浩的建议，来到海面上挨冻，眼见着马上到了一年一度的春节，便想驶回陆地。

就在赵构的大船即将靠岸时，传来新的消息，说金兵刚刚占领越州，即将杀向海滩，吓得赵构立马下令调转船头，开向台州（今浙江临海）。

建炎四年（公元1130年）正月，春节刚过，金兀术的大军便占领了明州。金兀术听说赵构已经坐着大船去海上避难，便连夜冒雨来到昌国县（今浙江舟山定海区），组织起一支航海队伍，即刻出发，前去搜寻赵构的龙船。

赵构逃跑前，派将领张公裕率领士兵划船守在后面。其与金军正面遭遇，展开袭击。金军过去从没有过水上作战的经验，不敢应战，立马回到陆地，烧杀抢掠一番之后，引兵撤回北方。

赵构听说金兀术已经撤退，赶紧在温州（今浙江温州）靠岸，终于结束了寒冷、凄惨的海上之旅。

金兀术南下时几乎没有遇到阻碍，导致他撤退时过于轻敌，在镇江遭到了宋朝名将韩世忠的阻击。韩世忠的妻子梁红玉巾帼不让须眉，亲自为丈夫击鼓助威。韩世忠战力爆发，双方交战数十回合，金兀术的女婿被生擒，金兀术也差点被俘。

金兀术万万没想到宋朝竟然有如此猛将，立马认怂，提出以掠夺来的全部物资和金国宝马作为交换条件，乞求韩世忠给他留一条退路。韩世忠当即拒绝。

金兀术被迫逃走，韩世忠步步紧逼。岳飞闻讯，也赶来协助韩世忠。

韩世忠以八千兵力与十万金兵在黄天荡（在今江苏南京东北）相持四十八天，将金军牢牢盯死，金军插翅难飞！

金兀术再次派出使者与韩世忠讲和，韩世忠放出狠话："如果把我们的二位皇帝放回来并归还你们侵占的全部领土，我就放你回去！"金兀术不能答应，狗急跳墙，放火烧了宋军的几只战船，趁乱逃回长江以北。

赵构没有想到宋军竟然以少胜多，乐呵呵地从温州逃往越州，后来又重回临安。

卖国贼的不归路

南宋的皇帝遇到敌人就害怕、逃命，把敌人想象得比自己强大。而金国皇帝虽然知道宋朝皇帝及官僚集团普遍怯懦，但他们清醒地认识到，要想吞下整个宋朝领土并让当地老百姓服从自己的管理，是不可能实现的。所以从一开始，金国就定下了"以汉治汉"（或者说"以宋治宋"）的统治方针。

前文曾经讲到的张邦昌便是金国扶植起来的"伪楚"政权的皇帝。金军从江南撤回北方以后，又在攻占的山东、河南地区树立起第二个傀儡政权，定国号为"大齐"，册封宋朝叛国者刘豫为皇帝。

刘豫，永静军阜城（今河北衡水阜城）人，出身农民家庭，父母疏于管教，童年时期就品行恶劣，有偷盗同学物品的行为。

他虽然人品差，但是学习成绩好，北宋元符年间（公元1098年—1100年）成功考取进士，步入仕途，后被封为河北提刑。金国侵略宋朝之后，胆小怕事的刘豫直接辞了职，一口气向南跑到仪真（今江苏仪征）躲了起来。

刘豫从北宋灭亡一直躲到南宋建立之后,又蠢蠢欲动,想在南宋讨个官做。他与中书侍郎张悫私交甚好,于赵构登基之后,在张悫的引荐下,被任命为济南知府。

这本是一个很好的工作,可是刘豫胆小怕事的毛病又犯了。当时山东各地都有盗贼出没,治安不佳,刘豫怕去了以后被盗贼欺负,所以请求换个地方执政。朝廷又不是你刘豫家的,岂容你随意任性,遂驳回了刘豫的请求。刘豫只好愤愤不平地前往济南上任。

巧合的是,刘豫刚上任不久,金兵便来攻打济南。刘豫只好硬着头皮让儿子刘麟出战,但寡不敌众,被金兵包围。

金国派出特使来做刘豫的思想工作,希望他可以背叛宋朝,效力金国。刘豫还在为之前朝廷让他来济南的事情愤恨,因此不假思索就答应了。

这里还有一个插曲:刘豫手下有一位名叫关胜的武将,当场呵斥刘豫的卖国行为,刘豫将其杀死。这位关胜,便是《水浒传》里大刀关胜的原型。

刘豫比之前的张邦昌还要无耻。张邦昌是被迫当伪政权的傀儡皇帝,刘豫则是主动向金国申请,希望成立伪政权,由他来当这个傀儡皇帝。金国专门派人过来调研,把当地的一些百姓叫到一起,问他们选谁来当这个皇帝最合适。刘豫竟然提前安排自己的老乡张浃站在人群中,大声喊:"刘豫!刘豫!"本来就没人愿意选傀儡皇帝,现场只有刘豫的名字被喊了出来,于是金国就选定他来当皇帝。国号为"大齐",定都大名府(今河北邯郸大名东北),统治范围为金国占领的宋朝黄河以南领土。

对于金国而言,仅仅建立一个傀儡政权帮他们统治宋朝老百姓是远远不够的,他们更要在南宋朝廷高层进行策反。这一次,他们物色的最佳人选是在整个中国历史上都赫赫有名的大卖国贼——秦桧。

秦桧，字会之，出生于湖北黄州（今湖北黄冈黄州区）江边的一条船上，后搬家到江宁，正史通常将他定为江宁人。父亲秦敏学，曾经做过县令。

秦桧的第一份工作是私塾先生，教有钱人家的孩子读书，靠不多的学费勉强糊口。他不甘心于一辈子当个教书先生，曾经立下豪言："若得水田三百亩，这番不做猢狲王！"

秦桧一边教书，一边继续考取功名，于二十五岁时考取进士，而后又考中词学兼茂科，担任太学学正一职，成为朝廷教育系统的公职人员。

秦桧之妻王氏家的人，包括岳父王仲山，在金兵侵略宋朝时主动投降。但在宋钦宗赵桓执政之初，秦桧上书，主张对金兵不能显示出怯懦的态度，应该以牙还牙，坚决反击。这让赵桓及文武百官认定秦桧是一个坚定的抗金派。后来，赵桓有意让秦桧到张邦昌手下工作，而张邦昌当时担任的职务是"河北割地使"，负责与金国商讨割地赔款的事情。秦桧认为这个工作的主旨是割地求饶，有违自己坚定抗金的政治主张，三次给赵桓上书请求辞职，赵桓都没有答应。

金兵多次找宋朝要求割地，赵桓专门召集大臣商讨。当时共有一百零六名大臣参会，七十人同意割地，三十六人反对，秦桧就在这三十六人之中。此后不久，秦桧升御史中丞。

金兵攻陷东京之后，将赵佶、赵桓，以及诸多王子、公主、妃嫔、大臣以人质身份押回金国，其中就有秦桧。就在这时，有意思的事情发生了：被押到金国的大臣分成两类，一类宁死不当亡国奴，被金国杀害，还有一类主动摇尾乞怜，当起了卖国贼。昔日坚定的抗金派秦桧，就在这时候实现了"华丽转身"，带头当了卖国贼。

他使出浑身解数讨好金国的皇亲国戚，粘罕被秦桧拍马屁拍得十分开心，赏赐给他一万贯钱、一万匹绢。别的人质都被流放到东北的显州（今辽宁北镇东南），唯独秦桧被留在繁华的燕山府，还封了个参谋军事的官。金兀术还宴请过秦桧，甚至安排他与金国的皇亲国戚坐在同一桌。

建炎四年（公元1130年），金国大将挞懒率兵南下，进攻山阳（今江苏淮安），捎带着秦桧及其家属返回中原地区。这年十月，秦桧出现在南宋朝廷所在地临安。

众人见到秦桧，大吃一惊，连忙问道："你是怎么逃回来的？"

秦桧的谎话张嘴就来："在金国，我一直临危不惧，任凭他们怎么拷打我，誓死不当亡国奴！金人拿我没办法，就把我囚禁了起来。有一天，我终于等到机会，把监视我的金兵杀死，抢了一条小船逃了出来。"

秦桧的话只能骗过一小部分人，许多人对他持怀疑态度。但他在朝廷有两个好朋友：丞相范宗尹和同知枢密院事李回。他俩在赵构面前极力推荐秦桧并为他的忠诚担保。最终，赵构接纳了秦桧。

秦桧这次回来，带着金国交给的特殊任务。前文讲到，金国人知道自己无法完全吞下整个宋朝领土，便想暂时与南宋划江而治，以有充分的时间慢慢巩固对北方的统治。秦桧这次回到南宋，任务就是说服赵构放弃已经被金国占领的半壁江山，接受划江而治。

赵构本来就一心要与金国议和，在他看来，北方的半壁江山再也拿不回来了，与其这样，倒不如给金国送个顺水人情，换取对方不再侵略南方，让他安心享受帝王生活。秦桧就成为唯一一个沟通金、宋双方的信使，自然深得赵构器重，很快被晋升为参知政事。

秦桧的胃口不止于参知政事一职，他的目标是当丞相。此时的丞相是保荐他的好朋友范宗尹，秦桧便想办法排挤他，至于昔日的友情和恩情，秦桧完全不考虑。对秦桧而言，国家都可以出卖，朋友又算得了什么呢？

一次，范宗尹建议讨论宋徽宗赵佶执政以来朝廷滥加封赏的事情，并建议废止这些政策。秦桧事先单独与范宗尹讨论时，极力赞成范宗尹，可到了与赵构一起开会讨论时，赵构非常生气，反对范宗尹的建议，秦桧便突然翻脸，大声赞同赵构并痛批范宗尹。这相当于给范宗尹下了一个套，将他出卖了。

范宗尹这才发现，秦桧原来竟然是如此卑鄙无耻、忘恩负义的小人。但为时已晚，不久，他便被罢相。

这时候，秦桧又发动舆论攻势，到处跟人说："我有两条神策，可以解决天下动乱的难题。"

别人听他这么说，问道："那你怎么不讲给皇上听呢？"

秦桧阴阳怪气地说道："现在国家没有丞相，我就算说出来，也没法执行啊！所以我还是不说了。"

秦桧见人就说这一套词。没多久，这些话陆陆续续传到赵构的耳朵里。赵构心想："既然秦桧如此忠诚，还有安天下的良策，那就让他暂时代理丞相一职吧！"就这样，秦桧拜相。

与秦桧一起搭班儿当丞相的，还有之前建议赵构去海上逃难的大臣吕颐浩。秦桧野心勃勃，总想大权独揽，无法忍受还有另外一个丞相与自己平起平坐，于是又把魔爪伸向了吕颐浩。

他找了一大批党羽，到处散播舆论："古代的周宣王之所以能够实现中兴，就是因为让两个丞相分管内政与外政，互不影响。"

这些舆论很快在朝廷中散播开来，慢慢影响到赵构。赵构觉得很有道理，下旨宣布吕颐浩分管军事，秦桧分管政务。接到通知的吕颐浩立马离开朝廷，前往镇江管理军务。至此，朝堂之上只剩秦桧一位丞相，他专权跋扈，气焰嚣张。

再说秦桧所谓的良策，指的是按照户籍，北方人回到金国侵占区，南宋只保留户籍是南方人的土著居民。这个政策大大利于金国而不利于南宋，因为南宋政权是从北方逃到南方的，官员和士兵主要是北方人，如果让所有北方人回老家，南宋政权也就被掏空了。由此可以看出，秦桧就是打入南宋朝廷高层的高级奸细，他的任务是通过影响南宋朝廷的决策为金国谋取利益。

赵构一开始没想清楚这个逻辑，后来越想越不对劲。刚好吕颐浩的同党对秦桧展开报复式弹劾，他便免去秦桧丞相一职，还放出狠话，说对秦桧"不复用"。

8 卖国称臣

赵构当年能够登基，废除张邦昌的伪楚政权是一个重要原因。现在又出现了刘豫做皇帝的伪齐政权，赵构无论如何都要攻打刘豫。

赵构派出军队，刘豫没有军事才能，接连吃了败仗，向金国求援。金兀术不得不带兵南下，帮着刘豫攻打宋军。

时间一久，金国发现，他们扶植起来的刘豫不但不能给他们分忧解难，反而真像皇帝一样，处处需要他们帮忙，这比金国自己统治占领区还费劲。与此同时，在金国占领区内，针对金兵的民间起义频频爆发，这让金国苦不堪言。基于这两个原因，金国进行了战略调整，决定废掉刘豫，把北方占领区归还给南宋。

金国打算这么做并不是良心发现，而是想借用赵构的手来镇压各地的民间反抗力量。为了表示诚意，金国提出，可以归还宋徽宗赵佶的灵柩、赵构的亲妈韦太后，与此同时，赵构必须向金国称臣，按时纳贡。赵构当即表示同意。要想和金国有更好的沟通，秦桧无疑是最佳人选，因此赵构恢复了秦桧的相位。

议和的消息传出去之后，许多大臣表示反对，理由是，过去即使被打得到处跑，至少是独立国家，现在主动向金国称臣，性质就有了根本变化。赵构与大臣们发生了激烈的争执，最终将反对议和的大臣全部罢免。

从此之后，秦桧更加专权，在朝廷中已没有可以制约他的人。

双方商议妥当之后，金国派出使臣来到临安城住持对赵构的册封仪式。金国使臣提出，赵构必须下跪接受册封。消息一出，满朝文武、临安城的老百姓全都痛骂金国欺人太甚。武将也放出狠话，如果赵构下跪，他们将会兵变示威！

矛盾焦点全部集中在赵构一人身上，他急得像热锅上的蚂蚁。这时候，一肚子坏水的秦桧站了出来，对赵构说道："陛下不必焦虑，臣有个折中方案，或许可以让您免于下跪。"

赵构双眼放光，说道："快讲，快讲！"

秦桧道："臣现在是当朝丞相，可以去同金国使臣商量，由臣代替您行下跪之礼。"

赵构道："金国使臣会同意吗？"

秦桧道："臣这就去与金国使臣商量，请陛下等臣的消息。"

秦桧说完，起身离开。见到金国使臣，他把声音放低，悄悄说道："这里没有外人，想必二位出发前也知道了我的真实身份，咱们算是自己人。"

两位金国使臣连连点头，说道："潜伏了这么久，辛苦了。"

秦桧道："现在反对我们皇帝下跪的呼声很强烈，军队放出狠话要造反。二位听我一句，别逼得太紧，否则真出了乱子，二位的人身安全也会不保。"

金国使臣问："您有什么建议？"

秦桧道："我跟我们皇帝说了，我以丞相身份代替他下跪。二位抓紧办完册封仪式，回去领功吧！"

金国使臣笑着连连点头。

就这样，秦桧代替赵构跪在地上接过了金国的诏书。

绍兴九年（公元1139年）春节期间，赵构正式宣布了本次议和的主要内容，史称"绍兴和议"：

1. 南宋对金国称臣，金国册封宋高宗赵构为皇帝，每逢金国皇帝生日及新年，赵构必须派人前去祝贺。

2. 划定新边界，东以淮河中流为界，西以大散关（今陕西宝鸡西南）为界，以南属宋，以北属金。

3. 南宋每年向金国上供白银二十五万两、绢二十五万匹；

4. 金国归还宋徽宗赵佶的灵柩梓宫、赵构的亲妈韦太后。

值得一提的是，所谓宋徽宗赵佶的灵柩，只是一个象征性物件。《金史·初兴风土》载："死者埋之，而无棺椁。"宋徽宗死时按金俗埋葬，由于无有棺椁、不留封土，找不到遗骨，才在后来灵柩南归时出现了空棺。

协议定好之后，赵构对秦桧大大封赏，整个朝廷上下还举行了隆重的庆祝活动，十分荒谬。

宋朝诗人林升有一首《题临安邸》的诗，对此描绘得极为贴切：

山外青山楼外楼，
西湖歌舞几时休？
暖风熏得游人醉，
直把杭州作汴州。

明明已经国破家亡了，南宋的统治阶级竟然还有心情在这杭州城里纸醉金迷、醉生梦死，似乎忘记了杭州只是行都，沦陷了很久的开封才是宋朝真正的都城。

残害忠良

"绍兴和议"对赵构来说是最好的结果，他从此不用再担忧金国南下入侵，终于可以在临安好好享受太平日子了。岂料，天有不测风云，局势又发生了逆转。

原来，主张与赵构议和的是金国大将挞懒，"绍兴和议"后不久，金国发生了政变，金兀术将挞懒杀死并取而代之。金兀术是激进的好战主义者，历来反对与南宋签订和平协议，"绍兴和议"被快速推翻，赵构短暂的幸福时光匆匆画上了句号。

绍兴十年（公元1140年）五月，金兵分四路气势汹汹地再次南下。这一次，金兵突飞猛进，快速夺取了河南、陕西的大面积领土，直奔东京而来。金兀术亲自带十万精兵抵达东京城外，留守东京的宋朝官员二话没说直接投降，迎接金兀术进城。

金兵在东京短暂休整后，继续向南方推进，目标直指南宋朝廷所在的临安。赵构听说消息之后，吓得坐卧不安，心里想的是通过割地赔款的方式求金兀术再次与他签订和平协议，但是迫于民间日益高涨的抗金呼声，只好派出岳飞、韩世忠、张俊三位将军迎战金兀术。

岳飞带兵北上，一举收复被金兵占领的多座城池，而后带领五万骑兵驻扎在郾城（今河南漯河郾城），以防孤军深入而遭遇伏击。金兀术得到情报，立刻亲自率领一万五千骑兵直奔郾城而来，发誓要一举活捉岳飞。

金兀术十分重视对手岳飞，用上了金兵的两大王牌军"铁浮图"和

"拐子马"，以"铁浮图"为主力，展开正面进攻，以"拐子马"在左右两侧夹攻。岳飞则让儿子岳云亲自挂帅，率领八千多"背嵬军"和"游奕军"迎战。

岳飞知道金国骑兵很厉害，另行选派步兵，手持提刀、大斧，专砍金兵的马腿，导致金兵纷纷摔下战马。岳家军将士与金军展开近身肉搏，自下午杀到天黑，金兵尸横遍野，终究敌不过岳家军，溃散而逃。

在岳飞大战金兀术的同时，韩世忠、张俊分别在江苏、安徽地区与金兵展开激烈战斗，收复了多座城池。很多自发组织起来的地方武装也积极协助朝廷军队抗金，他们崇拜岳飞，自发打出"岳"字旗，期待有一天能和心目中的大英雄岳飞并肩作战。

岳、韩、张在不同的战线都给予金兵以重创，这时，最紧张的不是金国，而是身在南宋的秦桧。秦桧可是带着金国交给的任务潜伏在南宋的，现在南宋对金国接连取胜，他担心会被金国皇帝责罚，于是勒令岳飞停止北上。

岳飞知道胜利来之不易，迟迟不肯退兵。秦桧下令把张俊等其他将领调了回去，只剩岳飞孤军在外，而后以"孤军不可久留"为借口，劝岳飞为将士们的安全考虑，赶紧撤退。可岳飞就是不肯离开抗金前线。

秦桧召不回来岳飞，便去做赵构的工作。赵构心里想要的是偏安于临安，而不是收复北方失地，因此同意秦桧的做法，一天之内对岳飞连下十二道金牌，勒令他马上退兵。岳飞拿着金牌，泪流满面，喃喃自语："过去十年的努力，今天全部荒废了……"

岳飞带着愤恨离开，之前收复的城池马上被金兵抢了回去，在战斗中牺牲的将士们就这么白白浪费了生命。

如果岳、韩、张三位将军不取得抗金的胜利，赵构不会多想，现在他们三个接连打了胜仗，威望越来越高，让赵构敏感起来，想道：这三个人会不会像当年苗傅、刘正彦那样再搞一次政变呢？与其坐以待毙，不如提前下手。

赵构决定趁着岳、韩、张三位将军撤军的机会，削弱其兵权，以防止他们兵变。这再次体现出宋朝皇帝及文官的特点：外战外行，内战内行。前方将士们奋勇杀敌，后方的皇帝想的反而是提防他们。

三位将军回到临安之后，赵构让秦桧主持盛大的晚宴。他在宴会上对三位将军给予了充分的肯定，宣布晋升韩世忠、张俊为枢密使，岳飞为枢密副使，三位将军即日起到新的办公地点展开工作，不必返归军营。

赵构这么做，表面上是给三位将军升职，实际上一举剥夺了他们的军权。三个人看懂了赵构的心思，虽然心有不甘，但也只能遵从。

不要以为这就是三位将军的最终归宿，赵构的小动作才刚刚开始。等他们安定下来之后，赵构派张俊、岳飞去韩世忠的驻地楚州秘密视察工作。

张、岳临行前，秦桧把他们叫到跟前，说："二位觉得，为什么让你们去视察韩家军？"

张、岳摇头，表示不理解。

秦桧阴险地说道："希望你们去搜集韩世忠的犯罪证据。朝廷想要扳倒韩世忠，你们可要好好把握这次立大功的机会。如果韩世忠倒台，二位可以把韩家军一分为二，各自吞掉。"

岳飞听完，当时就炸了，指着秦桧的鼻子骂道："韩将军为朝廷浴血奋战，收复了那么多沦陷的国土，你怎能如此下作？！"

岳飞说完转身离开。秦桧看着张俊，说道："你要效仿岳飞，违抗圣上的命令吗？"

人与人毕竟是不同的，张俊在秦桧的压迫下，没有勇气像岳飞那样站在正义的一边，而是选择了卖友求荣，答应秦桧前去搜集韩世忠的犯罪证据。张俊之所以投靠秦桧，还有一个原因：他一直嫉妒岳飞的能力与才华，有机会抱上当朝丞相秦桧的大腿而排挤岳飞，是他求之不得的事情。

经过这件事，赵构发现岳飞的脾气比当年搞出兵变的苗傅、刘正彦还要大，因此对岳飞动了杀心。秦桧则刚刚收到了金兀术的密信，信中写道："你的使命是让南宋放弃抵抗，而岳飞一直想要收复北方领土，而且他还杀死了我的女婿，此仇不得不报。你一定要想办法尽快杀掉岳飞！"

赵构、秦桧想杀岳飞的原因不同，但是目的一致，两个人在这件事情上保持着高度默契。

民间一直有个说法：赵构想杀岳飞是因为岳飞总说要请回北方的赵佶、赵桓，让他们取代赵构当皇帝。那么，这个说法成立吗？

答案是：否。

注意，最早提出迎回"二圣"（宋徽宗赵佶与宋钦宗赵桓的合称）的恰恰是赵构。不管赵构提出这个口号是否基于真心，皇帝喊出来的口号，下面做大臣的怎么能不响应呢？满朝文武一定都附和这个口号，难道赵构要杀光他们吗？

岳飞跟着张俊来到韩世忠的军队，只是就具体业务问题发表看法，对搜集韩世忠的犯罪证据没有任何兴趣。岳飞、张俊一起视察城墙，针对是否加固城墙的问题发生了争吵。

张俊提出："现在应该及时加固城墙。金兵打过来之后，我们就可以安全地躲在城池里。"

岳飞听完火了，说道："你这话我就不爱听了。一个将军，不想着怎么击退敌人，却想着给自己找退路。"

张俊听完，内心也十分恼火，伺机对岳飞展开报复。

等到两个人视察完毕回到朝廷，张俊单独向秦桧、赵构写了一份黑材料，"汇报"了与岳飞视察韩家军的全过程，造谣说："我和岳飞就是否加固城墙的问题产生了分歧，岳飞竟然说要朝廷放弃现有领土，退到长江以南，简直是个卖国贼！"

好家伙，全南宋最坚定抗金的大英雄在张俊口中变成了卖国贼。

秦桧看完材料，内心狂喜，他早就想对岳飞下手而苦于找不到切入点，这不就有了？他私下授意自己的死党万俟卨、罗汝楫撰写弹劾奏章，向赵构告岳飞的黑状，要求将其罢官。

赵构看完材料，内心也是狂喜，他早就想罢免岳飞的官职而找不到借口，这不就有了？他假惺惺地对文武百官说道："韩家军所在的楚州可是朝廷的军事要地，如果楚州守不住，整个江南地区都会陷入危险。有丰富作战经验的岳飞不可能不懂这个道理，他却反对加固楚州城墙，这是何等居心？难道不是通敌行为吗？如此阴险狡诈的小人，朕还敢信任吗？"

这一下，黑白颠倒，民族英雄变成卖国贼。秦桧附和，对岳飞展开道德批判，还派人把这些谣言散布出去，误导老百姓。其余官员看到皇帝、丞相都表态了，趋炎附势地跟着批判岳飞。万俟卨还专门把抹黑岳飞的黑材料誊抄了一份，亲自送给岳飞阅读……岳飞读完这些材料，对朝廷失望至极，索性提出辞职。

赵构非常开心地批复了岳飞的辞职申请，让他去江州庐山旧居赋闲。

岳飞回乡养老，满足了赵构的诉求，却尚未满足秦桧。金兀术给秦桧的信中明确说明，必须让岳飞死，所以秦桧想办法升级岳飞的罪名。他思来想去，能够将岳飞置之死地的，只能是诬告岳飞谋反。

秦桧、张俊对岳飞的迫害分步骤进行。他们先把黑手伸向岳飞的忠实部将张宪，以威逼利诱的方式买通了岳飞的部下王贵、王俊，写了黑材料，即《告首状》，诬告岳飞及儿子岳云串通张宪谋反。

《告首状》呈上来之后，张俊立马把张宪逮捕入狱。张宪入狱之后，遭遇了严刑拷打，但始终不屈服。毫无结果之下，张俊竟捏造张宪口供，"谓收岳飞文字谋为变"。

秦桧拿着黑材料，提交给赵构。赵构一直对当初的苗、刘兵变心有余悸，现在听说岳飞父子竟然要历史重演，当即震怒，下令批捕岳飞和岳云。

岳飞入狱之后，主审官名叫何铸。岳飞见到何铸，立马脱去上衣，露出当年母亲在背上为他刻的"尽忠报国"四个大字。何铸见此情景，内心五味杂陈。他知道岳飞是被冤枉的，他没有迫于压力冤枉岳飞，对秦桧说："禀告丞相，臣通过审讯得知，岳飞确实没有谋反。"

秦桧懒得掩饰，说："你难道还没看出来？分明是皇上想要整岳飞，我也是顺势而为。"

何铸说："我是真审不下去了。"

秦桧说："无妨，我换个人。"

秦桧换了万俟卨做主审官。万俟卨本就是最早写岳飞黑材料的人，他坚定地执行秦桧污蔑岳飞的计划，装模作样地把黑材料摆在岳飞的面前，大声喊道："皇上待你不薄，你父子二人和张宪为什么还要谋反？"

岳飞道："我对天盟誓，没有一丁点对不起国家的行为。你与秦桧不要诬陷忠良！"

自此之后，任凭万俟卨怎么审问，岳飞都选择以沉默来对抗诬陷。秦桧、万俟卨恼羞成怒，对岳飞疯狂拷打，岳飞始终不肯屈从，最后试图以绝食来结束自己的生命。

秦桧把岳飞次子岳雷接入监狱，让他照顾父亲，劝岳飞不要自杀，赶紧认罪。

大理寺丞李若朴、何彦猷同情岳飞，与万俟卨展开了激烈的争论，为岳飞据理力争，被赵构罢官。大臣赵士㒟气不过忠良被诬陷，以全家一百多口人的性命担保岳飞无罪，被革职并驱逐出临安城。来自民间的文士智浃、刘允升、范澄之等很多同情岳飞的人纷纷上书为其申冤，全部被治罪。刘允升被判死刑，智浃、范澄之被流放，客死他乡。

此时的韩世忠已经没有军权，赋闲在家，专门找到秦桧质问道："说岳飞谋反，可有真凭实据？"

秦桧回答："其事体莫须有。"

韩世忠生气地说道:"丞相大人,'莫须有'三字,何以服天下?"

秦桧沉默不语。事后,秦桧意识到,如果不尽快将岳飞杀死,质疑的人会越来越多,于是,他联合万俟卨向赵构提请尽快结案,以免夜长梦多。赵构当即批示:"判岳飞、岳云和张宪死刑。"

岳飞最后在供状上只写下了八个大字:"天日昭昭,天日昭昭!"他受的是拉胁之刑,这种行刑方式十分残忍。岳云和张宪则被斩首。

岳飞去世时年仅四十岁,家产被没收,家属被发配到偏远地区囚禁起来。金国听说岳飞父子被赵构冤杀,当即举行宴会庆祝。

从赵构等人对待岳飞的态度来看,南宋受到金国侵略完全不值得同情,唯一值得同情的是手无寸铁、流离失所的普通民众和为国捐躯的将士。

侥幸小胜

"绍兴和议"之后,南宋与金国迎来短暂的和平期。在此期间,虽然赵构向金国皇帝称臣,每年都要搜刮海量民脂民膏向金国进贡,但是金国没有再驱兵南下,这让赵构得以安心享受这"来之不易"的帝王生活。

然而,幸福总是短暂的。没过几年,金国换了皇帝,完颜亮登基。他野心勃勃,誓要彻底消灭南宋政权,统一天下。就这样,赵构的太平日子又被打破了。

绍兴二十八年(公元1158年),赵构五十二岁。年初,出使金国的使臣孙道夫回国后,第一时间向赵构报告:"臣这次出使金国,接触到了他们的新皇帝完颜亮。据臣观察,完颜亮一定会再次兴兵南下。"

赵构完全不放在心上，说："是你多想了吧？这些年，朕举全国之力给他们进贡，他们有什么理由再次发动战争？"

孙道夫回道："他要发动战争，还需要理由吗？"

没多久，孙道夫便被罢官，贬出临安城。此后，陆续有出使金国的官员回来汇报说金国小动作不断，极有可能再次南下攻打临安。

此时秦桧已经去世，新任丞相汤思退继承了秦桧的亲金路线，忽悠赵构道："陛下放心，这些都是民间谣言，金国完全没有侵略我们的意图。"

听当朝丞相都这么说，赵构更加坚信金国会与南宋睦邻友好下去。直到绍兴三十年（公元1160年），大臣叶义问出使金国时目睹了金国正在造战船、准备武器，准备南下，回国后向赵构汇报，赵构才担心起来，罢免了汤思退的相位。

按照约定，每年春节的时候，南宋都要派人去金国拜年。绍兴三十一年（公元1161年）正月，代表南宋前去拜年的大臣名叫虞允文，他利用这次机会认真观察了金国的动静，目睹金国正在积极备战。他回国之后将所见所闻汇报给赵构，赵构相信了完颜亮即将南侵的事实。

果不其然，四个月之后，金国派使臣来到赵构面前，转述皇帝完颜亮的口谕："我要修改当初的协定，把国土边界向南扩展到长江，江汉之地归我国。这是命令，不是协商。如果不同意，今年秋天战场上见！"赵构听后，吓得不敢说话。

这年九月，完颜亮单方面撕毁和平协议，发兵六十万，对外宣称百万大军，兵分东、西、中和海军共计四路，一齐南下。完颜亮亲自统帅二十万东路军，直奔临安而来，以求速战速决。

赵构被逼无奈，罢免了亲金派官员，快速提拔主战派将领，对应金军的走向，分东、中、西、海四路军迎敌。他之前一厢情愿地认定金国会与南宋和平相处，在过去的一年多时间里，金国调兵遣将，而南宋错失了宝贵的备战期，如今大战爆发，毫无准备的南宋军队节节败退。

当年十月二十三日，扬州沦陷。消息传到临安，赵构大为惊恐，立马召集丞相陈康伯和御营宿卫使杨存中商量对策。

赵构说道："眼下这局势，朕可以效仿当年的做法。"

陈康伯、杨存中以为赵构想效仿当年岳飞的做法，积极发动民间武装与朝廷军合力抗金，可是等到听赵构把话说完以后，两人大跌眼镜。

赵构说道："朕可以遣散文武百官，让他们各自逃命，朕独自乘坐大船到海上避难。这一招保证有效！"

陈康伯说道："难道陛下没有发现，这一次完颜亮单独派了一支海军南下吗？他防的就是这一招啊！"

赵构听完，不知如何应对。

杨存中说道："当务之急，还有一招可以试试，只不过……"

赵构道："快讲，快讲！"

杨存中说道："御驾亲征。"

陈康伯附和道："只要陛下御驾亲征，便可大大调动官兵士气，与金国殊死一战，我们未必是输家！"

赵构问道："除了让朕亲自上，就没别的办法了吗？"

杨存中说道："要么御驾亲征，要么送上人头。"

赵构无奈，只好答应。就在他要与完颜亮决一死战时，他竟然得到一次好运气：金国发生了政变，完颜亮的弟弟完颜雍利用完颜亮带兵外出的机会，篡权称帝。

这个消息很快传到完颜亮的军营，立马军心涣散，乱作一团。有很多士兵原本就讨厌完颜亮而拥护完颜雍，现在听说完颜雍当了皇帝，立马开起小差，扔下兵器逃回北方老家。

完颜亮面临两个选择：要么直接回去找完颜雍算账，要么消灭了南宋之后带着赫赫战功回去，手里将会有更多谈判资本。自负的完颜亮选择了后者。

不过，他没能得偿所愿，被南宋将领虞允文大败于采石矶（位于今安徽马鞍山西南的翠螺山麓），战船几乎全部被宋军烧毁，伤亡惨重。这一下，完颜亮就像吸毒的瘾君子一样，吃了败仗反而更不愿撤兵，他更加需要打一场胜仗来挽回颜面。

十一月二十六日，已经失去理性的完颜亮把剩余兵力集中在一起，孤注一掷，做最后的豪赌。他对自家将士恶狠狠地说："所有人必须三日内渡江，否则不论官职高低，一律问斩！"

按照当时的人数及残余船只的数量，三天内只够一小部分人过江，这意味着大部分人会被处死，由此，完颜亮的手下耶律元宜等人产生了反叛之心。他们私下约定，次日天刚亮的时候发动兵变，事成之后返回北方投靠新皇帝完颜雍。

第二天早上，天刚蒙蒙亮，耶律元宜等人手持利刃杀向完颜亮的营帐。于睡梦中惊醒的完颜亮以为是宋军突袭，赶紧爬起来穿衣服。这时，一支利箭射入帐内，刚巧落在他的脚下。完颜亮拿起箭头一看，吃惊地喊道："这不是我军兵器吗？"话音刚落，第二支箭飞了进来，"噗"的一声闷响，插入他的身体。完颜亮口吐鲜血，应声倒地。

几位叛将冲进来，对着躺在地上的完颜亮一通乱砍，之后发现完颜亮竟然还在抽搐，便又用绳子把他硬生生勒死了。耶律元宜代行左领军副大都督事，放弃攻打南宋，撤回北方。

金兵内讧并撤军的消息传来，赵构高兴地笑出声。他让人找来一张完颜亮的画像，亲自在上面写诗嘲讽道："金虏曰亮，独夫自大。弑君杀母，叛盟犯塞。残虐两国，屡迁必败。皇天降罚，为戎狄戒。"

当然了，赵构也就是敢关上自家屋门快活一下嘴巴而已，本来这是多么好的乘胜追击的机会啊！

这一次，赵构侥幸捡了个大便宜，十分得意，专门离开临安，北上去了建康，向世人彰显自己打了个大胜仗。但他又担心金兵突然杀回来，只在建康停留了十来天，便又快速返回临安。

主动禅位

赵构登基之后，一直处于精神高度紧张的状态，时而放低身段向金国求饶，时而提心吊胆四处逃跑，精力透支严重，不到四十岁头发就已经花白，因此他早就有选好接班人、退休安享清福的打算。

当年赵构还是康王时，已经有王妃，名叫邢秉懿。靖康之变时，邢秉懿不幸与赵佶、赵桓等人一起被俘虏到金国。赵构称帝后，虽然象征性地封身在异国他乡的邢秉懿为皇后，但她并没有为赵构生下过孩子。

另有潘贤妃为赵构生下皇子赵旉。有一个说法仅供参考：维扬之变中，有一次赵构正在行房，突然听到金兵杀来，受到惊吓，从此丧失了生育能力，在赵旉之后便再无子嗣。苗、刘兵变中，赵构迫于威胁，曾经短暂让位于赵旉。二十六天之后，赵构复位，赵旉被迫退位，不久之后突然暴毙。自此之后，赵构便没有了继承人。

早在绍兴二年（公元1132年），赵构就命人寻找宋太祖赵匡胤的后代。最终找到宋太祖赵匡胤的两位七世孙：赵伯浩和赵伯琮。两人来到皇宫，并排站立，接受赵构的面试。这时，有一只猫从两人面前经过，赵伯浩踢猫一脚，赵伯琮则站着不动。通过这一细节，赵构认为赵伯琮比赵伯浩稳重，便留下赵伯琮并改名为赵瑗。绍兴四年（公元1134年），赵构又寻觅到赵匡胤的另一个后代赵伯玖，接入宫中通过面试后，也将其收养并改名为赵璩。

直到二十多年后的绍兴三十年（公元1160年），赵构才正式做出选择：立赵瑷为皇子，改名为赵玮，认赵璩为皇侄。

如今完颜亮南侵失败，五十多岁的赵构觉得实在太累了，在从建康返回临安程中，他决定传位给赵玮，自己安心当太上皇。

这一年是绍兴三十二年（公元1162年），五月，正式册封赵玮为皇太子，改名赵煜，后改为赵昚。六月十日，赵构正式下诏禅位。赵昚即位，便是历史上的宋孝宗。

秦桧旧宅在其死后就被赵构收回改筑新宫。赵构退位后，赵昚对其进行了奢华的重建，亭台楼阁、奇花异草一应俱全，取名"德寿宫"，供赵构享用。赵构从绍兴三十二年（公元1162年）退位到淳熙十四年（公元1187年）病逝，在德寿宫享受奢华的生活长达二十五年之久。

赵构活了八十一岁，这在"人生七十古来稀"的封建社会堪称高寿。他的一生与岳飞的一生形成了鲜明的对比，不禁让人叹息英雄命短、世事无常。

拾壹

宋孝宗赵昚：南宋第一明君

🐾 一位特殊的储君

赵昚于建炎元年（公元1127年）出生在秀州（今浙江嘉兴大部及上海部分区域），这一年也是宋高宗赵构登基执政的第一年。他的父亲赵子偁是宋太祖赵匡胤的第六世孙，是前文讲到的"八贤王"赵德芳这一分支的后代。

读过前文的读者已经了解，从宋真宗赵恒开始，到宋高宗赵构，历代皇帝都是宋太宗赵炅的后代，而赵匡胤作为宋朝的开朝太祖，其后代却一直没有机会坐江山。赵构唯一的儿子赵旉很早就去世了，他便想从赵匡胤的第七代孙（赵构属于第六代，找接班人需要比他低一辈）里找一个孩子，从小培养为皇位继承人。

通过"踢猫测试"，赵伯琮脱颖而出，便是后来的宋孝宗赵昚。当年，赵构带着六岁的赵伯琮进入后宫，去见张婕妤、吴才人和赵旉的母亲潘贤妃。

三个人正坐着聊天。见到赵伯琮进来，潘贤妃触景生情，想起了去世的赵旉，赶紧转过头掩饰悲伤的表情。张氏则面带微笑向赵伯琮招手，赵伯琮扑入张氏的怀抱。赵构便下令由张氏负责抚养赵伯琮。

绍兴三年（公元1133年），七岁的赵伯琮被赵构改名为赵瑗，并封贵州防御使。这个职位是虚职，不需要赵瑗做什么，仅仅体现他的地位而已。

赵构专门为赵瑗在宫中修建了一座资善堂，作为其读书学习的教室，由范冲、朱震担任其老师。赵瑗不负赵构所望，勤奋学习，曾在墙壁上题写杜甫的诗句"富贵必从勤苦得，男儿须读五车书"，让赵构颇为欣慰。

绍兴十二年（公元1142年），赵瑗晋爵普安郡王，他离开皇宫，搬进属于自己的郡王府，只是在每月的朔望两日（朔日是每月初一，望日通常是每月十五）回宫向赵构朝拜。此时赵瑗有了独立的思想，开始关注政局变动，他的第一个对手就是老奸巨猾的秦桧。

绍兴十四年（公元1144年）夏，衢州（今浙江衢州）发生了农民起义。秦桧为粉饰太平，对赵构隐瞒不报，私下派出军队前去镇压。赵瑗听说之后，把这件事汇报给赵构。

赵构听了赵瑗的汇报，把秦桧叫过来狠狠批评道："你好大的胆子！这么重要的事竟敢对朕隐瞒？"

秦桧吃惊，尴尬地解释道："臣觉得这都是些小贼寇，很轻松就能镇压，不足以占用陛下的精力。臣本来打算等到平定之后，才向陛下汇报。"

赵构看秦桧能自圆其说，便没有责罚他。事后，秦桧通过打听得知告密的竟然是赵瑗，便开始忌恨他，想找机会把他干掉。

其实，赵构有心故意在赵瑗与秦桧之间制造矛盾。岳飞死后，秦桧的权势越来越大，满朝文武都看秦桧的脸色行事，秦桧的相权很大程度上影响到了赵构的君权。再就是，秦桧对金国无条件地服从与忍让，这与赵构的根本利益不一致。赵构想要当偏安一隅的皇帝，他的底线是不能失去皇帝的宝座。秦桧则不然，宋朝存在，他是丞相，假如宋朝被金国灭亡，他依然可以领赏。所以秦桧与赵构在根本利益上先天不一致。

晚年的赵构有意打压秦桧，故意让皇位继承人赵瑗与秦桧形成对立，乐于见到二人展开斗法。有别的大臣来告秦桧的状时，赵构也会推到赵瑗身上。

秦桧更加仇恨赵瑗，想尽办法阻挠赵瑗继承皇位。赵瑗偏偏年少气盛，与秦桧针锋相对、毫不示弱，盯紧秦桧不放松。

绍兴二十五年（公元1155年）冬，秦桧病重。他让家人封锁消息，这样就可以让他的儿子秦熺以他的名义发号施令，实现继续操控朝政的目的。

赵瑗把这一切看在眼中，掌握了充足的证据之后便向赵构举报。赵构立马打着探望的旗号亲自登门，以探虚实。他看到秦桧确实病重，便放心了，又找借口让秦熺告老还乡，远离权力中枢。

秦桧意识到自己终究无力回天，怀着对家族利益的担忧，撒手人寰。

赵瑗与秦桧的斗法让他树立起很高的威望，满朝文武对他交口称赞。可是，赵构却一直没给他皇子的名分。

赵构有自己的小算盘。首先，赵瑗终究不是赵构的亲生儿子，把自己的皇位白白送给赵瑗，赵构还是不甘心。他寄希望于在赵瑗羽翼丰满之前，自己能够生出真正的后代，所以一直拖着，迟迟不肯册封赵瑗为太子。

其次，送入宫中培养的赵匡胤的后代，还有一个男孩，名叫赵伯玖（后改名为赵璩）。秦桧在活着的时候，到处为赵璩造势，企图让他取代赵瑗成为皇位继承人。日积月累下来，赵璩也有一定的势力，与赵瑗形成了竞争关系，动摇了赵构立赵瑗为太子的决心。

秦桧活着的时候，大家碍于其权势，不敢谈及立储话题。秦桧死后，立储的呼声日渐高涨。此时赵构年事已高，难以再生儿子，迫于舆论形势，他决定考虑此事。

他对赵瑗与赵璩进行测试，以判定优劣。他亲自抄写了两本《兰亭集序》，分别赐予赵瑗与赵璩，让他们回去之后各自临摹五百本。

赵瑗的老师史浩心眼比较多，告诉二人："皇上让你们写五百本，你们就要写七百本，这样才能体现你们对他的忠诚。"赵瑗听从史浩的建议，真就不辞辛苦写了七百本。反观赵璩，压根不写。这一关，赵瑗胜出。

紧接着还有第二关。赵构赐给赵瑗、赵璩各十个宫女，伺候他们的日常生活。过了一段日子，赵构突然把二十个宫女召回宫中，予以盘问："两位王子分别怎么对待你们的？如实汇报。"

去赵瑗府中的宫女说道："赵瑗王爷说我们是您赐的，待我们行对庶母的礼仪，对我们十分尊敬。"

去赵璩府中的宫女说道："赵璩王爷对我们动手动脚，毫无尊重。"

赵构的心中有了答案。

绍兴三十年（公元1160年），赵构正式宣布封三十四岁的赵瑗为皇子，加封为建王，改名为赵玮，立赵璩为皇侄。满朝文武一片欢呼。

8 孝道要尽够

绍兴三十一年（公元1161年），金国新皇帝完颜亮大举南侵。赵玮年轻气盛，想要立下战功，为将来登基称帝积攒政治资本，便给赵构写了一封慷慨激昂的请战书。

赵玮的老师史浩正卧病在床，听说赵玮写了请战书，拖着病体火速赶往建王府。他见到赵玮，劈头盖脸就是一通狠批："你怎么这么糊涂啊？！你要有大麻烦了！"

赵玮一脸的问号，问道："怎么了？"

史浩说道："太子不可以掌兵，这是历朝历代的大忌。你倒好，竟然主动向皇上索取兵权，这不是没事找事吗？"

赵玮问："皇上会多疑猜忌吗？"

史浩说道:"当今皇上大半辈子都在四处逃亡中度过,他都没有过御驾亲征的经历,你竟然主动要求带兵与金兵交战,这不是打他的脸吗?"

赵玮这才意识到自己确实鲁莽了。

史浩又说:"历史上唐玄宗李隆基的儿子李亨,就是因为背着父皇称帝,多少年来,一直背负不忠不孝的骂名。这都是历史的教训啊!你的书读到哪里去了?"

赵玮问道:"依老师看来,我该如何是好?"

史浩稍加思索,说道:"赶紧向皇上再次上书,说自己一时冲动才想带兵请战,纯属幼稚的表现。拿出诚意好好道歉,或许皇上会原谅你。"

赵玮听完,立马向赵构写了道歉信,态度诚恳地做了自我批评,并建议赵构御驾亲征,自己愿意当扈从陪驾,以尽孝道。

话说赵构看完赵玮的请战书以后,当时就发了脾气,认定这小子野心勃勃,觊觎军权。不久,第二封道歉信也送到,赵构读完,慢慢消了火,脸上还露出了疑惑的笑容。他问前来送信的侍者:"建王写第二封信的时候,谁在他的身旁?"

侍者回答:"第二封信是建王的老师史浩指导他写的。"

侍者退下以后,赵构自言自语道:"史浩是辅佐建王的最佳人选呀!"

赵构当即决定去建康督师,特批赵玮追随身边,以熟悉军情。后来发生的事情前文已讲:金国内讧,完颜亮被自己人杀死,金兵撤回北方。赵构和赵玮结束了短暂的御驾亲征,返回临安城。

此时政局暂时稳定下来,赵构有了正式禅让的想法,于绍兴三十二年(公元1162年)五月正式册封赵玮为皇太子,改名赵昚。

六月十日,高宗下诏禅位。十一月,举行禅让仪式。赵昚吸取之前的教训,故意表现出不愿意当皇帝的样子,极力推辞,从皇宫大殿一直退到侧门。赵构再三劝赵昚即位,他才哭着答应下来。

赵构退位以后，赵昚坚持站在龙椅旁边，就是不肯坐下。赵构让内侍硬生生拉扯了赵昚七八次，赵昚才勉勉强强将半个屁股坐在龙椅的边上，以表示对赵构的尊敬。这时，乐声响起，文武百官依次跪下向新皇帝祝贺。

赵昚给自己安排的戏份是真足，他忽然从龙椅上一跃而起，大声喊着不肯接受百官朝拜。官员们又纷纷劝赵昚坐下，至少让仪式圆满结束。

就这样，赵昚给够了赵构面子之后，最终接过权力的接力棒。此后，赵昚依然坚持在每个月的朔日、望日及重大节日都亲自去向赵构问安，尽做儿子的孝道。

⑧ 夭折于内讧的北伐

赵昚即位时三十六岁，正是想要干一番大事的年纪。他不甘心当一个偏安的小皇帝，志在北伐金国，恢复中原，所以他在即位的第二个月就给岳飞平反，并起用被秦桧排挤、赋闲在家的抗金派将军张浚，封他为江淮东西两路宣抚使，又破例加封魏国公，让他全权负责北伐事宜。

注意，这位张浚与谋害岳飞的张俊不是一个人。

谋害岳飞的张俊出生于元祐元年（公元1086年），秦州成纪（今甘肃天水）人，早年有抗金的功劳，后期因为嫉妒岳飞的能力，与秦桧沆瀣一气，参与构陷岳飞的勾当。

张浚，出生于绍圣四年（公元1097年），汉州绵竹（今四川绵竹）人，早年也有抗金的功劳，但是他与秦桧关系不好，导致被排挤赋闲在家差不多有二十年之久。

赵眘即位之后，大胆起用张浚，亲自书写《圣主得贤臣颂》一文送给他。每当遇到疑难之事，他必先前往张浚处咨询，即使内心有所疑问，也表现得不敢当面质问。更夸张的是，赵眘把张浚的生辰牌位摆在皇宫内院，举行祭祀以示尊敬，礼遇到了这样的程度。

赵眘的做法让大臣们颇有微词，皇帝尊敬大臣是对的，可是做得这么夸张，实在太过分了，违背了君臣纲常。但赵眘完全不管这种呼声，继续我行我素。

要知道，岳飞被杀是赵构在位时亲自主导的，拒绝北伐、偏安一隅是赵构几十年来的执政纲领，赵眘刚刚登基就给岳飞平反并志在北伐，这无疑给了赵构一记响亮的耳光。当赵眘再次给赵构请安时，赵构脸色大变，对他爱搭不理，很不耐烦。有一次，赵构实在不能忍了，说道："你等我百岁之后，再讨论北伐的事！"赵眘无言以对。

赵构不支持北伐也就算了，赵眘最敬重的老师史浩竟然也反对北伐。

隆兴元年（公元1163年），满怀雄心的赵眘在张浚的支持下，决定一改往年被动挨打的局面，主动出兵北伐金国。

张浚担任总指挥，共出兵八万，号称二十万，分兵两路北上。第一路由将军李显忠指挥，从濠州（今安徽凤阳）出发，第二路由将军邵宏渊指挥，从泗州（今江苏盱眙）出发。张浚坐镇扬州，全盘调度。

李显忠的军队顺利渡过淮河，与金国将军萧琦发生了遭遇战。这一次，宋兵得到新皇帝的支持，勇猛异常，取得了北伐第一战的胜利。另外一路邵宏渊的军队则没有那么顺利，几万宋军攻打几千金兵防守的虹县（今安徽宿州泗县），竟迟迟无法攻入。

李显忠看到邵宏渊吃力，立马派刚刚俘虏的部分金兵赶到虹县，对镇守县城的金国将领展开情感攻势，最终劝降成功，虹县被宋兵光复。邵宏渊觉得李显忠是故意当"显眼包"，对其产生了妒恨。

李显忠有些粗枝大叶，没想太多，立即带兵继续北上，乘着胜势，一路推进到宿州（今安徽宿州）城下。邵宏渊因为产生了负面情绪，在虹县停了下来，没有配合李显忠继续北上。

李显忠向邵宏渊发出邀请，建议他赶紧过来，两军合攻宿州。邵宏渊不予回应。这便是宋朝一直被外敌欺负的一个重要原因：不团结，起内讧。

李显忠左等右等，就是等不来邵宏渊的援军，只好咬了咬牙独自带兵发起冲锋，最后硬生生攻下了宿州。

捷报传来，赵昚拍案叫好，晋升李显忠为淮南、京东、河北三路招讨使，顺便晋升邵宏渊为招讨副使，提出要御驾亲征。

金军屡吃败仗，集结各路大军准备复仇。李显忠晋升为招讨使，邵宏渊却是个副的，这让他的妒火烧得更旺，继续见死不救，冷眼旁观。

总指挥张浚发现了李、邵两位将军不睦，又观察到金兵将大规模反扑，为防止出现差池，当即命令两军见好就收，火速撤退。但他的命令传出去，为时已晚，金军主力已经杀到了宿州城外。最终因为力量悬殊，李显忠惨败，丢失宿州。这次北伐高开低走，因为两位将军内讧而草草收场。

张浚回朝后向赵昚请罪。赵昚颇为大度，不但没有责罚他，反而对他大加勉励，要他放平心态，准备迎战即将攻打过来的金军主力。

赵昚通盘考虑，认为有必要以暂时和谈的方式争取重整军队的时间。于是他起用主和派大臣汤思退为丞相，与金国展开沟通。主和派再次登上宋朝的政治舞台。

经过复杂的谈判，金国表示，只要宋朝同意恢复当年"绍兴和议"的内容，便可撤兵。对此，南宋高层展开激烈的讨论，以汤思退为代表的主和派建议赵昚同意金人的各项要求，以换取和平，而以张浚为代表的主战派则极力反对议和，希望与金国血战到底。

赵昚经过痛苦的思考与权衡，鉴于宋朝的军力不足以抵抗金兵，最终向形势低头,选择与金国议和。

隆兴二年(公元1164年)冬,宋金达成"隆兴和议",规定金宋关系由过去的君臣关系调整为叔侄关系,金国是叔叔,南宋是侄子,虽然宋朝还是金国的下级,但是比君臣关系多出来了一层"血缘"关系,似乎更亲近一点。另外,南宋将收复的地区全部归还金国,对金国的"岁贡"改称"岁币",从过去的银二十五万两、绢二十五万匹减为各二十万,并约定南宋不再北伐。

明知不可为而为之

"隆兴和议"期间,张浚、汤思退先后去世,南宋的人才梯队出现了严重空档。造成这个局面的责任人应该是赵构,他在执政期间偏信秦桧,导致秦桧一人独大,大量人才被排挤,出现了人才断档。

赵昚先后晋升了很多人补充到高层管理团队,但是都表现不佳。最后他任命叶颙、魏杞为相,蒋芾为参知政事,陈俊卿为同知枢密院事兼权参知政事,勉强凑成一个还算说得过去的领导班子。

叶颙、魏杞同为丞相,政治立场却截然相反。叶颙是主战派,支持赵昚继续北伐,任内提拔了大量主战派大臣到重要岗位上;魏杞却截然相反,与汤思退是同党,主张放弃北伐,与金国议和。

赵昚一直有光复北方领土的雄心,对魏杞的表现十分失望,而叶颙虽然主战,但是没能做出实质性政绩,因此第二年赵昚将两人同时罢相。为了减轻内耗,赵昚晋升主战派的蒋芾为丞相,让他独掌大权,希望他可以有所作为。

结果，讽刺的事情发生了。蒋芾之前一直嚷嚷着主战，等他当了丞相之后却变得胆小，不敢与金国宣战，频频以"天时人事未至"为借口，阻拦赵昚北伐。

赵昚本来想要任命蒋芾为北伐统帅，由他亲自带兵出征。蒋芾听说后，吓得直接拒绝。赵昚失望至极，当即免去其丞相之职。

可以看出，赵昚是一位难得的有胆量、有决心北伐的帝王，但是在赵构执政的几十年里，有能力北伐的人才全被祸害光了，赵昚空有雄心，却没有人可以托付。笔者忍不住遐想：假如岳飞生在赵昚的时代该有多好！君臣同心，共赴北伐大业，一定可以收复大部分领土。

说回赵昚，他继续从矮子里面拔将军，接连任命两个主战派官员陈俊卿、虞允文为相。

虞允文上任后，立马提出向金国索回北宋皇帝陵墓所在的河南地区，还要求金国取消针对南宋的带有侮辱性质的交往礼仪。陈俊卿虽然是主战派，却表示反对，认为这么做金国肯定不会同意，反而自取其辱，不如保持低调，老老实实发展军力，等将来有机会再行北伐大计。

赵昚选择支持虞允文，将陈俊卿罢相。未来相当长的时间里，他只任用虞允文一位丞相。

因为实在是没人可用了，赵昚、虞允文竟然做了一个大胆的决定：他俩各自指挥一支军队，亲自北伐！

讲到这里，笔者忍不住对赵昚竖起大拇指。赵昚具有当年诸葛亮的风范，为了国家，明知不可为而为之，不惜放低皇帝的身段，亲自上场。

赵昚让虞允文暂时辞去丞相一职，到川陕地区带兵北伐，而江淮方面的军队则由他自己直接带兵。君臣二人约定东西两线同时起兵，誓要会师于河南！

可惜，老天爷又开了个玩笑——虞允文没多久便死在任上，这给了赵昚重大的打击。虞允文死后，南宋再也找不出一个坚定地配合赵昚北伐的大臣，赵昚空有未竟的雄心，却缺乏人才，没有助他施展的膀臂。

在接下来的许多年里，赵昚反复尝试任命了多位丞相，他们的表现都不能让他满意。最后，赵昚决定放弃北伐梦想，固定任用王淮为丞相。王淮擅长发展经济，使南宋的经济焕发出勃勃生机。

凄惨的晚年

眼见北伐无望，一生最大的愿望无法实现，赵昚对做皇帝失去了信心，渐渐产生了退位的想法。

讽刺的是，这时候赵构还活着，安享吃喝玩乐的晚年生活。赵昚不好意思退位，因为那样朝廷会有两个太上皇，是十分尴尬的局面。

淳熙十四年（公元1187年），赵构病逝，这一年赵昚刚好六十一岁。还没等到赵构的葬礼结束，赵昚便召学士开会，提出准备为太上皇守丧三年，想要传位给太子赵惇。当年十一月，赵昚命令太子赵惇参政，设立专门的议事堂，作为太子与大臣们讨论政务的场所。

第二年正月，赵昚进一步对太子放权，规定除个别重要职务外，其余官员的任免权全部交给太子。这相当于给了太子可以随意培植党羽的人事权，难得有皇帝主动对太子交出人事权，这在整个中国历史上都很少见。

紧接着，赵昚又让太子随朝听政，所有大事都主动与太子商量，而后才做决策。

淳熙十六年（公元1189年）正月，赵昚正式向文武百官宣布将禅位于皇太子赵惇。二月二日，举行了内禅仪式，赵惇即位，便是历史上的宋光宗。

可悲的事情来了。虽然赵昚与赵构政见不合而且不是亲生父子，但是赵昚对赵构是真的孝顺，而新皇帝赵惇对自己的父亲赵昚却很不孝，尽管赵昚在让渡皇权的问题上十分大度，赵惇即位后却懒得去看望他。赵昚的儿媳妇，即赵惇的皇后李凤娘性格泼辣，经常惹赵昚生气。她还怂恿赵惇不去看望赵昚。赵昚非常伤心，退位后没几年便病倒了。

　　后来，在赵昚的病情非常严重的时候，赵惇夫妇不但不去探望他，反而出去游玩。赵昚知道自己将不久于人世，很想在去世前再看儿子最后一眼，以至于每天躺在病床上都要多次询问赵惇是不是来过。内侍把赵昚的情况告诉赵惇夫妇，他俩依然像没事一样，该吃吃，该喝喝。

　　当时的丞相名叫留正，实在看不下去了，冒着被罢官的风险，带领群臣跪在赵惇面前，求他去见一下自己的父亲。赵惇一听他们为这件事而来，很不耐烦，起身就要离开。留正冲了过去，扯住赵惇的衣角，哭着劝道："先皇病危，如果今天不见，以后追悔莫及啊！"赵惇坚持要走，以至于龙袍都被撕破了。

　　赵惇与留正对峙的事情传到赵昚的耳中后，赵昚绝望至极，没多久便离开了人世，享年六十八岁。

　　赵昚既有雄心壮志，又颇有执行力，但是他从上一辈人手里接过的摊子实在是太烂了。他竭尽全力欲光复国土，也终究无力回天。

拾贰

宋光宗赵惇：被老婆逼疯的皇帝

🔖 白胡子的皇太子

宋孝宗赵昚最开始立的太子并不是赵惇，而是赵惇的哥哥赵愭。赵愭二十二岁被立为太子。两年以后，他在生病的时候被太医误诊，开错了药，小病变成重症，三天之后撒手人寰。

赵愭是老大，二弟名叫赵恺，老三才是赵惇。哥哥的去世让赵惇看到了希望，他开始了作秀的高峰期，经常找大臣们大谈治国之道，把提前准备好的内容在人多的时候大声讲出来，令对方对他的学识刮目相看。时间一久，赵惇这些"优秀的表现"通过不同大臣的口述传到了赵昚的耳中，赵昚在赵恺与赵惇之间，渐渐倾向于让赵惇即位。

丞相虞允文基于朝廷大局考虑，建议赵昚早早定下太子。赵昚思来想去，最终越过老二赵恺，将老三赵惇立为皇太子。他怕赵恺心理不平衡而做出伤害赵惇的事，就给赵恺封了魏王，让他离开朝廷去外地。

前文讲到，赵昚晚年身心疲惫，早就有退位的打算，但是父亲赵构偏偏是个长寿之人，赵昚不想出现有两位太上皇的尴尬局面，便一直强撑着当这个了无生趣的皇帝。

宋高宗赵构去世于淳熙十四年（公元1187年），而赵惇被立为太子是乾道七年（公元1171年），这期间相隔了十六年。在这十六年内，赵惇早就日盼夜盼当皇帝了，可是他的爷爷就是不死，他的父亲也就不能禅让皇位，这让他大为光火，以至于对父亲赵昚产生了强烈的恨意：既然你不想让我当皇帝，为什么又早早让我当太子呢？

赵构死后，赵惇找到母亲郭皇后诉苦："爷爷活着的时候，父皇不想禅让，我能理解。现在爷爷去世了，父皇打算还要多久才禅让呀？"接着，他解下头巾，把头发披散开，说，"您看，儿子都有白头发了。父皇是想儿臣满头白发的时候再登基吗？"

郭皇后说道："行了，知道你等得不耐烦了。我见到你父皇时会劝劝他，让他早日退位。"

当晚，郭皇后对赵昚说："现在太上皇已经去世了，你打算什么时候退位？要我说，赶紧退位，早早享受生活多好。让年轻人去治理国家，未必就做不好。"

赵昚道："你以为朕不想过清闲日子？朕是觉得太子在政治上还不够成熟，想再培养他一阵。"

郭皇后道："你也得考虑他的感受呀，都当了快二十年太子了。"

赵昚听完，连连点头。

几天之后，赵惇来向赵昚请安。两人交谈时，赵惇故意把话题扯到胡子上。

赵惇摸着自己的胡子，说道："父皇您看，我这胡子白了好多。太医送给我一些染黑胡子的偏方，我没敢用。"

赵昚知道赵惇话里有话，这是在催自己赶紧禅让皇位呢！他回应道："胡子白了更好，会让满朝文武觉得你成熟稳重。你没有必要染黑胡子。"

淳熙十六年（公元1189年），赵昚正式将皇位禅让给赵惇，是为宋光宗。此时，赵惇四十三岁，已经当了十九年太子。

可怕的悍妻

赵惇一生最大的不幸,是娶到了一个心狠手辣、心理扭曲的老婆。

话说,宋高宗赵构时期有一位相士名叫皇甫坦,既擅长看相算命,又擅长医术,曾经因为治愈赵构母亲韦太后的眼疾而声名大噪。很多官员专门请皇甫坦前去算命,皇甫坦一时风头无两。

有一天,皇甫坦被请到庆远节度使李道家中,为他的家人看相。李道让他的三个女儿出来分别与皇甫坦行见面礼。当皇甫坦看到李道的二女儿凤娘出来时,大惊失色,赶紧扶住李凤娘的双臂,说道:"不敢受拜!使不得!"

李道疑惑地问道:"先生,这是为何?"

皇甫坦说:"你二女儿的面相母仪天下呀!"

李道大惊,说:"这种话可不能乱讲啊。"

皇甫坦说:"我一生给人看相从不走眼。不信,咱走着瞧。"

李道小声说道:"不瞒您说,我家二女儿出生于军营之中,那天天空飞来一群黑色的凤凰,在产房的上面来回飞舞,所以孩子出生之后取名为李凤娘。"

皇甫坦道:"我就说嘛,你二女儿一定是大贵之人。"

讲到这里,读者可能禁不住要问:难道李凤娘出生那天真有黑色凤凰出现?

答案当然是否定的,尽管李凤娘的这段"历史"是写在正史中的。这在史书中是常见的现象——对皇帝、皇后的出生经过杜撰神话，对其美化。

在此，我斗胆推测一下真实情况：

皇甫坦因为善于算命看病而游走于皇亲国戚、达官贵人之间。李道与皇甫坦关系走得很近，当赵构为孙子赵惇选王妃的时候，皇甫坦便向他们大力推荐李凤娘。最终，李凤娘得偿所愿，成为赵惇的王妃。

值得一提的是，敲定李凤娘为王妃的人是赵构，而不是赵昚，所以李凤娘对赵昚这位公公始终没有感恩之心。

李凤娘嫁过来之后，随着时间的推移，她的真实品性得以充分展现。她是一个心狠手辣、飞扬跋扈、善妒弄权的女人。赵构认清李凤娘的本质之后，一度非常后悔听信皇甫坦的推荐，但是又不能随便换王妃，便让儿子赵昚多多管教这位儿媳妇。

赵昚经常批评李凤娘，劝她改改脾气，要有一个王妃的样子。岂料李凤娘不但没有听进去，反而对赵昚恨之入骨。她心想："选我做王妃的人又不是你，你有什么资格骂我？我早晚会找机会收拾你！"

赵惇即位后，李凤娘被册封为皇后，更加肆无忌惮，不仅不把太上皇赵昚放在眼里，对自己的丈夫、当朝皇帝赵惇更是施以残暴的精神压迫。

有一次，赵惇洗手，宫女端着水盆侍奉。赵惇看了一眼宫女的手，顺口夸道："你的手好白啊。"赵惇说完，就该干什么干什么去了。可是，李凤娘安插在他身边的宦官立刻把这件事汇报给了她。

当天下午，李凤娘派人给赵惇送来一个精美的点心盒子。赵惇以为是皇后送什么小吃来了，流着口水打开一看，竟然是上午那位宫女的双手！赵惇吓得当即病倒。

李凤娘的性格强悍到了严重扭曲的程度，与这样的人一起生活，赵惇的心理压力巨大，时间一久，得了严重的精神疾病，时而抑郁，时而躁狂。

赵昚听说儿子得了精神疾病，很是担心，亲自阅读医书，采购上等药材，做成药丸。他知道李凤娘肯定不会让赵惇吃自己制作的药丸，便把药丸藏在身边，准备等赵惇来问安时亲自交给他。

赵昚不知道的是，李凤娘已经收买了他身边的宦官，第一时间就把这件事告诉了李凤娘。从此之后，李凤娘盯死了赵惇，只要他想去赵昚那里请安，就把他拦住，绝不放行。

李凤娘为了报复赵昚，对赵惇说道："听说你的父皇秘密制作了一些药丸，对外宣称是给你治病，其实是想下毒杀了你，然后换你哥哥当皇帝。"

赵惇问道："真的假的？"

李凤娘说："不信，你问问你父皇身边的宦官，大家都看到他亲自查阅医书给你搓药丸。要是真想给你看病，找太医来不就行了？你听说过哪个皇帝亲自做药丸的？"

赵惇通过宦官打听到赵昚确实制作了一批药丸，等他去请安的时候让他服用。赵惇本就精神不太正常，竟然真的相信他的父亲要毒死他，更加不敢去见赵昚。

过了一段时间，赵惇的精神状态稍微稳定了一些。李凤娘突然提议，宴请满朝文武，庆贺赵惇康复。

皇后这么说了，大臣们自然前来祝贺。谁承想，李凤娘趁机又要作妖。她在没有事先与赵惇打招呼的情况下，在酒席进行到一半时，突然当着大伙的面对赵惇说道："我们家赵扩已经成人，今天文武百官都在，又是大喜的日子，陛下不如直接立他为太子。从此之后，陛下也多了一个左膀右臂。"

大臣们纷纷看向赵惇。

赵惇一脸吃惊地说道："此事重大，必须征得太上皇同意才行。"

大臣们纷纷点头称是。

李凤娘突然翻脸，拿出泼妇骂街的架势，恶狠狠地说："到底谁才是当今天子？你赵惇既然是天子，就能做主！这与太上皇有什么关系？！窝囊废！"

现场的气氛尴尬至极。

赵惇说："立太子也就是选皇位继承人。别说是皇家，就算普通百姓家有点大事，也得和老父亲商量一下。这事岂能避开太上皇？"

李凤娘不再说话，把椅子一摔，愤然离席。

虽说赵惇一向害怕李凤娘，但是立太子问题是国家的顶级大事，又有满朝文武在场，想绕过太上皇赵昚是大逆不道的罪行，他可不敢依李凤娘胡闹。从此之后，心理扭曲的李凤娘对赵昚更加愤恨。

文武百官设宴庆贺赵惇康复的消息传到赵昚那里，赵昚非常高兴，立即召赵惇前来，他要亲自看看宝贝儿子的康复情况。结果，通知被李凤娘拦截下来，她瞒着赵惇，独自一人去找公公赵昚。

赵昚盼来盼去，迎来的竟然是李凤娘。他吃惊地问道："赵惇不是康复了吗？他怎么没和你一起来呀？"

李凤娘装出一副难过的样子，说："嗨，别提了，本来已经好了，今天又不舒服了，只好由我代他前来见驾。"

赵昚担心地问道："他才多大年纪，身体就如此虚弱，将来该怎么办呢？"

李凤娘听到这里，知道赵昚上钩了，便说："我也为此担心呀，所以说，不如早早册封我儿赵扩为太子，不知您意下如何？"

赵昚听到这里，知道李凤娘故意给自己下套，说道："赵惇即位没多久，就忙着立太子吗？还有，按照规定，后宫岂能随意干政？"

公公一点面子都不给，李凤娘当场翻脸，亮出泼妇骂街的真容，大声吼道："我是他赵惇明媒正娶的女人，赵扩是他亲生的儿子，被立为太子，名正言顺！"

熟读前文的读者都知道，赵昚并不是赵构的亲生儿子。李凤娘说出这些话，分明是指桑骂槐，影射赵昚。赵昚听完，气得浑身发抖。

李凤娘回去之后，见到赵惇，大秀演技，放声痛哭。

赵惇问道："怎么了？"

李凤娘哭着说道："我好心去给太上皇请安，结果他不领情，对我破口大骂。他不赞成立咱家的赵扩为太子，必定另有企图，可能哪一天就会把你废掉，另立新皇帝！"

赵惇听完，竟然真的信了，还安慰李凤娘说："我即位还不久，在这期间，我并没有犯任何错误，就算太上皇想要废我，也得有个罪名吧？"

李凤娘边擦眼泪边说："那你以后还去给他请安吗？"

赵惇恶狠狠地说："我以后再也不会踏进他的房门半步！"

从此之后，赵惇果然再也没有去给父亲请安。娶了这么个媳妇，老赵家可真够倒霉的。

转眼又到了一年一度皇帝祭祖的日子。这一天，赵惇早早拖着病体前去祭祀。皇后李凤娘也盼望这一天很久了，因为只有这一天皇帝才会一整天都不在宫内，她才有机会做一件她早就想做的事情——杀人！

李凤娘要杀谁呢？答案是：黄贵妃。

话说，赵惇还是太子的时候，赵昚就看出李凤娘这人的品性有严重问题，便赐给他一个温柔的黄姓女子侍奉在身边。赵惇与黄氏感情很好，对她很是宠爱。即位之后，立李凤娘为皇后，封黄氏为贵妃。

这么多年来，李凤娘一直想找机会除掉黄贵妃，但是赵惇身体不好，常年不离后宫，她没机会下手。现在好了，赵惇去祭祖，李凤娘痛下杀手，将黄贵妃谋害。

赵惇回来之后，发现后宫按照葬礼的样子在布置，一脸疑惑，问李凤娘："这是怎么了？"

李凤娘假装伤心地说："别提了，你前脚刚离开，黄贵妃就一口气没上来，永远离开我们了。"

赵惇大吃一惊，晕厥过去，等到醒来之后，身体变得比过去还要羸弱，只能躺着，无法上朝。这一下，李凤娘来了本事，所有奏折都由她打着赵惇的名号批示，她独揽朝纲，一时间成为南宋最高权力者。

可以想象，这种人成为朝廷的最高决策者，这个国家会乱成什么样。

赵昚日盼夜盼，就是盼不来赵惇，现在听说赵惇病情加重，连床都下不了，便放下身段，亲自到赵惇宫中探望。赵昚来到赵惇后宫的时候，赵惇正在熟睡，他心疼儿子，让左右侍者不必打搅，他默默坐在那里等儿子醒来。

赵惇醒来之后，看到父皇竟然亲自来探视自己，非常感动，挣扎着要下床行礼。赵昚按着他，不让他多礼。

二人寒暄了一会儿，赵昚突然意识到儿媳妇没在场，就问内侍："皇后呢？"

左右支支吾吾，不敢说话。

赵昚知道李凤娘一定在干一些见不得人的事，便亲自去查看，结果发现李凤娘正批改文武百官的奏折。

赵昚震怒，呵斥道："后宫不可干政，这是祖训！你不但干政，还冒充皇帝的名义批改奏折，简直大逆不道！"

李凤娘被抓了现行，也确实不占理，只好低头赔礼。但她在心里恨死了赵昚，从此之后对赵惇看管得更加严格，坚决不让他去探望太上皇。

"被"当太上皇

到了绍熙五年（公元1194年）四月，赵昚的身体越来越差。大臣们实在看不下去，便去找赵惇，请求他前往探视太上皇。李凤娘听说后，却拉着赵惇去玉津园游玩去了。后来,又有大臣哭着请求赵惇去探望太上皇,赵惇都坚决不去,有时候被逼得实在受不了,就偷偷让皇子前去探望。

这年六月,赵昚去世了,李凤娘挟持赵惇拒绝参加太上皇的葬礼。消息一出,满朝文武一片哗然,堂堂皇帝,竟然不出席亲爹的葬礼,这算哪门子怪事?

此时已经是炎夏,眼见赵昚的尸体停在那里快要发臭,却没人主持葬礼。大臣们没有办法,只好请求太皇太后吴氏(宋高宗赵构的第二任皇后)出来主持。

大臣们最开始提出的诉求是,既然赵惇不出席太上皇的葬礼,那就由吴太皇太后垂帘听政,夺取最高权力。吴太皇太后从大局着想,并不想垂帘听政,只答应大家出来主持葬礼。大臣们一听,那也行,至少先让宋孝宗赵昚入土为安。

这时候,整个朝廷的氛围是紧张的,大家隐约感到可能会出大事。有大臣找到当朝丞相留正,分析当前政局:"皇上不给太上皇发丧,天下人都在看笑话,老这么拖着也不是个事儿。眼下,不如按照皇后(李凤娘)之前的提议,立赵扩为新皇帝,尽快把局面稳定下来。"

留正说道:"只能试试看。"

第二天,留正带领文武百官向赵惇上奏:"皇子赵扩能力、人品都很出众,应该早日立为储君。"

赵惇看完奏折,在后面批了"甚好"二字。

留正一看,赵惇不反对,趁热打铁继续上书:"请陛下明示,何时立赵扩为储君呢?"

这一次赵惇的回复模棱两可,他没有正面回答问题,而是写了"历事岁久,念欲退闲"八个字,字面意思是"我当皇帝很久了,早就想退休了"。但就是不吐口立储的具体日子,让留正感到很难办。

留正又找到宋太宗赵炅的第八世孙赵汝愚。赵汝愚是皇族,颇有威望，留正想听听皇帝本家的意见。

赵汝愚听留正讲完整个过程，说道："皇上这是不情愿立储啊！"

留正问："那怎么办？国不可一日无君，总不能由着李皇后一直偷偷批改奏折吧？"

赵汝愚稍稍沉思，道："还有一步险棋可走。"

留正道："哦？说来听听。"

赵汝愚压低嗓音，道："请吴太皇太后下令，强制皇上禅让皇位给赵扩，直接一步到位。"

留正说："真要追究起来，这可是篡权、僭越的大罪呀！"

赵汝愚说："要不说这是一步险棋呢！"

留正从赵汝愚家出来之后，越想越觉得朝廷即将闹出政变，为明哲保身，他决定先躲起来，不掺和这些复杂的事。于是，他假称有病，躲出城外。

这一下，朝廷的其他官员更加六神无主。过去，还有丞相当大家的主心骨，现在可好，连丞相都找不到了，于是，大家一起去找赵汝愚。

众人问赵汝愚："现在丞相失联了，请王爷您出个主意，到底该怎么办呀？"

赵汝愚一听，好家伙，留正够滑头的，知道事情不好处理，先溜之大吉了。他说："我说诸位，现在连当朝丞相都跑了，我一个王爷又能掀起什么大浪呢？"

众人拉着赵汝愚不依不饶，最后，大家决定找吴太皇太后的外甥（她妹妹的儿子）韩侂胄出头，正式提出让赵惇禅位给赵扩。这样做，万一失败了，赵惇看在吴太皇太后的面子上，也不会大开杀戒。

韩侂胄不负众望，很干脆地答应下来。他来到姨妈的寝宫，向她转述了满朝文武的意见，请求她下诏让赵惇禅位于赵扩。

吴太皇太后听完，说道："既然是大家商量的结果，我也没什么异议。你们赶紧回去给赵扩做一身合适的龙袍吧!"

第二天,赵扩来到爷爷赵昚的灵堂前吊唁。赵汝愚领着满朝文武向坐在帘子后面的吴太皇太后说道:"国不可一日无君,皇上身体不适,诸位大臣先后两次建议早立赵扩为帝,请太后批示!"

赵扩听了,吃惊得说不出话。

吴太皇太后说道:"即日起,立赵扩为皇帝,尊赵惇为太上皇,尊李凤娘为皇太后。列位大臣一定要尽心辅佐新皇帝。"

赵扩吓得拔腿就跑。大臣们赶紧将他拉回来,硬生生带到吴太皇太后旁边,坐了下来。

韩侂胄拿出刚做好的新龙袍给赵扩披上,赵汝愚立马带领满朝文武下跪,祝贺新君登基。赵扩便是历史上的宋宁宗。

话分两头,各表一枝。这时候,赵惇完全被蒙在鼓里,他本想等父皇的葬礼结束之后再抛头露面,岂不知,自己已经被剥夺了皇权,变成了太上皇。赵惇虽然恼火,但是也知道自己理亏,谁让他连亲爹的葬礼都不参加呢?

从此之后,赵惇的精神疾病更加严重,时而抑郁落泪,时而暴躁狂怒,见东西就砸,见人就骂,还大量饮酒。周围的人都不敢管他,只好任由他发癫。

庆元六年(公元1200年)八月,赵惇在寿康宫去世,享年五十四岁。

其实,赵惇的运气是非常好的,在他做皇帝的短短六年时间里,金国竟然一次都没有南下侵略。假如赵惇是一个励精图治的好皇帝,这六年是非常好的发展经济、增强军力的窗口期,可惜的是,他偏偏是个"妻管严",被皇后李凤娘折磨,患了精神疾病,使南宋错过了宝贵的发展机遇,令人十分遗憾。

拾叁 宋宁宗赵扩：活在外戚集团阴影下的帝王

诛杀功臣

宋宁宗赵扩是宋朝的第十三位皇帝、南宋的第四位皇帝，父亲是宋光宗赵惇，母亲是那位飞扬跋扈、心理变态的皇后李凤娘。

李凤娘对外宣称梦见太阳坠落到院子里，她用手去接，等她醒了之后，经太医确认，已经有孕在身，怀着的就是赵扩。至于李凤娘是否真的做过这样一个梦，无法求证，只能听她的一面之词。

赵扩十八岁时，父亲赵惇给他举办婚礼，娶的是北宋名将韩琦的后代。前文讲到大臣韩侂胄在支持赵扩即位的问题上积极性十足，甚至亲自给赵扩披上龙袍。韩侂胄为什么这么热衷于让赵扩登基当皇帝呢？原因就在于他也是韩琦的后代，换言之，韩侂胄与赵扩的妻子是本家，赵扩一旦当上皇帝，韩侂胄便是当朝第一外戚，泼天的富贵自然从天而降。

绍熙五年（公元1194年），二十七岁的赵扩瞒着父皇赵惇即位，赵惇在被蒙蔽的状态下成了太上皇。严格说来，这是一场由韩氏外戚集团推动、赵氏皇族参与的宫廷政变。

在这场政变中，代表外戚集团的韩侂胄与代表皇族的赵汝愚功劳最大。赵扩继位后，本着知恩图报的原则为赵汝愚、韩侂胄二人都封了官。

注意，此时有一个细节：赵汝愚的地位要高于韩侂胄。由此可见，赵扩知道要让赵氏皇族的地位压过韩氏外戚的道理。可惜，韩侂胄偏偏是个野心勃勃、自视甚高的人，觉得给他的官太小，至少应该让他当节度使才对得起他的功劳，而赵汝愚仅仅因为姓赵便地位高于自己，这让他内心失衡、闷闷不乐。

一场残酷的政治斗争在新皇帝赵扩登基之初便拉开了序幕。

韩侂胄实在太想当大官了，每天一有空闲就去丞相留正的办公地点瞎逛，不是他的工作，他也跟着瞎掺和，以满足其插手朝政的欲望。一开始，留正勉强装作看不见他，时间一久，发现韩侂胄就跟按时来上班一样，天天"长"在这里，留正就无法忍受了。

他对韩侂胄说："你毕竟不是这里的工作人员，实在无事可做，可以去别的地方逛逛，以后别来这里了，大家都有工作要忙。"

韩侂胄听完满脸尴尬，只好灰溜溜地离开。他回到家里，怒火中烧，暗暗发誓，一定要当上这大宋朝的丞相！

从此之后，韩侂胄不再跑丞相留正的办公场所，改跑皇帝赵扩的皇宫。他见到赵扩就说留正的坏话，赵扩偏偏耳根子软，还真就信了。就这样，赵扩用内批的方式罢免了留正的相位，起用赵汝愚为新的丞相。

内批，指的是皇帝绕过与大臣开会商量的环节，独断专行，直接做出决策。通常来讲，罢免丞相这么重要的事情，皇帝必须与大臣们打招呼，可是赵扩却没有这么做，这并不合规矩。

赵汝愚当上丞相之后，韩侂胄又像当年对待留正那样，屁颠屁颠地来找赵汝愚。赵汝愚早就听说韩侂胄喜欢到丞相办公处乱指挥，索性提前关上大门，将韩侂胄拒之门外。

韩侂胄大怒，转身离开。赵汝愚身边的工作人员提醒他："您不应该这么不给他面子，毕竟他是皇上的亲戚。"

赵汝愚一听，也对，没必要把关系搞破裂，便又主动接见韩侂胄。然而，韩侂胄自认为对朝廷有拥立之功，且身为皇帝的亲信，在朝中掌握着一定的权力，对于赵汝愚此前的冷落感到非常不满和不甘。从此之后，两人正式结下梁子。

韩侂胄意识到要想扳倒赵汝愚，仅凭一己之力是不行的，需要联合一批官员，形成一个政治集团，合力与赵汝愚抗衡。所以他不着急自己晋升，而是到赵扩那里举荐一大批与赵汝愚关系不好的官员。赵扩没有多想，都给他们升了官。

儒学大家朱熹是赵汝愚一派的人，向赵汝愚建议道："要我说，这个韩侂胄就是个贪恋权力的小人。与其让他这么上蹿下跳，不如给他封个官，让他去外地办公，远离朝廷，您也落得个耳根子清净。"

赵汝愚认为韩侂胄就是个小混混，根本掀不起大浪，对朱熹说道："嗨，不必搭理他，就凭他能怎样？眼下当务之急，应该纠正皇帝经常内批的做法。如果他每件事都不跟我们商量，那我们这些做大臣的还有什么存在的意义呢？"

朱熹听完，连连点头。

第二天，朱熹便去面见赵扩，说道："任免丞相这么重大的事情，陛下怎么可以不同大臣们商量呢？如果以后陛下遇到事情都绕过群臣而内批，那么时间长了，难免会出现工作上的纰漏。"

赵扩被朱熹说得哑口无言，憋了一肚子气，回头向韩侂胄抱怨，把朱熹的话一字不差地讲给韩侂胄听。韩侂胄知道朱熹是赵汝愚的人，回去之后找人到处散播抹黑朱熹的言论，说朱熹的学说都是胡说八道，没有什么实际的意义。

这些舆论形成规模之后，传到了赵扩那里。韩侂胄趁机向赵扩挑拨离间，说道："民间对朱熹有很大的意见。这个人貌似很有学问，实际上是个不堪重用的人，朝廷可不能养这种人。"

赵扩再次被韩侂胄洗脑，又一次行使了内批特权，直接对朱熹降职。

赵扩频繁使用内批，导致他与朝廷重臣们的关系渐渐疏远，而这给了韩侂胄溜须拍马的机会。时间一久，韩侂胄成为赵扩最信任的人。

又有一位大臣看不下去了，果断站出来弹劾韩侂胄，此人名叫彭龟年。彭龟年对赵扩说道："陛下罢免朱熹一事，十分草率。既然朱熹已经被罢免，也不好反悔，不如把韩侂胄一起罢免。"

赵扩问："为什么？韩侂胄有什么过错？"

彭龟年说："韩侂胄十分膨胀，经常挑拨陛下与大臣的关系，留着这种小人在朝廷，将来一定会误了大事。"

这一次，赵扩十分任性，心想：你让我干什么，我偏不干，我就是要保护韩侂胄，看你能怎么样！他行使内批特权，将彭龟年贬到外地做官，同时将韩侂胄晋升一级。消息一出，满朝文武一片哗然，而韩侂胄也变得愈发骄傲。

韩侂胄利用赵扩对自己的信任，在朝廷中广泛安插自己的人，同时大力排挤赵汝愚的人。时间一久，赵汝愚处于被严重孤立的状态。

但赵汝愚毕竟是当朝丞相，要想把他彻底扳倒并不简单。韩侂胄有个死党名叫京镗，给他出主意道："您要想扳倒赵汝愚，需要在他的身份上做文章。"

韩侂胄疑惑不解地问："赵汝愚的身份？"

京镗神秘地说："赵汝愚可是太宗赵炅的后代，而当今圣上可是太祖赵匡胤的后代。当初太宗是否暗杀了太祖，是一桩悬案，导致两个分支的后代历来互相猜忌。您要在皇上那里多强调赵汝愚是太宗后代这一点，让他自己产生猜忌之心。"

韩侂胄听完，连声赞同。于是，他让人四散谣言，说赵汝愚作为太宗赵炅的后代，一直有野心想要推翻赵扩。他还亲自找到赵扩，说道："历朝历代有个不成文的规定，赵氏皇族的人不能兼任丞相。现在满朝文武、民间百姓都对这件事议论纷纷，觉得陛下做事不合规矩。请陛下及时修正这一问题，以平息大家的异议。"

赵扩的耳根子软，时间一久，真的走心了，下令免去赵汝愚丞相一职，去福州担任闲职。

仅仅将赵汝愚贬到外地，无法满足韩侂胄的复仇欲望。韩侂胄发动人脉关系，到处打听赵汝愚是否曾经说过什么可以拿来定罪的话。人是经不起三百六十度无死角审视的，硬要鸡蛋里挑骨头，每个人都有能被扣帽子的地方。

赵汝愚曾经在公开场合讲自己做过的一个梦："我梦到孝宗（指赵昚）交给我一个鼎，然后我背着白龙向天空飞去。我总觉得这个梦有特殊的寓意，好多年以后，我拥立当今圣上即位，这才明白，原来指的是这个呀！"

在场的所有人听完哈哈一笑，便都各忙各的去了。赵汝愚万万没想到的是，而今这个梦竟然成为他倒霉的导火索。

韩侂胄让同党向赵扩告状："陛下，赵汝愚说他拿着孝宗赐给的鼎，背负白龙飞向天空，这分明是暗示大家，孝宗把天下交付给了他，陛下不得不防啊！"

赵扩听完又信了，当即下令将赵汝愚贬为宁远节度使副使，放逐永州。

赵汝愚接到诏书后，即刻启程。到达衡州（今湖南衡阳）时，他因为郁闷而病倒。韩侂胄提前买通了衡州地方官，不仅不给赵汝愚治病，还对他百般凌辱，导致他暴毙于当地。

赵汝愚的遭遇引发了满朝文武和老百姓的同情。赵扩为平息舆论，象征性地给已经去世的赵汝愚恢复了官职。至此，韩侂胄一家独大，权倾朝野，与当年巅峰时期的秦桧比起来，有过之而无不及。

通过赵扩对待韩侂胄、赵汝愚的态度，我们不难发现他这人没有主心骨，不具备识人用人的基本素质，这注定了在他治理下的南宋终将走向更加的混乱与衰弱。

庆元党禁

赵汝愚死后，韩侂胄还有一批反对者，那便是以朱熹为首的理学士大夫分子们。这两派为何针锋相对呢？

原因有两个：

其一，赵汝愚与理学士大夫属于同一派系。韩侂胄扳倒赵汝愚之后，必然也要清理他们。

其二，韩侂胄与理学士大夫的政治立场不同。韩侂胄虽然玩弄权术，拉帮结派，但是骨子里是主张北伐的，而理学士大夫中有不少人是反战派，主张与金国签署协议，偏安一隅。

基于这两个原因，韩侂胄对理学士大夫的打压是不留情面的，同时，韩侂胄也受到了理学士大夫报复，千百年来一直成为读书人口诛笔伐的对象。

韩侂胄为了反击理学士大夫，发明了一个词叫作"伪学"。凡是他想要打击的人，先给扣上"伪学"的帽子，给予批判、降职。现在，我们形容一个人的理论表面看上去有道理，实则误导人，称之为"伪道学"。这个词就是从韩侂胄这里来的。

赵扩让韩侂胄等人制定了一个伪学名单，共计五十九人，为五大类。其中，曾任宰执者四人，排前两名的是前面两任丞相赵汝愚、留正；曾任待制以上者十三人，理学大家朱熹居首；其余也都是韩侂胄想要打击、排挤的官员。

名单呈上去之后，赵扩当即批示，名单中活着的人全部罢官，还没有当官的终身不予录用，与他们关系亲密的人也一概不予录用。这件事情发生在庆元年间，被称为"庆元党禁"。

"庆元党禁"的本质，是韩侂胄对反对自己的官员进行大清洗。经过这轮清洗，朝廷上剩下的都是对他极尽阿谀奉承之人，这些人为巴结他，可谓彻底丧失了人格。

有一次，韩侂胄过生日，一位名叫许及之的大臣迟到了，韩侂胄家的大门已经关闭。许及之站在大门外观察，发现了大门侧边有一狗洞，他不假思索，从那里钻了进去。凭借对韩侂胄溜须拍马，许及之没多久便晋升为参知政事。

不仅大臣们巴结韩侂胄，连赵氏皇族的人也对他拼命讨好。

宋太祖赵匡胤的次子赵德昭有一个八世孙名叫赵师择。有一次，赵师择参加韩侂胄的家宴。宴席之上，大家都夸赞花园布置得非常漂亮。韩侂胄说："田园风光是有了，就是缺几声狗叫。"话音刚落，就听得现场响起了"汪汪汪"的狗叫声。众人循声望去，只见赵师择正趴在地上学狗叫。

韩侂胄的内心充满了满足感：赵氏皇族为了讨自己开心，竟然主动学狗叫，历史上没有哪位丞相可以得到这样的待遇啊。

官员们为了巴结韩侂胄，挖空心思，拼命想创意。有一位名叫程松的县令，刷新了拍马屁的新高度。

有一次，韩侂胄因为一点小事就把他宠爱的一个姬妾赶出了家门。程松得知此事后，立即花费了巨额钱财，买下了这位姬妾。买到手后，程松为她准备了盛大的欢迎仪式，将她安置在中堂，自己和妻子都对她恭敬有加，悉心照料。

没过多久，韩侂胄的气消了，又想起了这位姬妾，于是将她召回。姬妾回到韩侂胄身边后，详细讲述了程松是如何谨慎周到地对待她的，让韩侂胄非常高兴。

为了奖赏程松，韩侂胄在短短时间内连连提拔他，最终将他提拔为右正言谏议大夫，成了朝廷中的高官。

后来任满一年没有得到升迁，程松感到非常沮丧和不满。为了改变现状，他向韩侂胄献上了一个妾室，并特意取名为"松寿"。

韩侂胄对这个名字感到惊讶，便询问程松为何如此取名。程松回答道："我希望您能通过她的名字，常常记得我卑贱的名字。"

就这样，程松的仕途终于迎来了重大突破，他被任命为同知枢密院事，这是一个在朝廷中地位显赫、权力重大的职位。

由此可见，当时的大臣们哪还有心思放在治国上，都在想着如何通过巴结韩侂胄获取利益。这样的南宋，前途又在哪里？

此时的韩侂胄已经在一人之下、万人之上，他不满足于只在官场威风，将手伸向了后宫。

前文讲到，赵扩还没当皇帝时，娶的是韩琦的后代韩氏。赵扩登基之后，韩氏顺理成章成为皇后。可是，韩氏短寿，没几年便去世了，谁来当第二任皇后成为后宫最敏感的话题。

有两个热门人选，分别是杨贵妃和曹美人。杨贵妃脾气大，心思缜密，而曹美人性格温柔，不争不抢。赵扩始终没有确定应该选谁。

韩侂胄共有四位小妾，每次参加宫廷宴会时，都带着她们与赵扩的后宫妃嫔坐在一起，完全忽略尊卑之别。杨贵妃为此很生气，经常在餐桌上甩脸子，曹美人则完全不在乎，热情招呼韩侂胄的四位小妾。

小妾们回家之后，把杨贵妃、曹美人的表现告诉韩侂胄。韩侂胄安抚她们，说道："你们别生气，我自有办法报复杨贵妃。"

第二天，韩侂胄去见赵扩，说："皇后去世后，这位置一直空着，老这样也不是办法，国家还是需要一位皇后的，请陛下早早定下人选。"

赵扩说："后宫中，杨贵妃、曹美人二人深得朕的喜爱。你觉得哪位更适合当皇后？"

韩侂胄说："曹美人性格温柔，是当皇后的不二人选。"

赵扩说道："让朕再考虑考虑。"

韩侂胄走后，马上就有内侍把这件事汇报给了杨贵妃。杨贵妃有了危机感，天天缠着赵扩献殷勤，最终，赵扩耳根子一软，同意了立她为皇后。

杨贵妃有了赵扩的口谕以后，为防止韩侂胄从中作梗，便将圣旨誊抄了两份，一份用于将来官宣时使用，另外一份则交给在朝为官的哥哥杨次山。第二天上朝的时候，大部分官员来到殿内以后，杨次山趁着韩侂胄还没到场，快速拿出圣旨，宣布杨贵妃已经被立为皇后。

等韩侂胄来到殿内的时候，圣旨已经宣布完毕。韩侂胄非常恼火，但木已成舟，他也无法改变什么。从此之后，韩侂胄与杨皇后结下了深深的梁子。

8 开禧北伐

韩侂胄这人虽然拉帮结派，但他有一点是理学士大夫所不具备的，那就是他支持北伐金国。

当时金国皇帝是金章宗完颜璟。金庸的小说《射雕英雄传》里完颜洪烈对应的历史原型是完颜忒邻，而完颜璟正是完颜忒邻的父王。

完颜璟不像他的祖上那样富有进取心，他的妃子、丞相把持了朝政，整个金国进入颓败阶段。这为赵扩北伐提供了天然的良机。

嘉泰四年（公元1204年），赵扩采纳了韩侂胄的建议，在全国范围内高调怀念、赞美岳飞，批判秦桧，追封岳飞为鄂王。而后，又把即将到来的公元1205年的年号改为"开禧",取的是宋太祖"开宝"年号和宋真宗"天禧"年号的其中两个字,以此向天下人彰显北伐决心。这次北伐被称为"开禧北伐"。

与此同时,国内的反战派也打起了舆论战,纷纷上书批评北伐政策,提倡与金国和平共处,保持现状。

作为反击,赵扩下令削去秦桧死后所封爵位,将其谥号由"忠献"改为"谬丑",对其进行嘲讽,又下诏追究秦桧叛国的大罪。

所以说,岳飞真正被平反是在赵扩执政、韩侂胄为相时期,这是他们君臣二人值得肯定的地方。老百姓一直期盼着给岳飞恢复名誉,赵扩的做法引来老百姓的交口称赞。

民意鼓动起来之后,赵扩下令,对金国不宣而战,直接北伐!

开战伊始,宋军趁金国还没反应过来,收复了泗州。金国立马给出回应,派主力部队予以反击。

韩侂胄这人搞权谋有一套,却不懂军事,尤其是在选择将领上用人不当,导致中路军皇甫斌的部队在攻打唐州(今河南唐河、社旗、方城、桐柏、泌阳一带)、蔡州(今河南驻马店汝南)时接连吃了两场败仗。韩侂胄急忙将其撤职。

紧接着,淮河战线的统帅邓友龙也吃了败仗,韩侂胄也将其撤职。这一下,宋军由战略进攻变成了战略防御。

金军乘势在东、中、西三个战场展开反攻,真州(今江苏仪征)、扬州和尚原(今陕西宝鸡西南)相继沦陷,宋军五万人战死。

此时,四川地区的吴曦还在驻守。韩侂胄寄希望于吴曦死守,可是他不知道,吴曦早就偷偷叛国,拥兵自重,搞起了独立。

这场北伐匆匆开始又匆匆结束。接下来,南宋被迫与金国谈判。

金国对宋朝开出很高的条件,除了割地、赔款,还要求将发动这场战争的主谋绑了送到金国。金国虽然没有提名字,但是暗戳戳指的就是韩侂胄。

南宋当然不能把丞相绑了送给金国，便派人去和金国沟通。最终，萧山县县丞方信孺被选为特使，代表国家前往金国谈判。

方信孺来到金国之后，金国先给了他一个下马威，把他抓起来投入大牢，不给吃的，还时不时拿砍头威胁他。方信孺不仅口才好，还是个硬骨头，对金人说道："历史上从没有过把自家主帅抓了给敌人送过来的先例。你们即使把我的脑袋砍了，我也不会答应你们。除此之外，都可以商量。"

金国人威胁方信孺："你是不想活着回去了吗？"

方信孺说道："我自从踏出国门的那一刻起，便将生死置之度外！你们是要谈判，还是要杀我，请自便！"

金国人有一个特点，那便是欺软怕硬，真遇到硬骨头，他们反而服软。发现方信孺是个狠人，金国人立马将他送回南宋。

方信孺回到南宋之后，第一时间向韩侂胄汇报金国开出的割地、赔款的条件。韩侂胄听完连连点头，表示可以满足。

方信孺看了一眼韩侂胄，压低声音说道："其实，金国还开出一个条件，我一直没说。"

韩侂胄一脸疑惑，问道："为何不说？"

方信孺说："说出来怕吓到你。"

韩侂胄哈哈大笑，说："我有什么可害怕的？但说无妨。"

方信孺说："金国说了，要想签订停战协议，还需要你的人头。"

韩侂胄听完当即震怒，将方信孺贬官至临江军（今江西樟树临江），并决定发动第二次北伐。

韩侂胄的一个旧仇人早就躲在暗处秘密观察很久了，这时终于找到了复仇的机会。此人正是当年的杨贵妃、而今的杨皇后。

杨皇后早就想收拾韩侂胄，无奈没有可以下手的机会，当前韩侂胄主导的北伐吃了败仗，国家面临割地赔款，杨皇后便抓到了攻击他的机会。但她顾忌"后宫不能参政"的原则，只好另外找人替自己去赵扩那里告状。

那么，杨皇后找谁来替自己说话呢？话说，赵扩一生先后生有九个儿子，不幸的是都早早夭折。时任丞相京镗提出，请赵扩效仿前面宋高宗赵构的做法，挑选一个赵氏皇族后代，早早接入宫中培养。其中就有与杨皇后关系亲密的赵曮。

杨皇后把攻击韩侂胄的话告诉赵曮，赵曮对赵扩说："韩侂胄北伐遭遇惨败，国家既要割地又要赔款。听说他为了争回面子，想要再次发动战争。如果不加制止，倒霉的将是国家和百姓！"

赵扩问："那你想怎么处理韩侂胄？"

赵曮说："依我说，直接杀了他以谢天下！"

赵扩听完，骂道："胡说！当朝丞相、太师是你随便杀的人吗？"

赵曮在赵扩这里碰了一鼻子灰。

杨皇后决定亲自出马做赵扩的工作。她对赵扩说："陛下应该以大局为重。现在金国提出要我们把韩侂胄送过去治罪，如果我们不给，金国肯定会继续南侵。为了国家和黎民百姓，牺牲一个韩侂胄不算什么。"

赵扩说："韩侂胄当年对朕即位有辅佐之功，怎么可以随随便便就交给金国处置呢？"

杨皇后说："韩侂胄的功劳抵不过他的罪行。这些年来，他玩弄权术，党同伐异，捞了不少好处。如果细究起来，他的罪行恐怕也早是死刑了。与其我们杀了他，还不如交给金国换取天下太平呢！"

赵扩动摇了，问："他真有这么严重的罪行吗？"

杨皇后说："只要查，就一定可以查出来。"

赵扩说道："那就查查看，不过要慎重，不能冤枉人。"

杨皇后发现赵扩松口了，十分开心，立马找来娘家大哥杨次山商量对策。

杨次山早就和反战派大臣史弥远、钱象祖、李壁结成了联盟，当晚几个人凑在一起开会。

杨次山说："皇上已经松口了，可以搜集韩侂胄违法犯罪的证据。"

史弥远说："咱们皇上有个特点：耳根子软。你证据还没搜全，他极有可能就反悔了。"

杨次山问："那怎么办？"

史弥远稍稍沉思后，眼神变得越来越阴狠。他看了看现场的几个人，众人瞬间懂了他的意思。

史弥远说："不这么干，大家早晚被韩侂胄杀掉。"

众人听完，决定按照史弥远说的办。

开禧三年（公元1207年），史弥远、杨次山在韩侂胄上朝的路上埋伏下杀手，等他路过时将其劫持，押到一个名叫玉津园的花园杀死。

三天之后，赵扩发现韩侂胄连着好几天都没来上朝，问大家有没有看到他。史弥远等人告诉赵扩，罪人韩侂胄已被就地正法。

不经过皇帝许可，杀掉当朝丞相、太师可是大罪。杨皇后、史弥远等人敢这么做，对赵扩是一种威胁，已经在政治上绑架了他，外加金国大兵压境，也需要韩侂胄的人头，所以赵扩不敢治杨皇后、史弥远等人的罪，只能接受现实，默认韩侂胄死有余辜。

赵扩顺应局势，下诏列举韩侂胄的诸多罪行，宣判其死罪并抄家，又杀掉了韩侂胄的心腹苏师旦，并将韩侂胄一派的主战派官员全部罢官。从此之后，以韩侂胄为代表的主战派退出了历史舞台，取而代之的是以杨皇后、史弥远、钱象祖等人为首的主和派。

赵扩命人砍下韩侂胄、苏师旦的人头送往金国，以示谈判诚意。

嘉定元年（公元1208年），南宋与金国成功签署了"嘉定和议"。主要内容有：

1. 两国边界恢复至北伐前。
2. 世为伯（金）侄（宋）之国。
3. 增加岁币绢银帛各十万两、匹。
4. 南宋对金国赔偿"犒师银"三百万两，其实就是战争赔款。

这里有个细节：熟读前文的读者应该知道，从前的和议里，南宋与金国的关系是侄子与叔叔的关系，现在改成了侄子与伯父。这相当于加深了对南宋的羞辱。

那么，如何评价韩侂胄的北伐呢？

首先，北伐是值得肯定的，收复北方沦陷的领土代表了当时的民意。韩侂胄的错误在于其军事能力太差，用人不当，起用的主帅全部吃了败仗，甚至还有一个早就秘密叛国，他竟然完全没有察觉。

韩侂胄得罪了以朱熹为代表的理学士大夫，所以后来的理学士大夫对他进行了严重的口诛笔伐，以至于把他和秦桧列为同一类奸臣。必须指出的是，韩侂胄与秦桧的性质不同，韩侂胄是坚定的抗金派，而秦桧则是大卖国贼。

至于韩侂胄结党营私，这是事实，但是史弥远这些主和派就不结党吗？对韩侂胄应该有客观的、辩证的评价。

遗愿被改

韩侂胄被扳倒之后，史弥远与杨皇后结盟，一时间权倾朝野。史弥远为了巩固自己的势力，尽可能获得更多人的支持，对韩侂胄当年打击的赵汝愚、朱熹等人进行了平反。就这样，过去的主战派失去了话语权，朝廷又变成了主和派的舞台。

过去，韩侂胄再专权，也只局限于大臣们对他附庸，至少赵扩的枕边人杨皇后没有与他勾结。现在，史弥远连杨皇后都拉拢了过来，这导致赵扩几乎处于被架空的状态。

当时老百姓有传言，说史弥远与杨皇后有男女私情。这未必是真的，可能只是老百姓喜欢制造花边新闻，增加茶余饭后的谈资，但是也从侧面反映出，赵扩的皇后已经不再与他同一条心。

与此同时，金国的日子也不好过。金国北方的蒙古部落日渐强大之后，对金国持续开战，令金国苦不堪言。金国疲于应对北边入侵，无心侵略南宋，这给南宋带来了短暂的和平期。

面对蒙古南侵，金国一直吃败仗，其北方的领土也像当年的北宋一样被外敌吞并。金国迫不得已，将都城从北方迁到北宋曾经的都城汴京。

讽刺的是，金国都已经落魄到这种程度了，还对南宋趾高气扬地索取岁币。由此可见，南宋朝廷是多么懦弱。

嘉定十年（公元1217年），金国在被北边蒙古持续侵略的情况下，对南宋发动了战争，意图掠夺南宋来补贴北方的损失。

老百姓们纷纷呼吁朝廷抗金。可惜的是，此时朝廷已经被主和派盘踞，赵扩也处于被挟持的状态，他不敢下令北伐，只让边境的将领们掌握军情，自行机动处理。

此时金国国力已经大不如前，在南侵宋朝的过程中并没有像过去那样占太多便宜，与南宋形成了势均力敌的拉锯状态。最终，金国与南宋再次恢复到议和状态。

政局暂时稳定下来之后，赵扩终于有精力考虑一个重要问题——立储。

赵扩的九个儿子都在未成年时夭折，他不得不从宗室子弟中寻找继承人。最开始，他选择了宋太祖赵匡胤的十世孙、赵德昭的九世孙赵曮。赵曦六岁入宫，十三岁时被立为皇子，十五岁时被立为皇太子，后改名为赵询。本来赵询当皇帝已成定局，可惜他二十八岁时突然病逝，没有机会感受穿龙袍的快乐。

值得一提的是，赵曦死后葬在临安城的太子湾。现在，杭州西湖边有一个太子湾公园，其名字就来源于此。

赵扩不得已，只能继续寻找皇子。这一次，赵扩看上了宋太祖赵匡胤的十世孙、赵德芳的九世孙赵贵和，将他收为皇子，改名为赵竑。

赵竑虽然半路被立为皇子，但是他很有主心骨，看不惯杨皇后和史弥远的勾勾搭搭，发誓将来即位之后一定把史弥远连根拔除。史弥远安插在皇宫中的眼线第一时间把赵竑的政治主张汇报给他，史弥远听完，决定先下手为强，抢在他即位之前就将其废掉。

与此同时，史弥远暗暗培养、扶植了另外一位赵氏后代赵贵诚，寄希望于让他取代赵竑。

嘉定十七年（公元1224年）秋，赵扩病危，史弥远意识到篡权的机会到了。

赵扩去世后，史弥远和杨皇后立即召赵贵诚入宫，在赵扩的灵柩前匆忙即位，宣布杨皇后垂帘听政。

赵竑赶来之后，提出异议，说："按照父皇生前遗愿，我才是皇位继承人！"

史弥远大声喊道："大胆！新皇帝在上，你竟然不跪拜！"

殿帅夏震强行把赵竑的脑袋狠狠摁在地上，做出向新皇帝朝拜的动作。

赵贵诚当即假模假样地宣布封赵竑为济阳郡王，后来又加封为济王，让他远离中央，在湖州（今浙江湖州）居住。

赵贵诚即位之后改名为赵昀，便是历史上的宋理宗。

宋宁宗赵扩活了五十七岁，在位执政三十一年，任内没有什么作为，先后纵容韩侂胄、史弥远专权，满朝官僚乌烟瘴气，晚年连后宫皇后都管不住，竟然被杨皇后、史弥远联合架空，连自己中意的继承人都无法如愿即位。

如果非要挑一个赵扩的优点，那就是生活节俭，反对奢靡，主动给自己降低物质生活条件，这在宋朝历代皇帝里是极少见的。可是，作为皇帝，仅仅自己节俭是不够的，他一个人节省下来的那点东西，对于国家财政而言简直是杯水车薪。

此时的南宋，又向灭亡走近了一步。

拾肆 宋理宗赵昀：引狼入室的掘墓人

夺回实权

赵竑被贬到湖州之后，当地老百姓很是气不过，其中最有代表性的是潘丙、潘壬兄弟。

二人带着几十人冲进赵竑的住处，将其挟持。

赵竑问："我与二位无冤无仇，这是为何？"

潘丙说："我们希望你称帝。我们带你杀回朝廷，夺回皇权！"

潘壬说："龙袍都给你带来了，赶紧穿上吧。"

赵竑问："你们一共多少人？"

潘丙说："当地渔民外加一些巡逻的兵卒，不到一百人。"

赵竑听完，差点笑出声。现在潘壬、潘丙手持利刃，赵竑只能假装答应他们，等他们离开之后，赵竑立马向朝廷汇报，并亲自带兵镇压。

赵竑为什么镇压支持自己当皇帝的人呢？

赵竑当然不甘心皇位被赵昀抢了，但是潘壬、潘丙这不到一百个人的"兵力"能起什么作用呢？赵竑必须镇压他们，还要第一时间向朝廷汇报，以此来表明自己没有谋反的心，这是基本的原则问题。

史弥远接到赵竑的消息后，立即派军队来湖州。军队到达湖州的时候，潘壬、潘丙早就被平定了。

这件事提醒史弥远，民间有不少人拥立赵竑谋反，与其等他做大，不如提前下手。于是，他派亲信秦天锡带着医生来给赵竑看病，而赵竑身体健康。秦天锡到达后口传圣旨，逼着赵竑自缢了。

听说赵竑自杀，赵昀悬着的心终于落到了肚子里。

赵昀对史弥远的态度是矛盾的，他既感激史弥远拥立他坐上龙椅，又不想像宋宁宗赵扩那样当一个傀儡皇帝，所以他选择了扮猪吃老虎，假装害怕史弥远，纵容他。

赵昀知道，他最大的优势在于年轻，他有的是时间与史弥远耗下去，等史弥远老死之后，才是他大有作为的时候。

为了蒙蔽史弥远，赵昀给自己立了一个沉迷酒色的人设。他不过问朝政，一切政事都交给史弥远决策，自己天天在后宫与一众美女花天酒地。

到了册封皇后的时候，赵昀最喜欢的是贾氏，而杨皇后坚持要立谢氏。赵昀不加反驳，封谢氏为皇后。

赵昀的表现让杨皇后、史弥远十分满意。

赵昀即位之后，史弥远专权了十年病逝。史弥远去世之后，赵昀亮出真实面目，对其同党展开了疯狂的清洗。

清理史弥远的余党并不难，难的是赵昀需要给自己的施政纲领定下一个主基调。他自幼接受的是朱熹理学教育，所以他决定把理学作为国家的执政理论基础。他把周敦颐、程颢、程颐、朱熹这些理学士大夫的牌位与孔子放在一起，接受大家的祭祀。历史上的王安石反对儒学，此时被赵昀拿出来接受批判。

从此之后，满口儒学理论而缺乏治国实操的文人士大夫掌握了朝廷的话语权，这加速了南宋的灭亡。

🐯 养虎为患

前文讲到，北方的金国日渐衰弱，过去被金国打压的蒙古族日渐强大起来，成为威胁南宋的新敌人。

当时，南宋朝廷有两种观点。一部分人认为，既然蒙古变得强大，又是金国的敌人，不如主动联蒙灭金；另一部分人则认为，蒙古与金国没有区别，消灭了狼，迎来了虎，不能对蒙古报以幻想。

绍定五年（公元1232年）十二月，蒙古先向南宋伸出了橄榄枝，派使臣前来商议宋蒙合作的事情，希望可以合力夹击金国。蒙古许诺，消灭金国之后，会把金国占领的黄河以南的领土全部归还。

当时，有一位名叫赵范的大臣，第一时间站出来反对与蒙古合作。他说："当年，我朝被辽国侵犯，我们与金国合作反击辽国，辽国被灭之后，金国也就与我们翻脸了，这是历史的教训。现在又来了蒙古，谁能保证金国被消灭之后，蒙古不会翻脸？"

此时的赵昀急于在结束史弥远专权之后建立功业，快速树立威望，并没有听进赵范的意见，依然一厢情愿地与蒙古联合抗金，这为将来埋下了巨大的隐患。

第二年，金国皇帝听说宋蒙联合，也派使者来到南宋，向赵昀解释道："如果我国亡国，下一个必然是宋，这便是唇亡齿寒的道理。现在倒不如你我放下旧恨联合抗蒙，我们反而可以活下来。"

客观地说，金国的观点是对的。金国夹在蒙古与南宋之间，可以为南宋充当战略缓冲带，如果金国被灭了，蒙古就能长驱直入南下。但是，当时有一个现实问题摆在那里：宋朝与金国有着深仇大恨，与金国合作，满朝文武、老百姓都不会答应。

赵昀没有选择，直接回绝了金国。

绍定六年（公元1233年）十月，按照蒙宋协议，赵昀派出一支两万人的军队，押运三十万石米，前去支援进攻蔡州的蒙军。

两军会合之后，共同包围了蔡州。几个月后，城中的金军粮草消耗殆尽，彻底丧失了战斗力。第二年（公元1234年）正月，蒙宋联军攻入蔡州城。

金国最后一个皇帝金哀宗完颜守绪正在蔡州城内，无力回天，在绝望中上吊自尽。金朝宣告灭亡。

蒙古立马翻脸，拒绝兑现当初"归还黄河以南全部领土"的诺言，只归还一半。赵昀不敢与蒙古撕破脸，只好吃个哑巴亏，下令撤军。

宋蒙开战

赵昀为了向世人炫耀自己的功劳，把完颜守绪的遗体和金国玉玺运回临安城，举行了盛大的庆功仪式，告慰列祖列宗，意思是说，他实现了历代皇帝都没法实现的消灭金国的梦想。

需要注意的是，赵昀这么做有点自欺欺人，如果没有蒙古，仅凭南宋的实力不足以消灭金国，而且先前丢失的大面积国土如今转赠给了蒙古。

然而，金国灭亡让满朝文武个个膨胀起来。前文讲到的反对蒙宋联盟的赵范再次上书，建议道："蒙古正在撤军，我们可以趁此机会打他们一个措手不及，把整个河南地区全部收复。蒙古敢跟我们翻脸吗？我看他们不敢。再说了，就算他们再杀回来，凭借我朝军队的战斗力，也能把他们打败！"

赵范的观点得到了朝廷上大部分人的喝彩。赵昀也开始飘飘然起来，想要单方面撕毁与蒙古的合作关系，与之开战。

端平元年（公元1234年）七月，在赵昀的命令下，庐州知州全子才带领一万精兵攻占了北宋曾经的都城东京开封；同时将军赵葵率领五万士兵占领泗州，然后赶往开封，与全子才会师。

赵葵是全子才的领导，好大喜功，催促全子才立马离开东京，进军洛阳和潼关。全子才此时粮草不充足，不敢让士兵饿着肚子出发，可是赵葵急于立下大功，一而再再而三地催促。

全子才无奈，只好分兵向洛阳进发。一支二百人组成的先头部队抵达洛阳城，发现城中静悄悄的，他们没敢贸然进城。

到了晚上，城里的平民发现宋军就在城外，有三百多户老百姓登上城墙，迎接宋军进城。就这样，宋军不废一兵一卒占领了洛阳城，史称"端平入洛"。

"端平入洛"貌似取得了空前的胜利，其实这时候宋军已经出现粮食危机，入城之后只能吃野菜饼子充饥。与此同时，刚刚撤走的蒙古大军听说南宋单方面撕毁合作协议，立马调转部队杀回南方，搞起了偷袭。

蒙古兵赶回洛阳城，与守城的宋军展开了激烈的厮杀。城里的粮食已经吃光，宋兵先是杀掉战马充饥，而后实在饿得不行了，只好放弃洛阳逃命去了。

一直在开封的赵葵、全子才本以为可以听到从洛阳传来的胜利捷报，等来的竟然是被蒙古军击败的消息，只好下令全面撤军。最终，被宋兵占领的洛阳、开封重新回到蒙古人的手中，所谓的"端平入洛"就这么草草收场了。

"端平入洛"造成了两个恶果：

其一，使南宋本来就不强大的兵力继续遭到重创，南宋国力受到严重削弱。

其二，在此之前，蒙古与南宋至少是表面和平的关系，在此之后，蒙古终于找到了侵略南宋的正当理由，宋蒙战争全面爆发。

事实证明，真的是送走了"金国狼"，又迎来了"蒙古虎"。"端平入洛"如同一盆冷水，浇在南宋满朝文武的头上，他们之前膨胀的热情瞬间降至冰点。赵昀不得已，下了一道罪己诏，承认自己头脑发热，犯了大错。

紧接着，蒙古大汗窝阔台（元太祖成吉思汗的儿子）专门派来使者，指责赵昀不讲诚信。赵昀吃了败仗，也确实不占理，只好派出使臣代表自己道歉，还罢免了两个将军赵葵、全子才，以求窝阔台息怒。

窝阔台要的并不是赵昀的道歉，而是坐实南宋不讲诚信的"罪名"，从而有充分理由南下。端平二年（公元1235年）六月，窝阔台正式率军南下，宋蒙战争正式爆发。宋蒙战争一打就是四十多年！

这时候，蒙古大军南下以掠夺财富为主要目的，还没有想要消灭南宋。赵昀派出使臣，企图效仿当初与金国议和的方式，与蒙古签订协议。幸运的是，淳祐元年（1241年），窝阔台突然病死，战争暂停。

这下，赵昀松了一口气。

宋朝的掘墓人

赵昀执政时期，蒙古把目光锁定在川蜀地区。川蜀历来是天下粮仓，经济富庶，距离南宋都城临安又很近，蒙古只要攻打下川蜀，便可以获得丰富的军用补给，进而长驱直入，直逼宋都。

淮东制置副使余玠因为在淮东地区击退蒙古，引起了赵昀的注意，被任命为四川安抚制置使，全权负责四川军务。

余玠来到四川之后做的第一件事，就是在衙门旁边修建了一座"招贤馆"，当地人有什么建议，都可以来馆里发表高见，家离衙门特远的，政府还派专人去迎接。余玠认真接待来人，只要建议有用，便把这个人聘为公职人员，如果建议不可用，依然给予厚礼一份。这样一来，余玠掌握了第一手资料，同时也获得了民心。

来提建议的人中，有一对兄弟很特殊，二人叫作冉琎与冉璞。余玠看他们是外地来的，把他们安置在馆中住下，好吃好喝供养着。这哥儿俩想试试余玠的诚意，接连住了好几个月，就是不肯提建议，周围的人都觉得这两人非常奇怪。

余玠料定他们一定是奇人异士，并没有赶走他们，还以更加优越的条件款待他们。又过了一段时间，冉氏兄弟看出余玠是真有诚意，便不再矜持，提出了一整套囤积粮食、加强防卫的建议。余玠果断采纳了他俩的建议，并破格提拔二人，全权负责相关事宜。

余玠按照冉氏兄弟的建议，利用山地地形，接连修建多座城堡，把各级军队、政府职能部门搬入城堡内，在里面屯粮，修水利设施，形成了一个庞大的易守难攻的防御体系。

余玠属于踏踏实实、认真做事的人，这种人在南宋当时的政治环境里一定会被排斥。周围的人都在混日子，现在冒出一个优秀的人，还做出了成绩，这让周围的人怎么办？余玠马上受到了排挤。

利州（今四川广元利州区）都统名叫王夔，利用手中的军权，经常抢劫老百姓的东西。余玠曾经多次给予警告，王夔依然我行我素，余阶最终将其斩首。

王夔死后，利州都统一职就空缺了出来，隔壁戎州（今四川宜宾）主帅推荐自己的跟班姚世安继任利州都统。余玠很看不惯这种任人唯亲的用人方式，直接予以回绝，另外选择了更加合适的人。

这一下，余玠得罪了姚世安。姚世安和当时的丞相谢方叔的侄子关系很好，就把这件事转告了谢方叔，希望他想办法对余玠展开报复。

谢方叔作为丞相，竟然完全不顾公义，秘密搜集余玠的"犯罪证据"，形成了黑材料，上报给皇帝赵昀。这时候，考验赵昀判断力的时候到了，可惜的是他竟然信了。他下令将余玠撤职，从四川调回朝廷，安排了一个资政殿学士的虚职。余玠知道接下来等待自己的将是更严厉的打击报复，绝望之下服毒自杀。

余玠在四川的时候，蒙军不敢轻举妄动，现在听说余玠被免官，蒙军立马对四川展开了新一轮侵略。

整个宋朝其实一直不缺余玠、岳飞这样的人才，可惜宋朝皇帝偏偏不争气，要么胆小，要么任由奸臣摆布，导致国土几乎以白送的方式被敌人侵占。宋朝变成现在这个样子，纯粹是统治阶级咎由自取。

此时，蒙古国是新皇帝蒙哥在位。蒙哥性格强势，野心勃勃，志在彻底消灭南宋。蒙哥还有一位弟弟，比他更有手段和胆识，便是历史上赫赫有名的忽必烈。

蒙哥与忽必烈感情很好，兄弟二人消灭南宋的目标一致。忽必烈负责攻打四川、云南地区。

这时候，赵昀的阎贵妃与宦官董宋臣、右丞相丁大全秘密勾结，一方面对赵昀各种谄媚逢迎，另一方面又背着他大搞专权，党同伐异，贪污受贿。满朝文武敢怒不敢言，偶尔也有人上书，指出阎、董、丁一党的罪行，这些人得知后就怂恿赵昀将其罢官。

此时，赵昀还不知道，蒙古正在秘密调集部队，即将对南宋发动一场空前的侵略。

宝祐六年（公元1258年）春，蒙哥亲自率领大军攻打川蜀地区，与此同时，派忽必烈带兵攻打鄂州（今湖北武汉武昌区），兵分两路向南宋扑来。

作为丞相的丁大全对赵昀进行了信息屏蔽，导致赵昀对前方战事一无所知，也就没有操心该如何迎敌。蒙古大军推进得十分顺利，四川地区相继沦陷，当年余玠苦心建造的防御工事白白打了水漂。

当时驻守四川合州（今重庆合川区）的将军名叫王坚，是余玠的老部下，深得余玠军事指挥的精髓，对蒙军进行了顽强的抵抗。蒙军发现合州不好打，便派人过来尝试收买王坚。王坚将蒙古特使当众斩首，以表明抗蒙决心。

蒙哥震怒，亲自率领大军进攻王坚。王坚驻守有力，将蒙哥的多次进攻全部击退，更了不起的是还以火炮击中了蒙哥。蒙哥被抬回营地后不治而亡。

蒙军看到自己的大汗死了，立马失去了战斗力，拉着蒙哥的尸体撤回北方。

正在攻打鄂州的忽必烈听说哥哥战死，非但没有影响战斗力，反而愈挫愈勇，对鄂州发起了更为疯狂的攻击。这时候，整个南宋的老百姓都知道蒙军正在对南宋发动大规模侵略，丁大全再也没法继续蒙蔽赵昀了，只好将前线战事汇报给他。与此同时，弹劾丁大全的上书纷纷呈到了赵昀面前。

迫于舆论形势，赵昀将丁大全罢官后流放。朝中另外一个投机高手名叫贾似道，发现这是一个笼络人心的好机会，便派人在丁大全流放途中将其杀死。一时间，老百姓无不拍手叫好，把希望寄托在了贾似道的身上。岂不知，贾似道大奸似忠，其卑鄙跟丁大全相比，有过之而无不及。

贾似道的姐姐是赵昀宠爱的贵妃，所以贾似道是响当当的国舅爷。在贾贵妃的护航下，贾似道一路青云直上。

贾似道自幼不爱读书，一直向军界发展。他杀掉丁大全，口碑急剧飙升,当时又是前线用人之际,赵昀便封他为右丞相兼枢密使,全权负责抗蒙大事。

贾似道晋升时,忽必烈依然在攻打鄂州。宋朝将士十分争气,牢牢死守城门,忽必烈始终没能攻下。这时,蒙古因为蒙哥去世,陷入夺取大汗之位的激烈内斗。忽必烈本想攻下鄂州之后,带着战功回去夺取汗位。他的妃子害怕他错失汗位,派人快马来到鄂州前线,督促他赶紧撤兵。忽必烈最终决定放弃鄂州城撤兵。

可是,刚刚上位的贾似道竟然主动向忽必烈伸出橄榄枝,愿意主动割地赔款,换取宋蒙和平。

忽必烈差点笑出声来,当即派出使臣与贾似道签订了和平协议。主要内容如下:

1. 南宋献上长江以北领土。
2. 南宋向蒙古称臣。
3. 南宋每年向蒙古交纳二十万两白银、二十万匹绢。

忽必烈急着回去夺权,欣然笑纳了贾似道送上的大礼包,而后匆匆撤退。

贾似道回到朝廷,并没有讲自己主动割地赔款的事,而是对外宣称凭借其高超的军事指挥能力把忽必烈打跑了。赵昀听完十分开心,对其晋升、褒奖。从此之后,贾似道成为赵昀最信任的高官,南宋进入了贾似道专权的时代。

此时四川地区已大部分沦陷,导致南宋财政收入锐减。贾似道专权之后,为了保证朝廷供给,采取超发货币、造成通货膨胀的方式,对民间进行经济掠夺。

贾似道搞通货膨胀还有一个目的,那就是趁机敛财。他推出了用纸币强制购买地方上小地主、小富户土地的政策,此时的纸币因为超发而持续贬值,用贬值严重的纸币强征土地,本质上就是抢劫。

政府强制兼并土地，暂时缓解了财政、军饷的不足，付出的代价是地方小地主、小富户纷纷破产，产生了大量无家可归的流民。同时，大量纸币超发导致老百姓手里的纸币购买力持续下降，生活压力急剧飙升，整个国家的经济即将崩溃，南宋的统治基础被严重动摇。

老百姓、基层士兵的心态发生了质变。过去，大家的仇恨集中在外敌身上，赵氏皇族再软弱，老百姓也拿他们当自己人，会自发抗金、抗蒙。现在，老百姓、基层士兵发现，朝廷比金国、蒙古对自己的掠夺还要狠，大家盼着宋朝灭亡，也就失去了自发抗击外敌入侵的动力。

这是宋朝彻底走向灭亡的开端。

赵昀把大权交给贾似道之后，不再操心朝政，而是天天沉迷于女色，导致身体状况迅速恶化。赵昀悬重赏，求天下名医来为自己治病，讽刺的是任由赵昀开出多么高的赏金，竟然没有一个民间名医愿意为他看病！由此可以看出，此时的南宋政权是多么不得民心。

得不到救治的赵昀于景定五年（公元1264年）驾崩，享年六十岁。赵昀虽然昏庸，却在位执政四十年。他与前面历代宋朝皇帝有一个最大的不同，那就是从他开始，老百姓对朝廷的态度由支持变成了盼望覆亡。

赵昀死后还有几位皇帝出现，但是他们的执政时间加起来只有十五年，南宋便退出了历史舞台。赵昀虽然不是亡国之君，却是宋朝真正的掘墓人。

拾伍 宋度宗赵禥：荒淫无度的智障者

⑧ 自幼智力低下

赵禥的父亲名叫赵与芮，是宋理宗赵昀的弟弟。赵禥的母亲名叫黄定喜，是赵与芮府中的一名小妾。黄定喜出身贫贱，赵与芮的正室夫人瞧不起她，总是欺负她。黄定喜怀孕之后，正室夫人怕她生出儿子来与自己争宠，便逼她喝打胎药。

黄定喜喝了打胎药，但孩子还是生了出来，便是赵禥。孕期服毒严重影响胎儿发育，赵禥天生体弱，晚于同龄儿童好久才学会走路，七岁才开始说话，智力远低于正常孩子的水平。

宋理宗赵昀自己本来也有儿子，可惜的是都夭折了。下一代赵氏子弟里，赵禥这位侄子与赵昀关系最近，所以他尽管知道赵禥有智力缺陷，依然坚持立他为储君。

赵昀为了弥补赵禥智力的不足，给他安排了超高强度的学习计划：每天鸡叫第一遍的时候，赵禥必须来到赵昀的寝宫请安。鸡叫第二遍的时候，赵禥回宫。鸡叫第三遍的时候，赵禥旁听处理国家政事的过程。退朝之后，赵禥又要赶往讲堂上课。直到傍晚时分才能休息，每天的行程都安排得满满当当。

赵昀不放心，还常常出题考一考赵禥。赵禥要是回答正确，赵昀就赐座赐茶；如果回答错误，赵昀会亲自教给他正确的答案是什么。可是，赵禥智力有限，有时候赵昀苦口婆心讲半天，他还是学不会，赵昀就会大发雷霆。

⑧ 贾似道专权

景定五年（公元1264年），赵昀驾崩，二十五岁的赵禥登基即位，便是宋度宗。

赵禥即位之后，把朝政全权交给贾似道，再也不上朝了，全部精力只放在一件事——女色上。当时后宫有规定，哪位妃嫔前一晚被皇帝临幸，第二天一早要在皇帝寝宫门口跪拜行礼，以感谢临幸之恩。最夸张的时候，某天早上有三十多位后宫佳丽一齐跪在那里谢恩。

贾似道在赵禥执政时期专权达到巅峰，成为南宋政权的实际掌控人。很多官员对他溜须拍马，称呼他"周公在世"。贾似道对这些追捧一一笑纳。

贾似道还经常对皇帝赵禥搞精神打压的把戏。他挑一些赵禥的小错，假装发脾气提出辞职，以此来威胁赵禥。赵禥智力不足，还真就吓得痛哭流涕，挽留贾似道。如此这样几次，赵禥彻底沦为被贾似道精神控制的奴隶。

起初，朝廷里以文天祥为代表的正义之士看不惯贾似道专权，经常向赵禥上书，鼓励皇帝自强，不可纵容大臣专权。赵禥把这些人的名字告诉贾似道，贾似道转而对他们进行报复。

再后来，官员们纷纷辞职。他们似乎已看出来南宋大厦将倾，提前给自己找退路。此时的官员们既没有兴趣对贾似道拍马屁，也没有动力对皇帝讲真话，只想赶紧逃离，整个国家进入"爹死娘改嫁，各人顾各人"的状态。

⑥ 英年早逝

话说忽必烈回去之后，最终夺得蒙古汗位。政局稳定之后，他立即派兵继续攻打四川地区，并沿汉江南下，于咸淳四年（公元1268年）包围襄阳城，又于咸淳五年（公元1269年）包围樊城。

贾似道选择隐匿不报。后来，赵禥听说了，便问贾似道："是不是蒙古大军已经到了？"

贾似道反问赵禥："蒙古早就退兵了，这是谁在造谣？"

赵禥指着一位宫女，说道："是她告诉我的。"

贾似道当场就将那宫女杀掉。

咸淳九年（公元1273年）正月，樊城被元军[①]攻破。

同年二月，襄阳城守将吕文焕在粮食吃光又得不到支援的情况下，对南宋彻底失望，向蒙军献城投降。

消息再也掩盖不住。贾似道一方面高调宣布要亲自带兵抗蒙，一方面又派同党给赵禥上书，劝皇帝留下贾似道。赵禥已经对贾似道有了精神依赖，赶紧下诏挽留贾似道，让他不要带兵上前线。这样一来，贾似道便有了充足的理由不去前线作战了。

咸淳十年（公元1274年）七月，赵禥因沉迷酒色，纵欲过度，健康急剧恶化而撒手人寰，年仅三十五岁，在位执政仅十年。赵禥生前留下遗诏，由太子赵㬎继位。

此时，蒙古大军即将踏入南宋都城临安。

---

① 南宋咸淳七年十一月十五日（公元1271年12月18日），元朝建立。

拾陆 宋恭帝赵㬎：从皇帝到高僧

铲除贾似道

赵㬎出生于咸淳七年（公元1271年），父亲宋度宗赵禥去世时，赵㬎刚刚四岁，他继位后由谢太后垂帘听政。此时，蒙古大军已经打到了家门口，随时可能攻破临安城。

赵㬎继位后的第二个月，天降暴雨，安吉、临安、余杭百姓淹死者不计其数，政府被迫发放粮食赈灾。到了九月，闽中地区发生旱灾。十月底，闽中又发生地震。老百姓隐隐感觉到，南宋似乎气数将尽。

这年九月，蒙军向南宋发起总攻。十二月，蒙古大将伯颜率军攻打鄂州，在青山矶击败了南宋将军夏贵的部队，汉阳、鄂州先后沦陷。

伯颜留下一部分士兵镇守鄂州，自己则亲率主力部队，以南宋刚刚投降过来的吕文焕为先锋，沿着长江向东推进。此时，南宋沿长江守将大部分是吕文焕的老部下，因此吕文焕带领部队所到之处，这些守将纷纷开门归降。

蒙古大军向东推进得十分顺利，于德祐元年（公元1275年）春，轻松攻克南宋军事重镇安庆、池州，来到建康城外。南宋朝廷一片哗然。

因为贾似道之前放出过假消息，说自己曾经打败过忽必烈，这时候朝臣都呼吁贾似道再次带兵亲征。贾似道心里一百个不情愿，但是大家把他抬举得这么高，他只好亲自带兵抗蒙。

贾似道抽调十万精兵，既装载着武器，又携带无数金银珠宝、山珍海味，再加上美女为伴，离开京城，前去抗蒙。

贾似道来到芜湖时，见到了驻守此地的将军夏贵。夏贵看到他，立马把他拉到一旁，从袖子里抽出一张事先写好的字条，悄悄给他看。贾似道接过字条，只见上面写道："宋历三百二十年。"

夏贵的意思是，宋朝自从建国迄今已将三百二十年历史，气数将尽，不值得为它拼命。贾似道看完纸条，微微一笑，对着夏贵默契地点了点头。

贾似道到达前线之后，率军驻扎于鲁港（今安徽芜湖鲁港镇）。贾似道不敢与蒙古大军交战，故技重施，寄希望于以割地赔款的方式乞求与蒙军达成和平协议。

此时，局势已变，双方势力不在一个级别，蒙军的目标是彻底消灭南宋，直接拒绝了贾似道。双方旋即交火，宋军在没有任何军事指挥能力的贾似道的领导下完败。贾似道转头就跑，一口气逃到扬州。

贾似道战败后，朝野纷纷喊出处死他的口号。垂帘听政的谢太后决定给贾似道留一条命，将其罢官、抄家、流放。押解贾似道流放外地的武官名叫郑虎臣，他的父亲郑埙当年因为得罪贾似道，被他下令流放而亡。现如今，贾似道又落到了郑虎臣手中。

押解的队伍来到漳州时，郑虎臣将贾似道杀死，报了杀父之仇。至此，一代大奸臣的生命画上了句号。

常州大屠杀

鲁港战役的失败大大挫伤了南宋军队的士气。蒙古大军在伯颜的指挥下兵分三路，继续沿长江东进，目标直指南宋都城临安。

伯颜亲自率领一支军队进攻常州。常州是临安的门户，只要拿下常州，临安再便无屏障。伯颜以二十万大军强攻常州，常州知州姚訔、通判陈炤奋勇抵抗，拒不投降。

伯颜驱使当地人填埋常州外的护城河，甚至将运土百姓也埋进去当堆砌材料。护城河填平之后，蒙古大军对常州发起总攻，常州沦陷。

蒙军进入常州之后进行了灭绝人性的屠城。伯颜这么做，是要给南宋以精神震慑。到了后面攻打平江（今江苏苏州）时，平江守将被吓破了胆，主动投降，献出城池。

常州大屠杀的消息传到临安，官僚们坐不住了，也不管朝廷怎么样了，纷纷带着老婆孩子逃命。谢太后下诏对这些带头逃跑的官僚给予呵斥，但是徒劳，以至于某天上朝的时候，只有六个人来到朝堂。

贾似道死后，谢太后任命陈宜中为丞相。陈宜中这个人很有代表性，属于官僚里的演技派。每次开会发言，他都说一些爱国、抗敌的狠话，让人们觉得国家终于有了一个铁血丞相，在大家心中，他的威望十分高。事实上，他却是投降派。

谢太后希望"爱国丞相"陈宜中亲自到前线御敌，他则以种种借口迟迟不肯出城。

此时，大臣文天祥提出迁都到东南地区，请皇帝、太后去海上避难，他愿意亲自率领部队与蒙军背水一战。谢太后认为已经无力回天，跑到海上也是徒劳，只好主动向蒙古大军献上传国玉玺和降表，寄希望于对方网开一面。

伯颜接受降表后，告诉谢太后："非丞相不能讲和。"

陈宜中听说之后，连夜逃往远离临安的温州，任凭怎么召唤就是不肯回来。谢太后只好加封文天祥为右丞相兼枢密使，让他出面议降。

文天祥到达蒙军大营后与伯颜展开了激烈的辩论，被发怒的伯颜扣留。

德祐二年（公元1276年）正月初五，南宋向元朝上表称臣。十八日，南宋奉上国印，正式投降。

二月初五，赵㬎诏谕各郡县投降，元朝使者正式进入临安，参加投降仪式。而后，元朝特使宣布了元世祖忽必烈的诏书，要赵㬎速往元大都（今北京）朝见。

赵㬎朝见忽必烈后被封开府仪同三司、瀛国公。这一年，赵㬎年仅六岁。

这里有一个很有意思的巧合：当年赵匡胤是从后周手里夺取了天下，而后周的最后一个年号是"显德"，而赵㬎的名字里有个"㬎"字（"显"的古文），年号"德祐"，刚巧包含了"显德"二字。

其次，赵匡胤是靠欺负后周的孤儿寡母取得政权，而南宋被攻破时也是孤儿寡母被欺负。历史给宋朝开了一个具有讽刺意味的玩笑。

遁入佛门

元朝至元二十五年（公元1288年），赵㬎已经十八岁了，元世祖忽必烈下诏，派遣他入吐蕃学习佛教。

赵㬎来到西藏之后，在喇嘛庙里出家为僧，法号"合尊"。这对于一个落魄的皇帝而言，未尝不是一件好事，他从此之后把心思都放在学习藏文、翻译佛教经书上，渐渐忘记了过去的痛苦。

赵㬎自幼接受过皇家的基础教育，具有扎实的文化素养，来到西藏之后没多久便在当地佛教界崭露头角，成为著名的翻译家。而后，他被邀请担任萨迦大寺的住持，成为当时西藏举足轻重的佛学大师。

元朝至治三年（公元1323年），赵㬎因触犯文字狱被元英宗赐死。一直到去世，他都致力于佛教的学习与佛经的翻译，为汉藏佛教文化交流贡献了余生。

赵㬎从落魄皇帝变成西藏高僧，活了五十三岁。人生有得就有失，他虽然远离了声色犬马的种种享乐，却在佛法中找到了心灵的归宿与安宁。

拾柒

宋端宗赵昰：被吓死的十岁儿童

临时即位

赵昰是宋度宗赵禥的庶长子，母亲是杨淑妃。赵禥驾崩后，谢太后召集贾似道等大臣入宫商议皇位继承人问题。当时，大部分人首选赵昰为新任皇帝。

但贾似道有私心，他为了控制皇帝，进而把持朝政，主张立年龄更小的赵㬎为皇帝，因为孩子越小越好骗。就这样，赵㬎即位，赵昰被封为吉王，他的弟弟赵昺被封为信王。

他们是宋度宗赵禥仅有的三个儿子，其中，赵昰比赵㬎大两岁，赵㬎比赵昺大一岁。

元军攻破临安之后，宋恭帝赵㬎向元朝投降，宣布退位。紧接着，赵㬎及皇太后等人被押送到元朝都城，沦为阶下囚。

一直主张抗元的文天祥、陆秀夫等南宋大臣不甘心南宋就这么灭亡，拥立赵昰为天下兵马都元帅，赵昺为副元帅，寄希望于东山再起，复兴大宋王朝。

德祐二年（公元1276年）夏，大家拥立赵昰登基，便是历史上的宋端宗，同时封赵昺为卫王，晋升张世杰为枢密副使，文天祥为右丞相兼知枢密院事，陆秀夫为签书枢密院事。南宋临时政府就这么诞生了。

❽ 内陆沦陷

这时候，南方还有几个城池被宋兵把守，其中最重要的便是扬州。

熟读前文的读者应该还记得，宋高宗时期，金国军队南下，宋高宗一路南逃，赶上酷暑时节，金人因为无法适应南方湿热的天气而被迫撤退。此时刚巧又到了一年中最热的季节，文天祥、陆秀夫等人想向南方更热的地方撤退，他们料想元军肯定也会像当年的金兵一样，受不了酷暑天气而自动撤回北方，这样便能争取到一个休养生息的窗口期。

基于这样一种战略构想，文天祥、陆秀夫等人以赵昰的名义向驻守扬州城的守将李庭芝、姜才发出诏书，命令他们立马赶往福州，接应新皇帝赵昰。

李庭芝、姜才安排手下朱焕继续驻守扬州城，自己率领七千士兵向南方的福州撤离。万万没想到，朱焕早就想当叛徒，现在终于等来了绝佳机会，李庭芝、姜才前脚刚走，他后脚就打开城门，欢迎元军入城。

李庭芝、姜才听说朱焕叛变，主动向元军送上扬州城，懊悔不已，立马把部队带到泰州。紧接着，元朝大军便赶来将泰州包围。

当初宋军离开扬州的时候，士兵们的老婆孩子都留了下来，现在扬州沦陷，元军把他们的老婆孩子驱赶到泰州城门外，对着泰州城里的宋军放声痛哭。这样一来，泰州城里的宋军瞬间失去了战斗力，纷纷丢掉兵器投降。

李庭芝、姜才被元军活捉，押送到扬州之后惨遭杀害。

⑧ 海上夭折

扬州、泰州沦陷后，长江以北的城市也陆续失守，文天祥、陆秀夫等人组成的南宋流亡政府继续向南逃亡，最后乘着船到了东南沿海地区的海域上漂流，状况十分凄惨。

景炎二年（公元1277年）冬，南宋流亡政府逃到井澳（今广东珠海南横琴岛横琴山下）附近的大海上。突然，海上刮起大风，船队随着巨浪时起时落，赵昰竟然不慎落水。大家把他打捞上来，虽然抢救了过来，但是他从此病倒，一蹶不振。

这次大风造成四成以上宋军被淹死。大风刚停，元朝军队又划着船追了过来，导致宋军又损失了二百多只战船。

赵昰被元兵追击，每天担惊受怕，病情越来越重，于景炎三年（公元1278年）病死在广东的一个荒岛上，终年只有十岁。

拾捌

末代皇帝赵昺：被劫持的殉国者

崖山海战

赵昰死后,他的弟弟、年仅七岁的赵昺被拥立为帝,朝廷临时安置在崖山(今广东江门新会区南约五十公里的崖门镇)。

赵昺刚刚即位,便听到噩耗:右丞相文天祥战败被俘。这对南宋流亡政府来说又是一个致命的打击。

祥兴二年(公元1279年)正月,刚刚过完农历新年,元朝将军张弘范率领水陆两路大军直奔崖山杀来。宋朝将军张世杰下令,把陆地上的行宫、军营统统烧光,所有人上船,背水一战。

宋朝士兵把赵昺的船保护在中央,其余的一千多条战船排成长蛇阵,用绳子连接在一起,船的四周筑起城楼,船上涂满湿泥。

元军先用小船装满柴草,浇上油,点火后攻击宋朝的船。因为宋军船上涂满了湿泥,元军火攻失败。张弘范又阻断宋军的水源,导致宋兵饥渴交加,而后派人对宋军劝降,但被张世杰拒绝。

到了农历二月初六,真正的大决战开始了。张弘范分兵四路对宋军的战船发动猛攻,双方从白天一直战斗到晚上,最后饥渴交加的宋军实在扛不住,有一条战船主动降下军旗向元军投降,其他战船跟着纷纷降下旗帜。至此,崖山海战以宋军完败告终。

❸ 被迫殉国

张世杰意识到败局已定，连忙派出一只小船接了小皇帝赵昺，寄希望于带着他突出包围，逃回陆地。

此时，赵昺正和左丞相陆秀夫待在一艘大船上。当张世杰派来的小船到来时，陆秀夫担心万一突围不成赵昺反而被元军截获，当即拒绝登船。陆秀夫知道大势已去，抽出宝剑，逼着自己的老婆、孩子投海自尽，然后转身跪下，对赵昺哭着说道："陛下，如果您像之前的皇帝一样被俘虏，将是国家的耻辱，请您做一个宁死不屈的皇帝吧！"

年仅八岁的赵昺吓得嗷嗷大哭。

陆秀夫说完，将传国玉玺系在腰间，背起赵昺纵身跃入大海，君臣二人以身殉国。其他船上的大臣、将士看到这一幕，一片哀号，纷纷跟着投海殉国。

张世杰竟然真的成功突围，来到了海陵山脚下。不久，有人带来了陆秀夫背着赵昺自杀殉国的消息，张世杰听完如同五雷轰顶，当即也跳海殉国。

至此，南宋画上了最后的句号。

尾记

宋朝始于建隆元年（公元960年）陈桥兵变，结束于祥兴二年（公元1279年）崖山海战，共持续了三百多年。宋朝的政治制度比较完善，文化也繁荣，但是宋朝从没收复过燕云十六州，而且长时间与辽国、西夏和金国等政权并立，从没实现对中国全境的统一，所以宋朝算不上大一统朝代。

近年有一个不好的现象：有些人对中国历史上的各个朝代进行拉或踩。关于宋朝就出现了"宋吹"与"宋黑"两个对立群体，前者对宋朝过度吹捧，后者则把宋朝骂得一无是处，二者都陷入了唯心主义的陷阱。

在笔者看来，我们阅读宋朝历史，更应该把注意力放在总结历史教训上。例如，如何避免现在及将来再出现秦桧那样伪装至深的卖国贼？在推动一项有正面意义的改革时，如何避免遭遇像王安石变法中遇到的扭曲化执行的陷阱？如何在制度层面保证岳飞这类业务精英不被权术官僚打压？……

从宋朝踩过的坑中总结经验，找出解决这些问题的可行性方法，实现孔夫子倡导的"不二过"，才是我们学习历史的目的。

书，在自己手中；路，在自己脚下。何去何从，每个人都应该做出理性的选择。